세법 기본이론
강의노트

원용대

비앤엠북스
Business & Management Books

차 례

부가가치세법 1

법인세법 69

소득세법 135

국세기본법 175

부가가치세법

부가가치세법

세무사 원용대

1

부가가치세 개관(1-1) - 직접세와 간접세

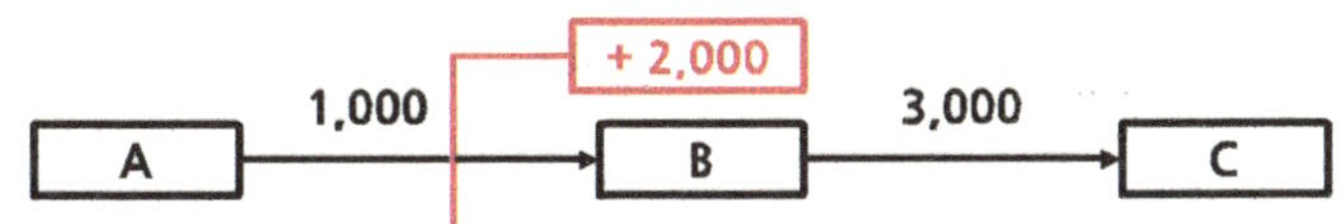

회계학 => 이익　　이익 = 매출 - 비용

소득 = 수입금액 - 필요경비　　Tax => 직접세 => 소득

경제주체들이 획득한 경제적이익에 직접 과세

간접세(VAT) => 부가가치

경제적 이익을 취득하기 위하여 투입하는 재화 · 용역에 과세

2

부가가치세 개관(1-2) - 직접세와 간접세

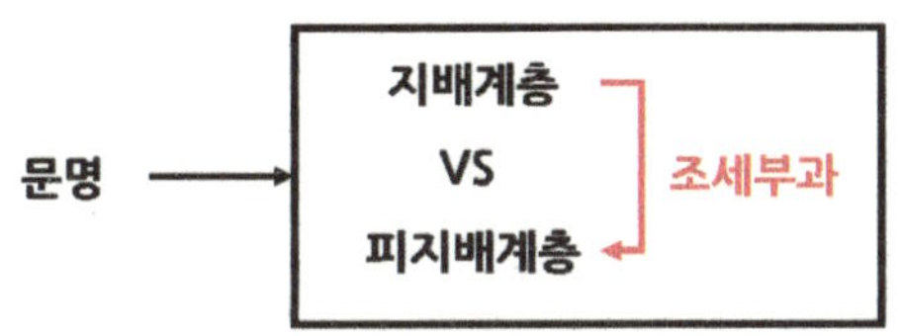

1st) 직접세 => 총수입 - 대응경비 => 소득

3

부가가치세 개관(1-3) - 납세자와 담세자(조세전가)

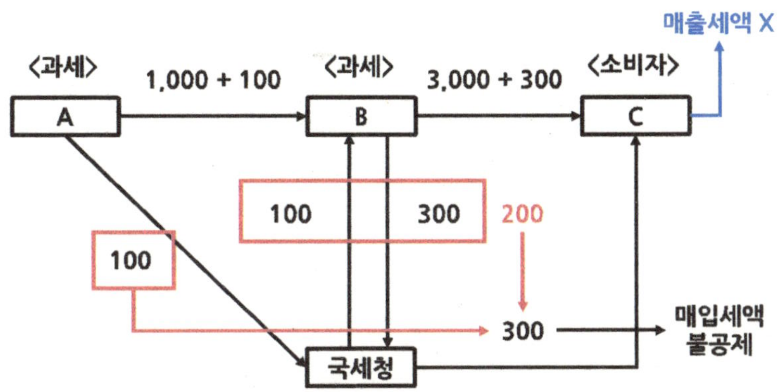

4

부가가치세 개관(1-4) - 부가가치세 운용방법(상호대사)

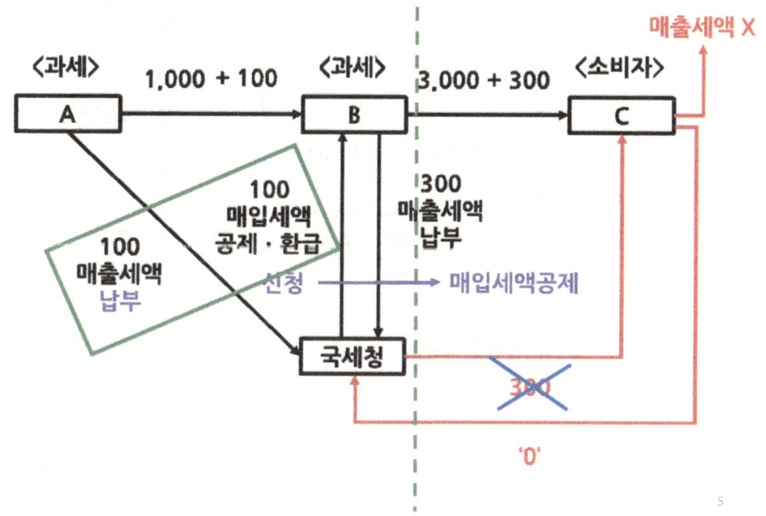

5

부가가치세 개관(1-5) - 매입세액공제

매입세액공제 => VAT 과세대상 재화 · 용역 구입시 VAT 거래징수를 한 경우로서 해당재화를 VAT 과세대상 사업에 사용하였거나 사용할 목적이면 해당 VAT를 공제한다

6

부가가치세 개관(1-6) - 선행조세, 상호대사, 탈세방지

선행조세 => VAT 거래징수, 법인세, 소득세 원천징수

↓

상호대사 => 세금계산서, 원천징수영수증 → 법인세, 소득세 과세자료

↓

탈세방지

7

부가가치세 개관(2-1) - 선행조세(거래징수)

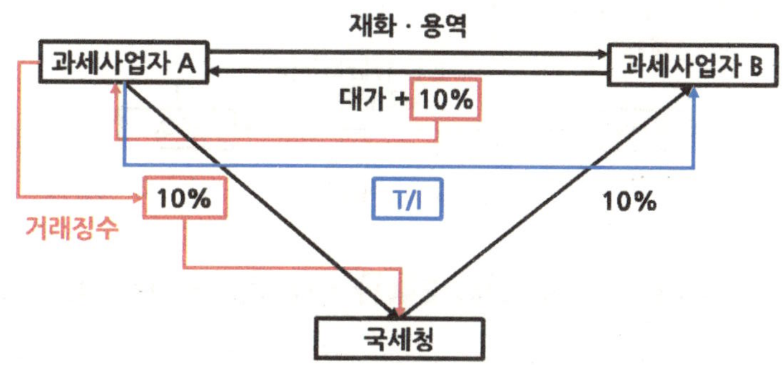

8

부가가치세 개관(2-2) - 선행조세(거래징수)

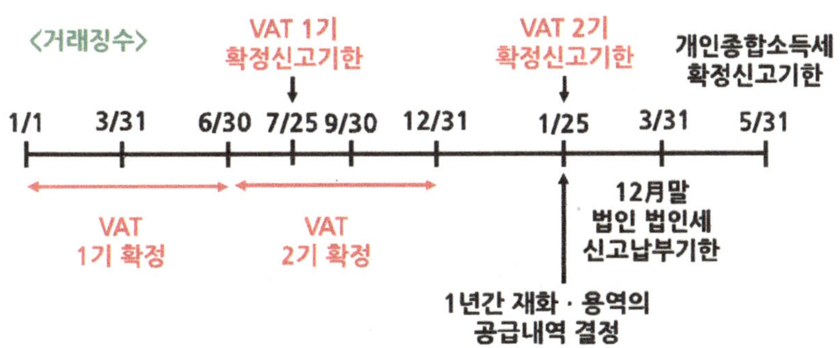

부가가치세 개관(2-3) - 선행조세(거래징수와 원천징수)

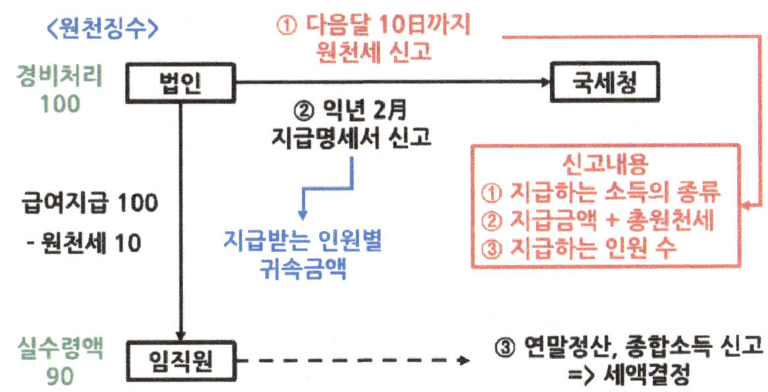

부가가치세 개관(2-4) - 선행조세(원친징수)

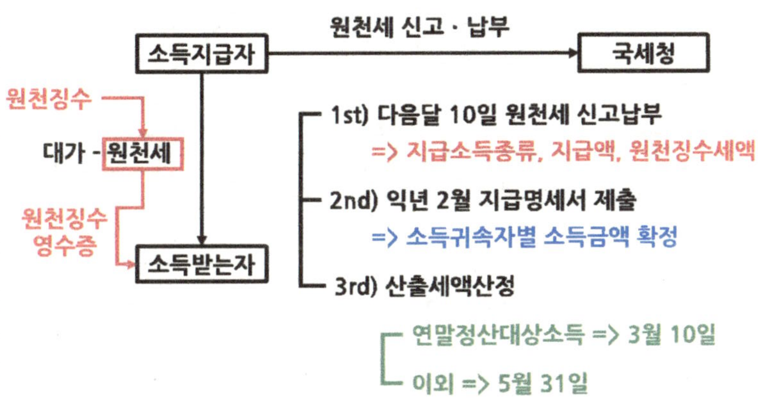

부가가치세 개관(2-5) - 선행조세(거래징수와 원천징수)

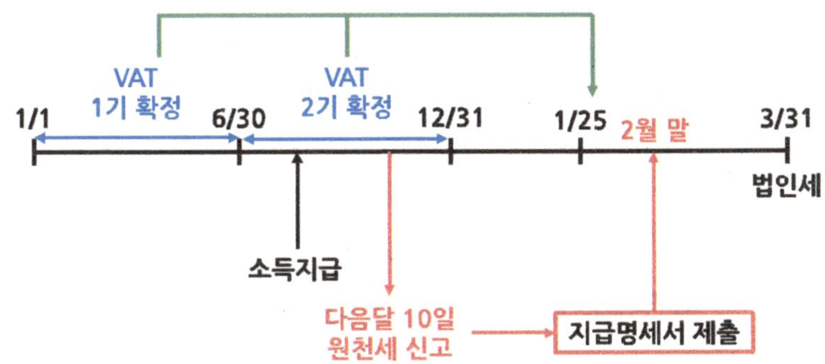

부가가치세 개관(2-6) - 선행조세(거래징수와 원천징수)

I/S

	매출액	XXX
-)	매출원가	XXX
=)	매출총이익	XXX
-)	인건비	XXX
-)	임대료	XXX
-)	비품구입비	XXX
-)	지급수수료	XXX
=)	당기순이익	XXX

VAT 거래징수

소법 원천징수

13

부가가치세 개관(3-1) - 이중과세조정

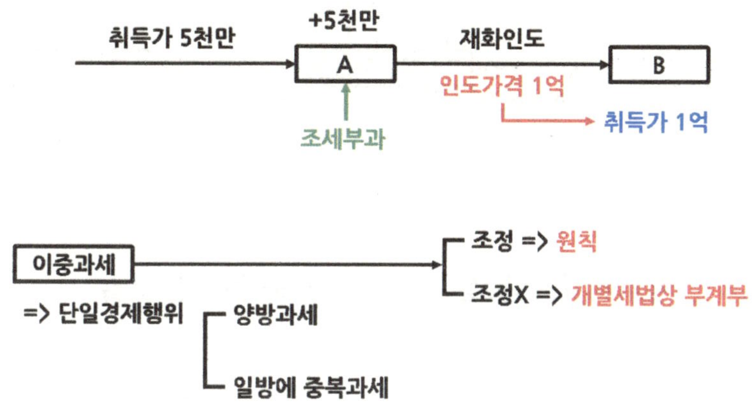

14

부가가치세 개관(3-2) - 이중과세조정

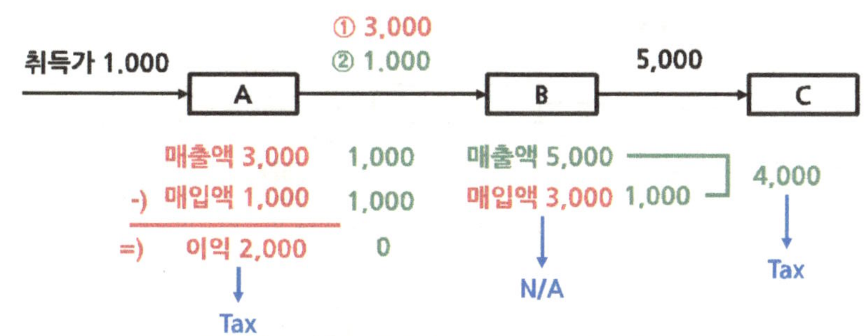

이중과세
- 원칙 => 이중과세 허용X => 무조건 조정
- 예외 => 양당사자간 담합 · 통정을 통하여 조세부담을 부당하게 감소시키는 경우 (부당행위계산 부인)

15

부가가치세 개관(3-3) - 국경세조정

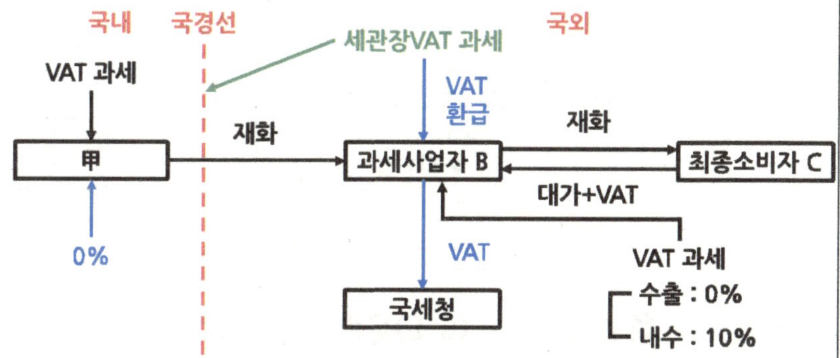

VAT
- VAT 과세대상 재화 · 용역 공급 → T/I → VAT 과세
- VAT 소비세 → 재화 · 용역이 소비 → VAT 과세

16

부가가치세 개관(3-4) - 국경세조정

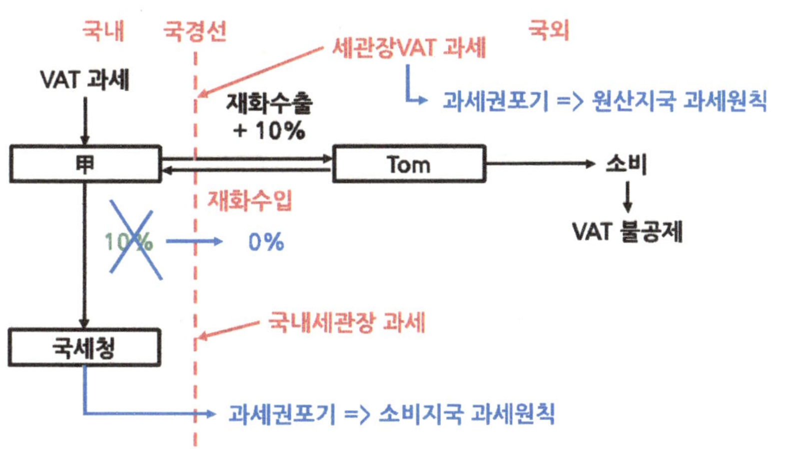

17

부가가치세 개관(3-5) - 국경세조정

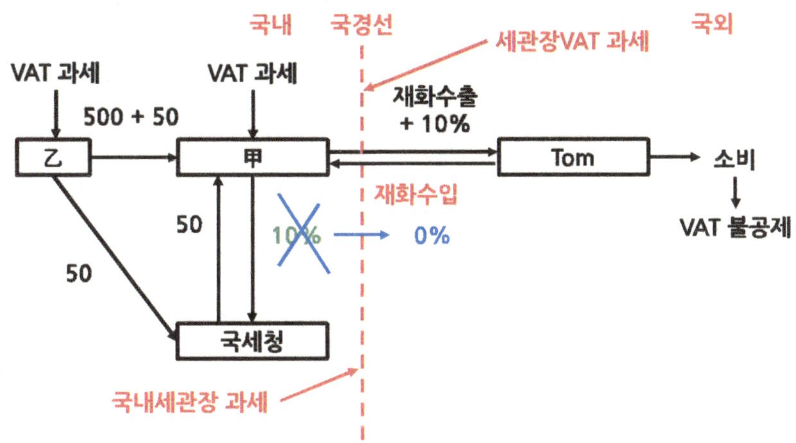

18

부가가치세 개관(3-6) - 인플레이션(면세)

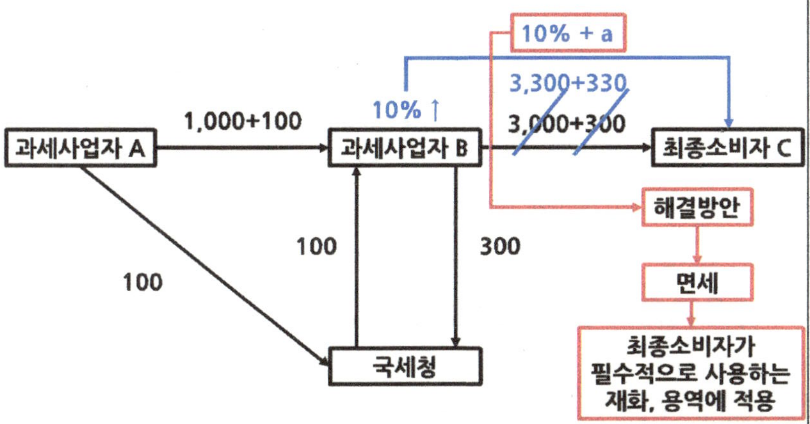

19

부가가치세 개관(3-7) - 인플레이션(영세율)

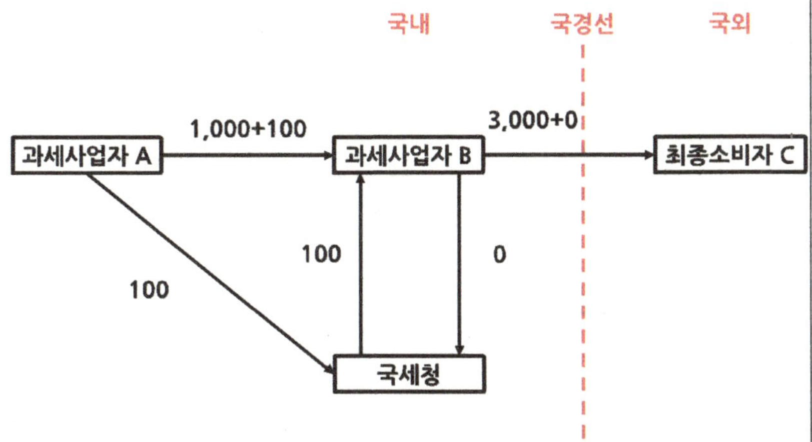

20

부가가치세 개관(4) - 계산방법

부가가치세 과세이론에 적합, 정밀한 세부담조정 불가

전단계거래액공제법 : (매출액 - 매입액) × 10% 과세기간별 · 총액주의

과세표준

<과세요건>
① 과세물건
② 납세의무자
③ 과세표준
④ 세율

① 업종별 VAT면제 감면만 가능 (품목별 X)
② 전단계 거래금액 VAT 포함 여부 불분명
③ 개별 거래 산정 내역 불분명

건별계산

전단계세액공제법 : 매출액 합계 × 10% - 매입액 합계 × 10% (이론상)

산출세액

수정된 전단계세액공제법 : 매출액 × 10% - 수취 T/I상 매입세액

매입세액 불공제 7가지 ← T/I 수취분만 공제

21

부가가치세 개관(5) - 부가가치세 유형

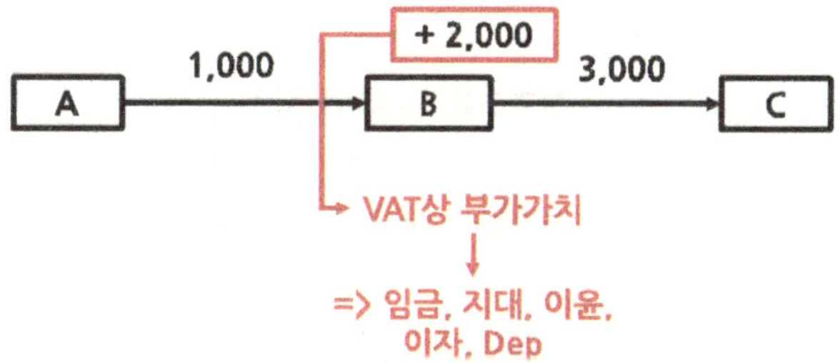

B => 재화생산 => 생산원가 = 2,000 + 정상이윤 + Tax

C => 생산원가 + 정상이윤 + Tax => C의 취득원가

D => 과도한 정상이윤 부담

22

부가가치세 개관(6) - 누진세와 비례세

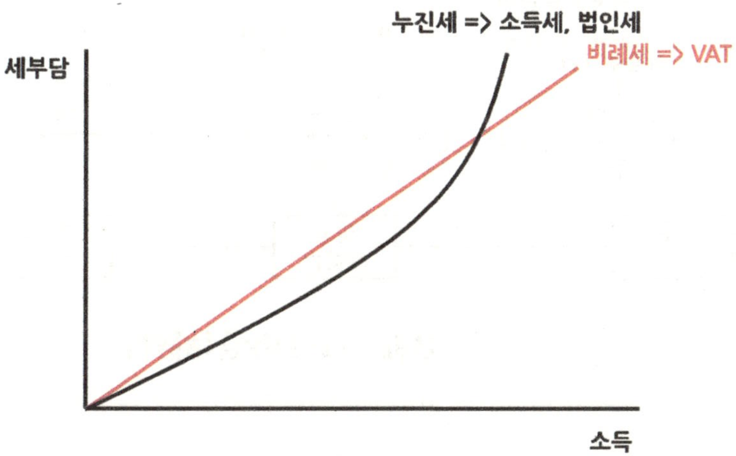

23

부가가치세 개관(7) - 납세자와 담세자

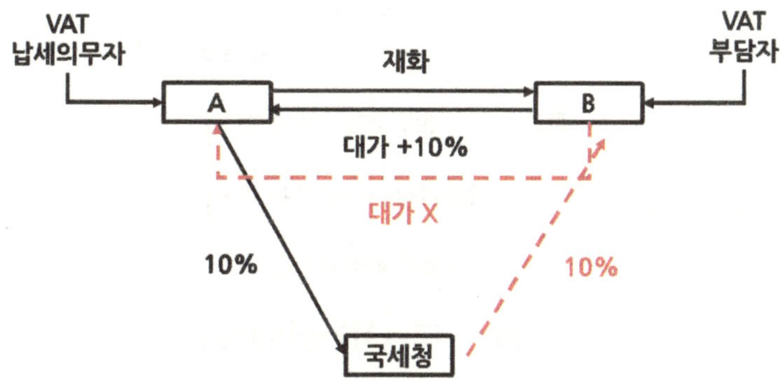

24

납세의무자(1-1) - 개요

투기거래(부동산)
→ 제재목적 중과세
토지 등 양도소득 법인세

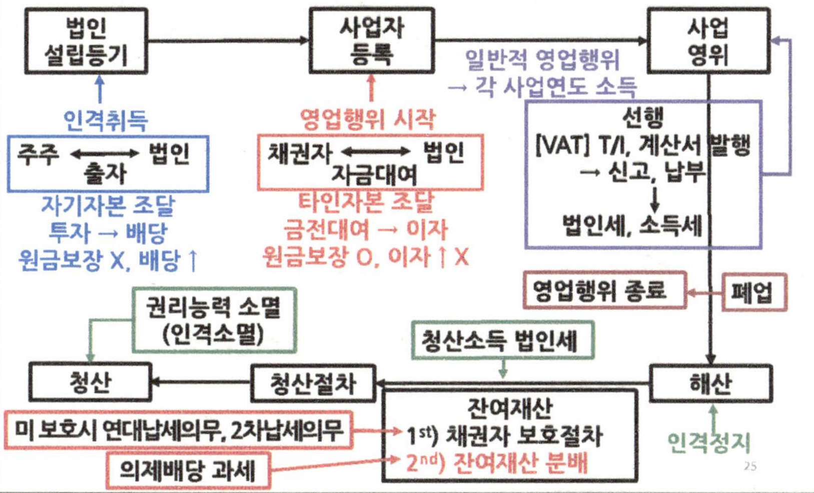

25

납세의무자(1-2) - 개요

- 사업자
  - ① 영리목적에 관계X
  - ② 사업형태 + 계속 반복적 VS 인적용역에 의한 원천징수 사업소득
  - ③ 독립적으로 재화 · 용역 공급
- 재화의 수입자

\+ 신탁재산관련 납세의무

- 과세사업자
  - 일반과세자
  - 간이과세자 => 영세사업자 지원
- 면세사업자 => 조세부담 역진성 완화

26

납세의무자(1-3) - 개요

- 사업자
  - 개인 => 소득세
  - 법인 => 법인세

사업성 有 → 사업소득
- (부가가치발생 => 투입1, 산출 100) VAT 과세대상 사업소득 (사업자등록 → T/I 발행, 신고납부)
- VAT 면세대상 사업소득 (사업자등록X → 3.3% 원천징수) (부가가치발생 X => 투입1, 산출 2)

① 독립된 지위 ←→ 종속적 지위
② 계속 · 반복적 ←→ 일시 · 우발적

구분기준
=> 부가가치를 창출할 수 있는 정도의 사업형태
① 인적설비 => 종업원
② 물적설비 => 사업장, 제조설비
- 有 => VAT 과세대상 사업소득
- 無 => VAT 면세대상 사업소득

사업성 無 => ① 독립지위 여부 무관 ② 일시우발적 (거주자)

사업자등록 => 영리, 비영리 무관   독립된 지위 => 자기책임, 자기계산

27

납세의무자(2) -사업성

오피스텔 매매
- 사업성 有 => 사업소득 + VAT 신고 · 납부 O
- 사업성 無 => 양도소득 + VAT 신고 · 납부 X

28

납세의무자(3) - 면세사업자와 소비자

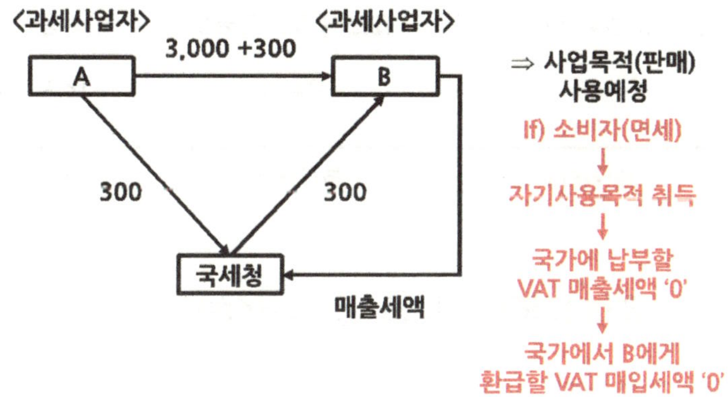

납세의무자(4) - 면세사업자

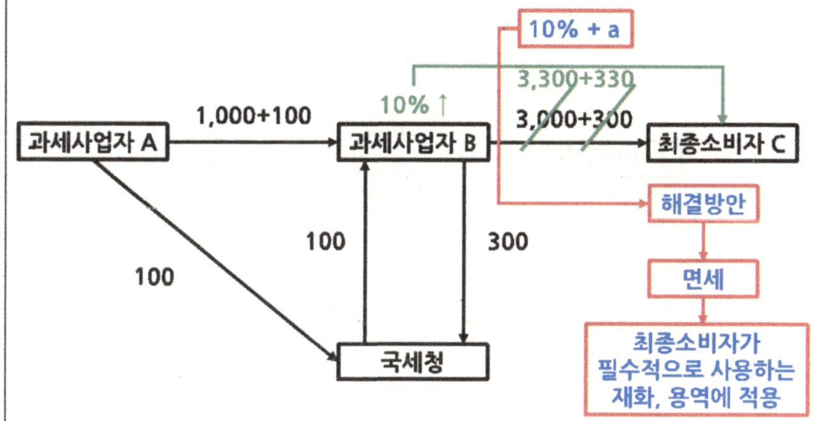

납세의무자(5) - 대가수령 여부와 세금계산서

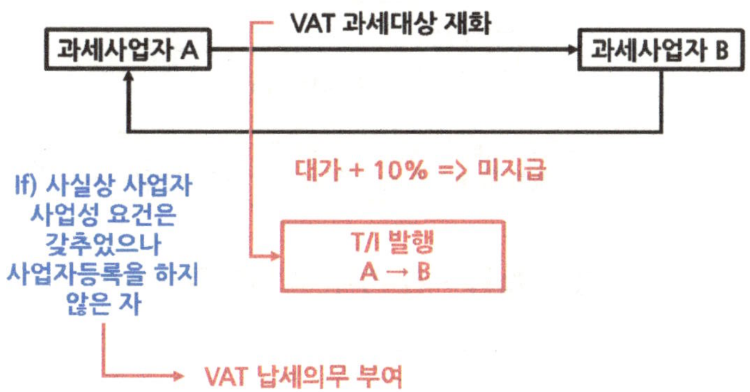

납세의무자(6-1) - 신탁과 명의신탁

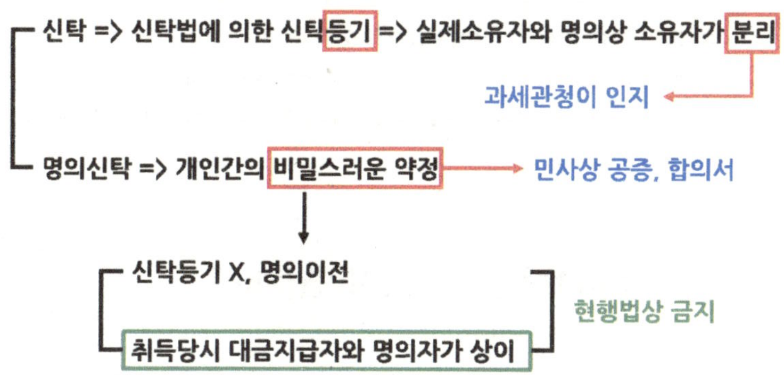

납세의무자(6-2) - 신탁 개요

특약 => · 임대료 3月 미납시 임대차계약 자동해지
· 입주 後 1月 내 4천만원 미납시 계약 자동해지

건물주 ←임대차계약→ 세입자

계약조건 => 1년 계약 보증금 5천만, 월임대료 3백만

세입자 => 1천만 선지급 1月 후 ~~4천만원 지급~~ | + 3백만 + 30만 | × 12月 3개월 분만 수령

=> 상가임대차보호법 => 법원판결 => 강제집행

33

납세의무자(6-3) - 신탁의 의의

신탁을 설정하는 자(위탁자)와 신탁을 인수하는 자(수탁자) 간의 신임관계에 기하여 위탁자가 수탁자에게 특정의 재산을 이전 하거나 담보권의 설정 기타 처분을 하고 수탁자로 하여금 일정한 자(수익자)의 이익 또는 특정 목적을 위하여 재산의 관리, 운용, 처분 등의 행위를 하게 하는 법률관계

34

납세의무자(6-4) - 명의신탁과의 비교

구분	민사신탁	명의신탁
성립 근거	신탁법	판례
권리 변동 효력	소유권 이전 등 확정	부동산 실명법 위반 무효 원칙
과징금 등 불이익	신탁거래 자체 불이익 無	장기 미등기 등 과징금 부과
수탁자 납세의무	법률 규정有 경우 성립	실질과세 적용

35

납세의무자(6-5)- 신탁(신탁계약)

실제소유자 → 건물주 —신탁계약 / 명의이전→ 신탁회사 ← 명의상 소유자

① 관리목적 명의이전(신탁목적)
② 수탁자의 권한 범위
③ 위탁자의 수탁자 업무감시권
④ 수탁자 월권시 위탁자의 계약해지권
⑤ 신탁재산의 수익에 대한 귀속

36

납세의무자(6-6)- 신탁(자익신탁과 타익신탁)

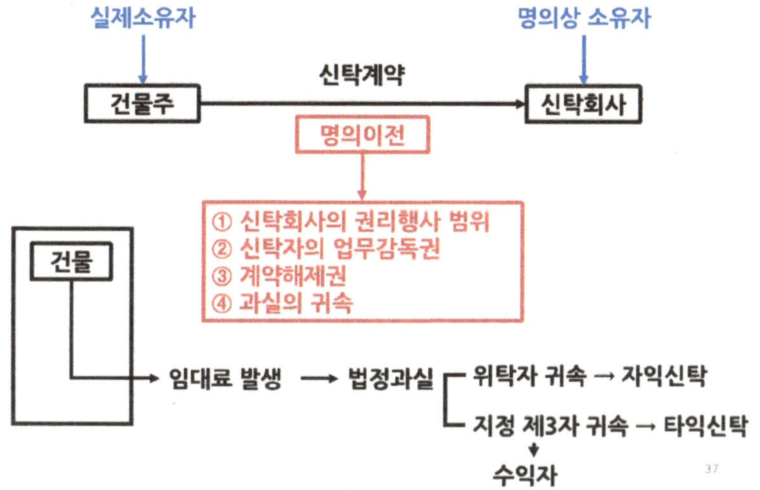

납세의무자(6-7)- 신탁(담보신탁)

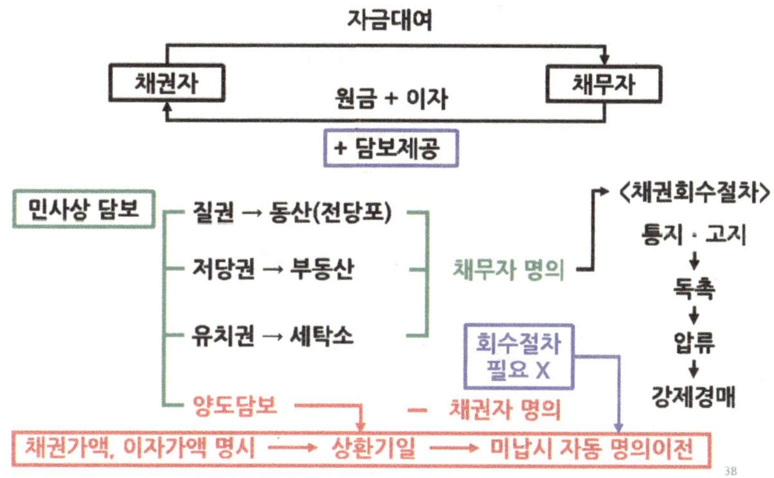

납세의무자(6-8)- 신탁(담보신탁)

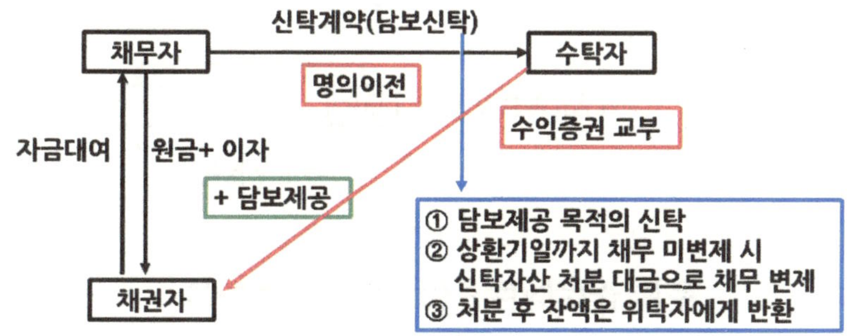

납세의무자(6-9) - 신탁 정리 및 납세의무 확장

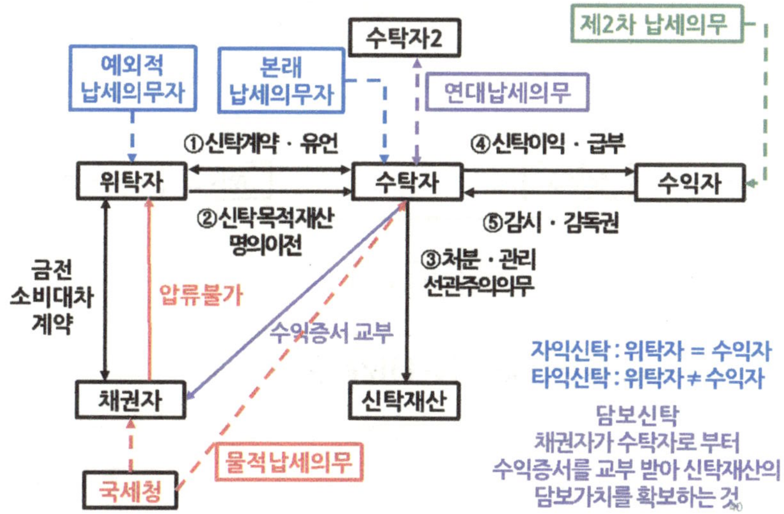

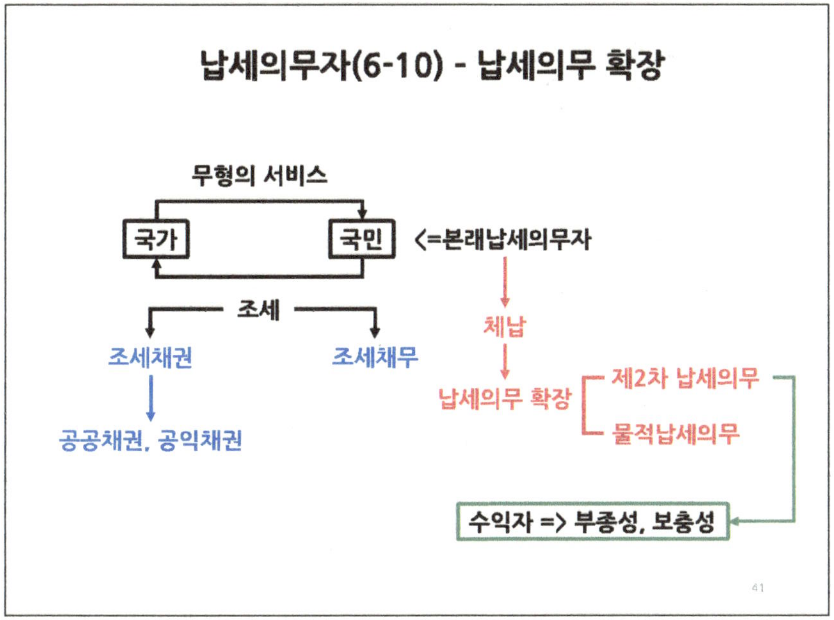
납세의무자(6-10) - 납세의무 확장
무형의 서비스
국가
국민
<=본래납세의무자
조세
조세채권
조세채무
공공채권, 공익채권
체납
납세의무 확장
제2차 납세의무
물적납세의무
수익자 => 부종성, 보충성
41

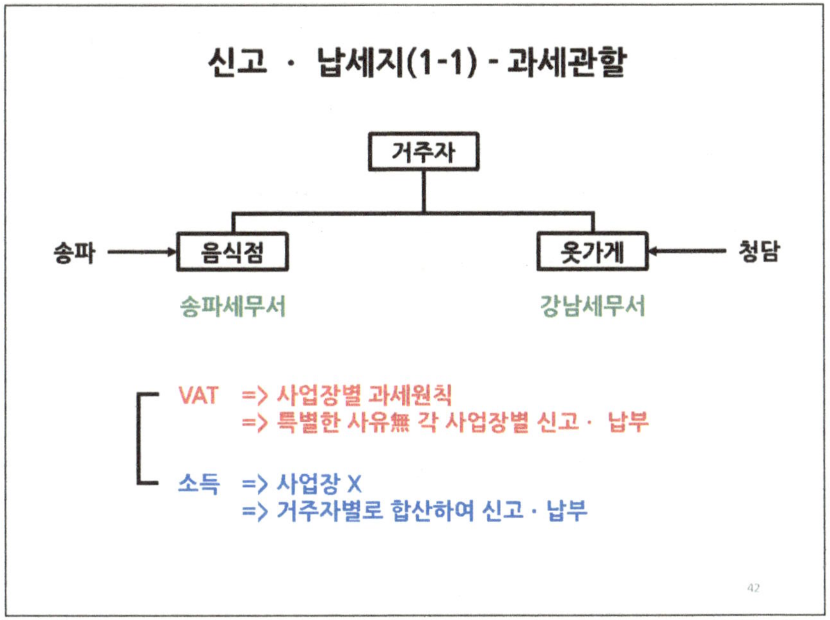
신고 · 납세지(1-1) - 과세관할
거주자
송파
음식점
옷가게
청담
송파세무서
강남세무서
VAT => 사업장별 과세원칙
=> 특별한 사유無 각 사업장별 신고 · 납부
소득 => 사업장 X
=> 거주자별로 합산하여 신고 · 납부
42

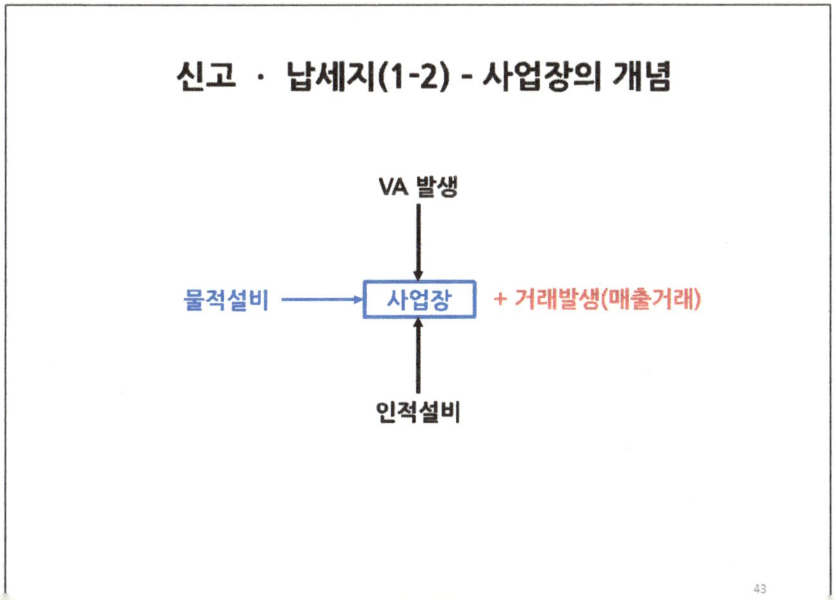
신고 · 납세지(1-2) - 사업장의 개념
VA 발생
물적설비
사업장
+ 거래발생(매출거래)
인적설비
43

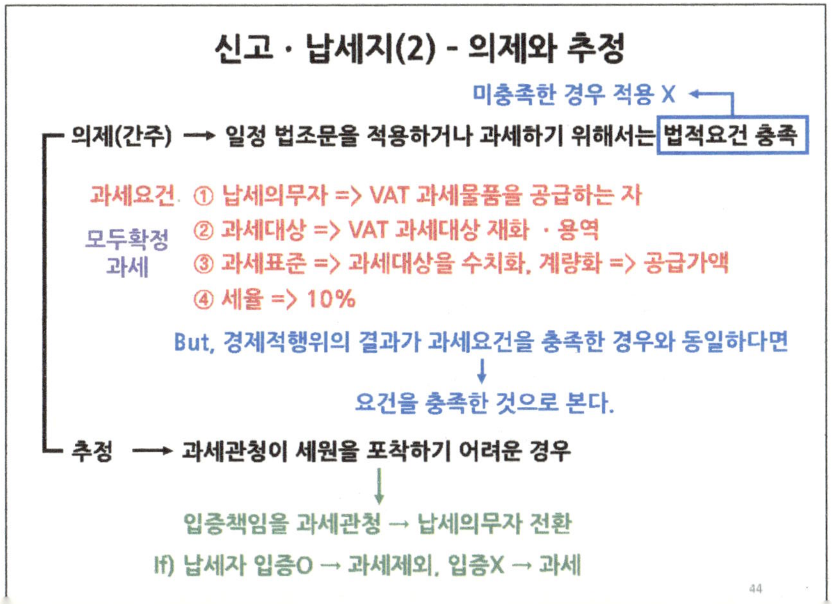
신고 · 납세지(2) - 의제와 추정
미충족한 경우 적용 X
의제(간주) → 일정 법조문을 적용하거나 과세하기 위해서는 법적요건 충족
과세요건
모두확정 과세
① 납세의무자 => VAT 과세물품을 공급하는 자
② 과세대상 => VAT 과세대상 재화 · 용역
③ 과세표준 => 과세대상을 수치화, 계량화 => 공급가액
④ 세율 => 10%
But, 경제적행위의 결과가 과세요건을 충족한 경우와 동일하다면
요건을 충족한 것으로 본다.
추정 → 과세관청이 세원을 포착하기 어려운 경우
입증책임을 과세관청 → 납세의무자 전환
If) 납세자 입증O → 과세제외, 입증X → 과세
44

신고 · 납세지(3) - 범위

- 일반적 사업장 - 상시주재 + 거래의 전부 또는 일부
- 의제사업장
- 직매장 - 독립된 사업장
- 하치장 - 별도 사업장X, → 사업 관련 재화 보관 관리
- 임시사업장 - 기존 사업장에 포함

45

신고 · 납세지(4) - 국외사업장

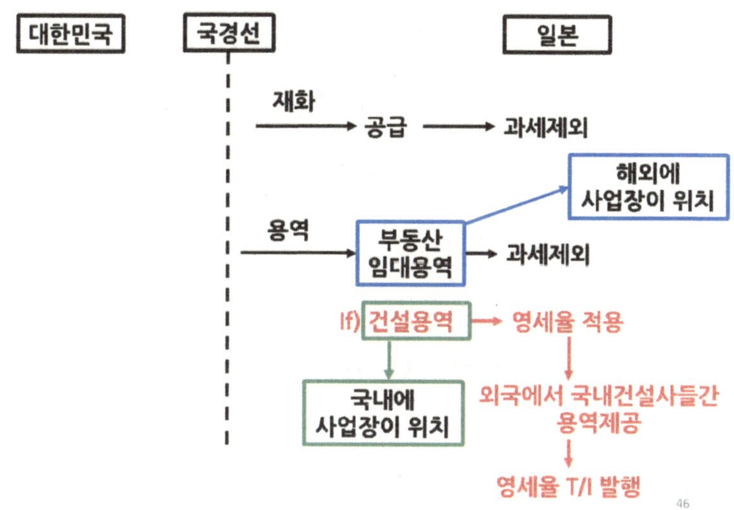

46

신고 · 납세지(5-1) - 주사업장총괄납부 및 사업자단위과세

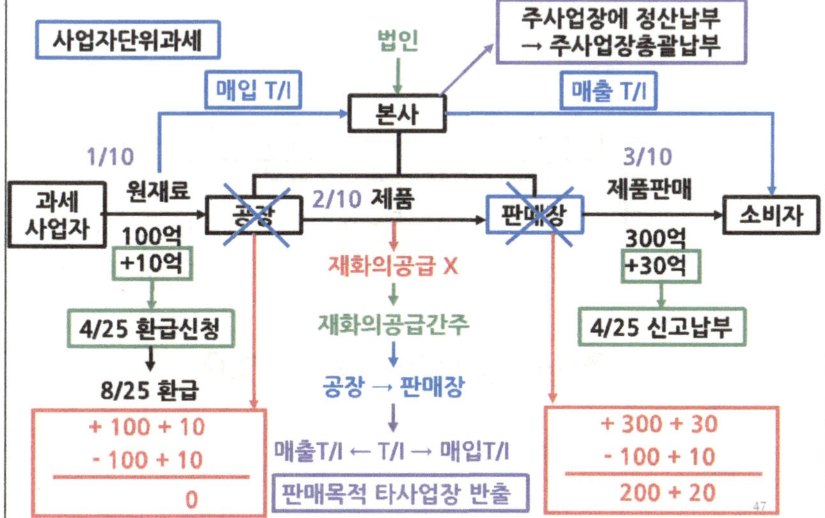

47

신고 · 납세지(5-2) - 주사업장총괄납부 및 사업자단위과세

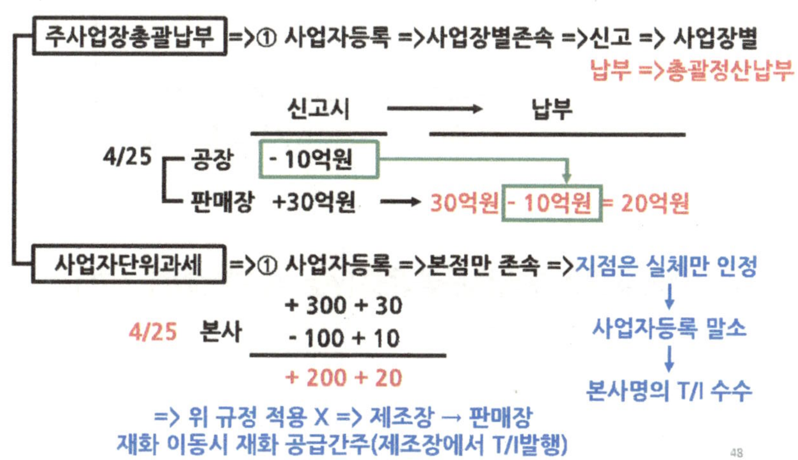

48

신고 · 납세지(5-3) - 직매장반출

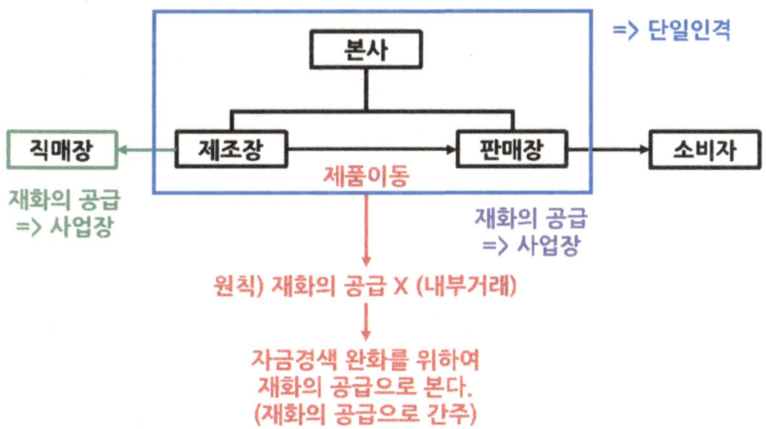

49

신고 · 납세지(5-4) - 주사업장 총괄납부와 사업자 단위과세

- 주사업장 총괄납부 : 납부만 주사업장에서
  => T/I 발행 및 신고는 각 사업장별
- 사업자 단위과세: 납부, T/I발행, 신고 모두 주사업장에서

50

신고 · 납세지(5-5) - 주사업장 총괄납부와 사업자 단위과세

구분	총괄 납부	사업자 단위
주사업장	본점 or 지점(법인의 경우)	본점
신청	계속) 과세기간 개시 20일 전 신규) 등록증 발급일 부터 20일 내	계속) 과세기간 개시 20일 전 신규) 사업개시일 부터 20일 내
포기	과세기간 개시 20일 전	과세기간 개시 20일 전

51

사업자등록(1-1) - 개요

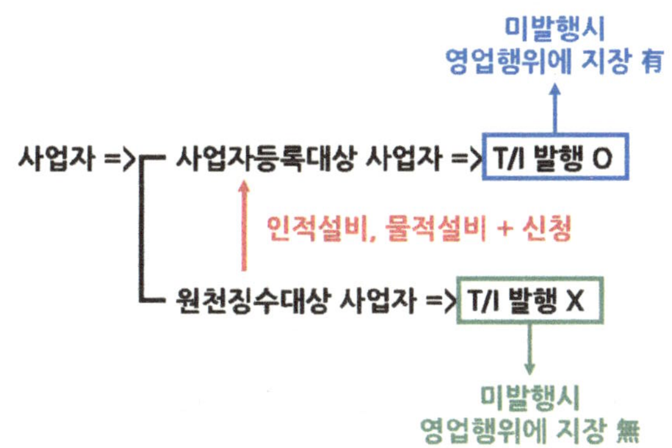

52

사업자등록(1-2) - 개요

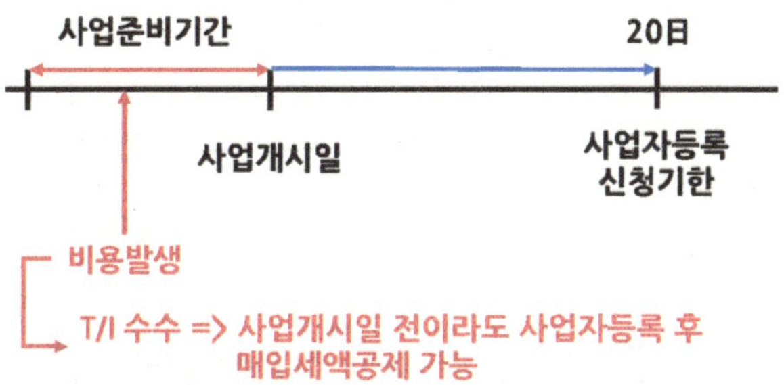

53

사업자등록(2) - 사업자등록(학원)

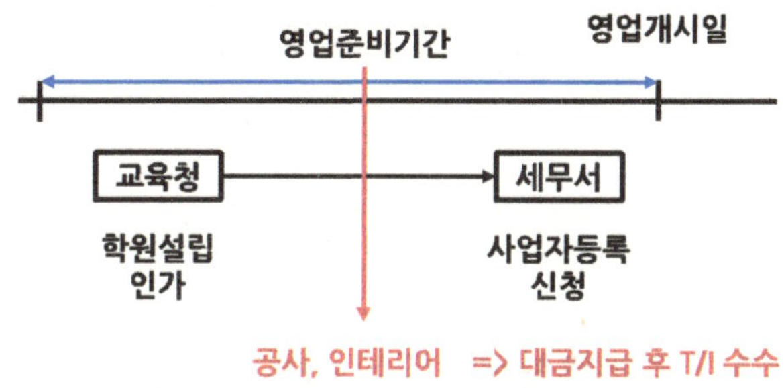

54

사업자등록(3) - 합병

<합병>

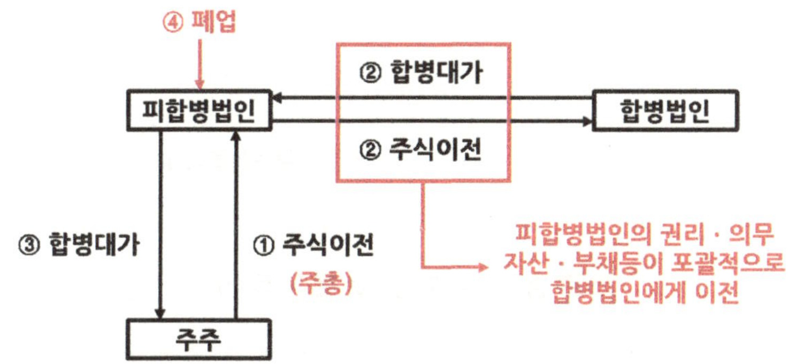

55

사업자등록(4-1) - 폐업

<인허가업종의 폐업>

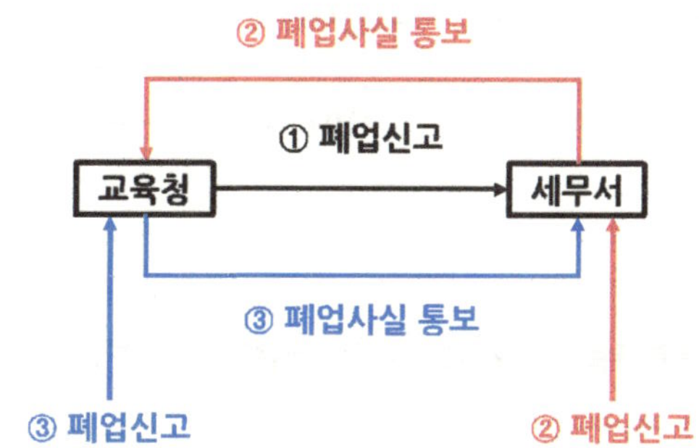

56

사업자등록(4-2) - 사후관리

<위장사업자의 사업자등록 정정>

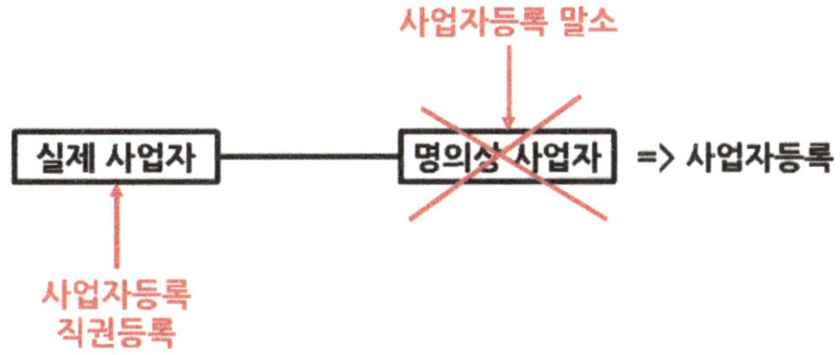

57

사업자등록(4-3) - 미등록 및 위장등록(정리)

<미등록>

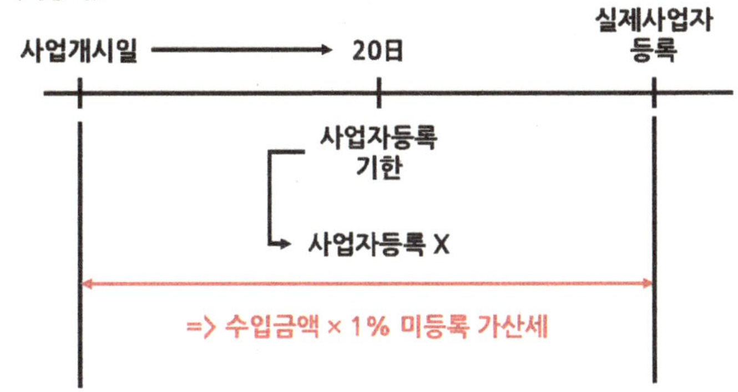

58

사업자등록(4-4) - 미등록 및 위장등록(정리)

<위장등록>

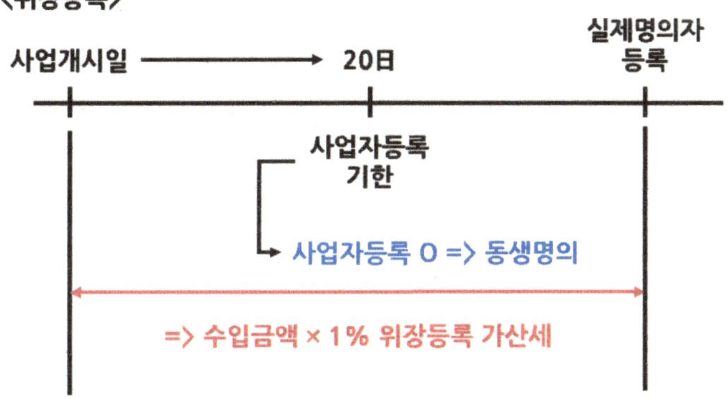

59

사업자등록(4-5) - 사업자등록불성실 가산세

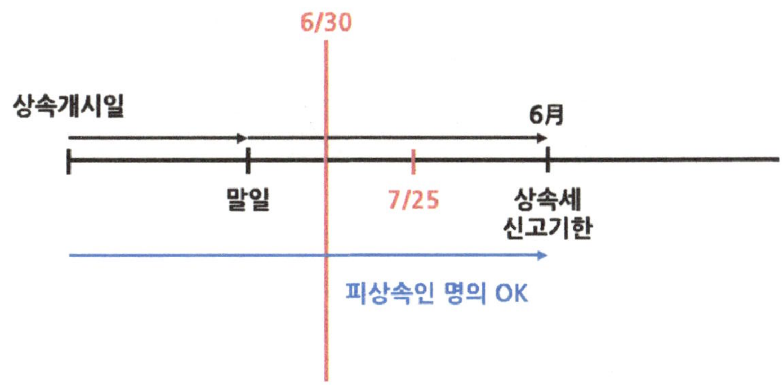

60

사업자등록(4-6) - 사업자등록불성실 가산세

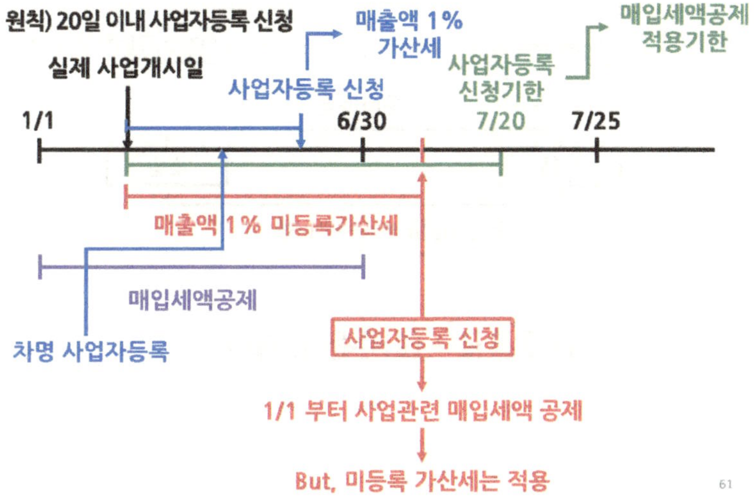

61

재화의 공급(1-1) - 의의

의사합치 O ← 계약상 / 법률상 → 의사합치 X

- 실질공급 => 재화의 공급원인 : 계약상 법률상 모든 원인
  - => 계약 당사자의 의사합치 여부
- 간주공급 => 본래의미의 재화공급 X but, 경제적 실질이 동일, 조세정책적 목적 재화의 공급으로 볼 필요有
  - => 재화가 공급된 것으로 보아 VAT 과세

62

재화의 공급(1-2) - 의의

- 계약상 법률상 원인 : 매매, 가공, 교환, 경매, 수용, 현물출자, 보세구역내 창고 임치물 中 국내 반입분
- 인도 또는 양도
  - 인도 - 물건에 대한 사실상 지배를 이전
  - 양도 - 권리에 관한 소유권의 변동
- 대가 관계有
- 사업자에 의해 국내에서 공급(수출 포함)

63

재화의 공급(2) - 임가공용역

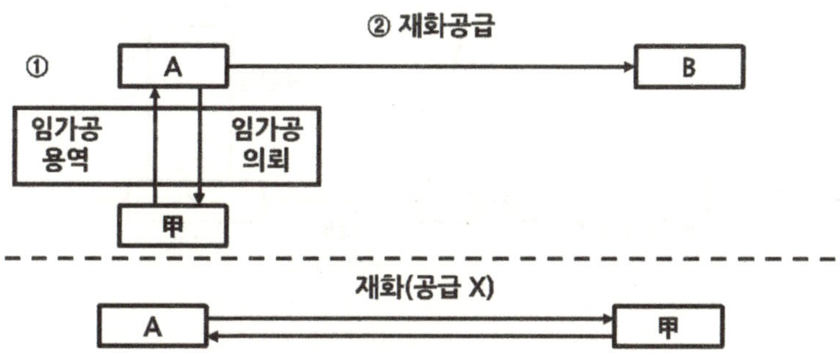

<Case.1> 재화 + 임가공용역 => 용역의 공급

<Case.2> 재화 + 임가공용역 + 자체부담
- 주요자재 => 재화공급
- 부수자재 => 용역공급

64

재화의 공급(3) - 교환계약

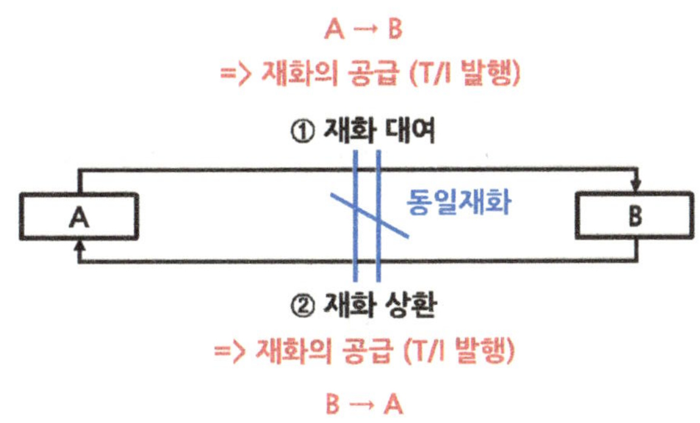

65

재화의 공급(4) - 공매, 경매

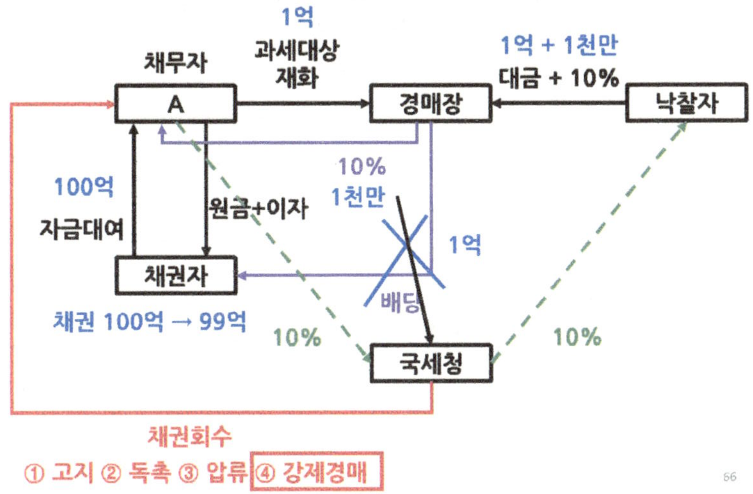

66

재화의 공급(5) - 현물출자

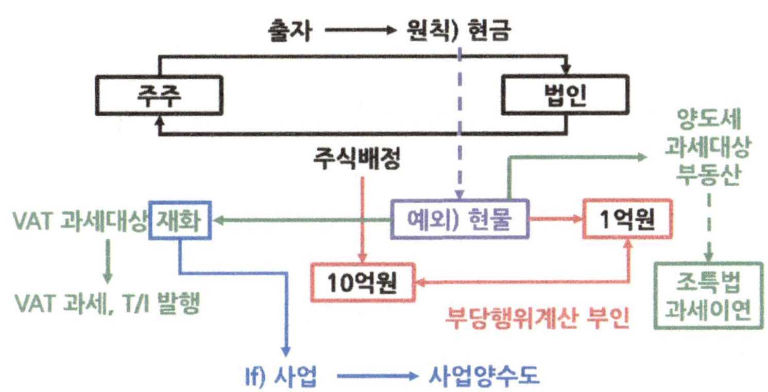

67

재화의 공급(6-1) -재화공급의 특례

Ⅰ. 재화의 개념

재산적 가치가 있는 모든 유체물과 무체물

Ⅱ. 재화의 실질공급 요건

- 재화의 인도 · 양도
- 계약상, 법률상 모든 원인
- 대가관계
- 사업자에 의해 국내에서 공급

68

재화의 공급(6-2) -재화공급의 특례

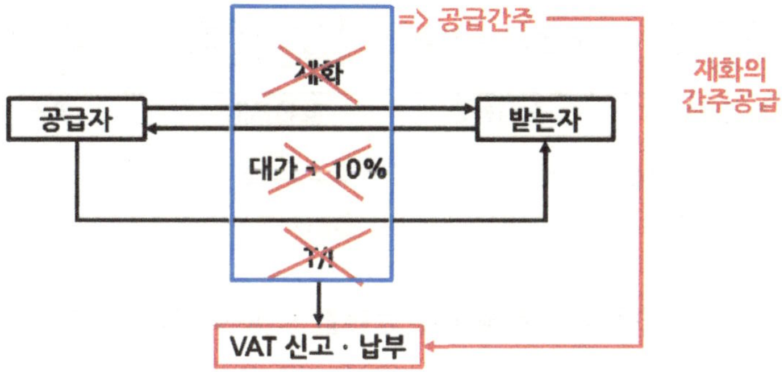

69

재화의 공급(6-3) -재화공급의 특례

재화의 간주공급
- ① 매출세액 발생 X 거래에 대응하는 VAT 과세대상 재화의 매입세액공제
- ② VAT 거래징수 시점과 환급시점의 시차
  => 자금경색 현상 완화
- ③ 폐업 후 재화의 과세 불가능
  => 폐업시점에서 재화에 대한 과세

70

재화의 공급(6-4) - 재화 공급의 특례 입법취지1

Case 1- B가 과세사업자인 경우

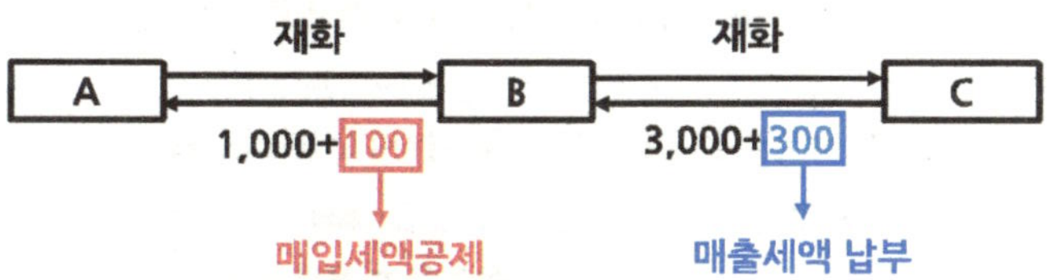

Case 2- B가 면세사업자인 경우

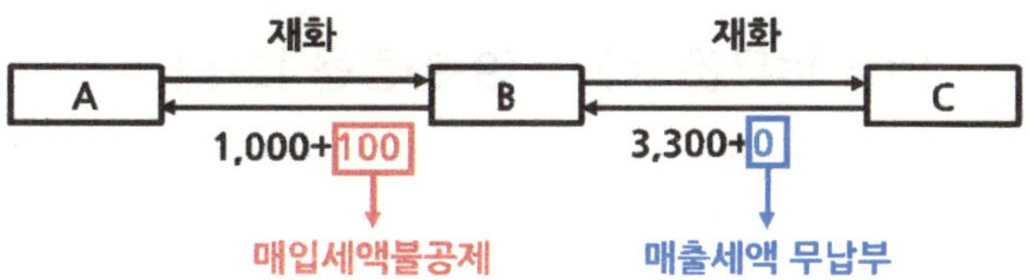

71

재화의 공급(6-5) - 재화 공급의 특례 입법취지2

Case 3- B가 과세·면세 겸영사업자인 경우

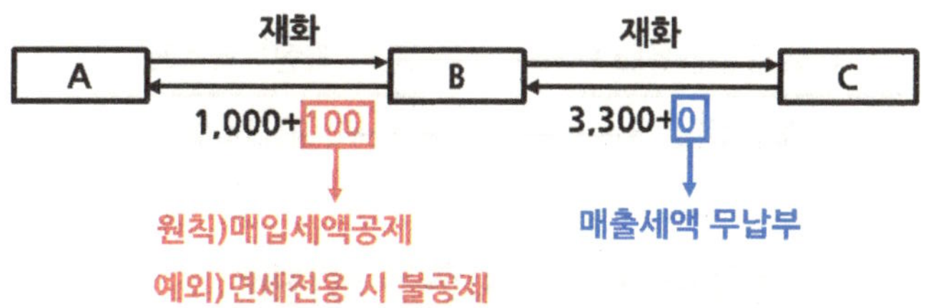

72

재화의 공급(6-6) - 재화 공급의 특례

- 자가공급
  - 면세전용 : 면세사업에 사용 · 소비분 매입세액 공제 방지
  - 비영업용 소형승용차 : 영업용X
    - ➡ 매입세액공제 방지하여 일반 사업자와 형평 제고
  - 판매목적 타사업장 반출 : 자금의 유동성 해소
    (당초 매입세액공제 여부 불문)
- 개인적 공급 : 사업주 or 사용인 개인적 목적 사용 · 소비
  - ➡ 공급으로 의제하여 VAT탈루 방지
- 사업상 증여 : 불특정 다수, 고객에게 증여하여 사용 · 소비
  - ➡ 공급으로 의제하여 VAT탈루 방지
- 폐업시 잔존재화 : 폐업자는 사업자 지위를 상실하므로 과세X
  - ➡ 자신에게 공급하는 것으로 의제

73

재화의 공급(6-7) - 면세전용

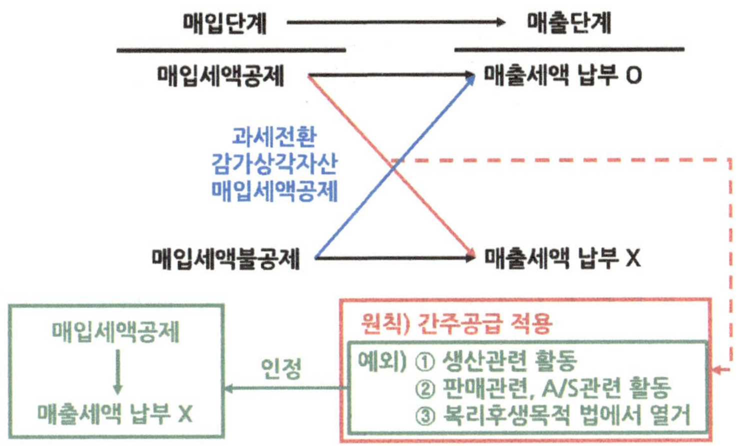

74

재화의 공급(6-8) - 재화공급의 특례(소형승용차)

각 개별차량이 기업의 매출액에 직접대응 X, 사업관련사용

차이점 ⟶ ① 외관상 차이, ② 전용가능성

구분	매입단계	운용단계	처분단계
비영업용 소형승용차	매입세액불공제(개소세 과세O)	매입세액불공제	VAT과세 (T/I 발행)
영업용 소형승용차	매입세액공제 (개소세 과세X)	매입세액공제	VAT과세 (T/I 발행)

VS ⟶ 법인세법, 소득세법 업무용승용차 손금산입 특례 적용

각 개별차량이 기업의 매출액에 직접 공헌

75

재화의 공급(6-9) - 재화공급의 특례(폐업)

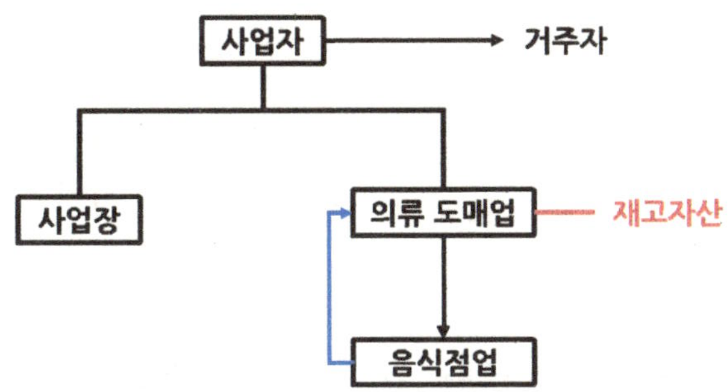

76

재화의 공급(6-10) - 재화공급의 특례(폐업)

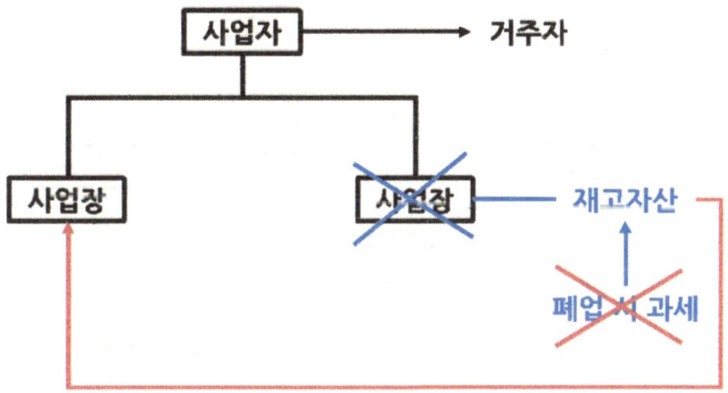

77

재화의 공급(6-11) - 재화공급의 특례(폐업)

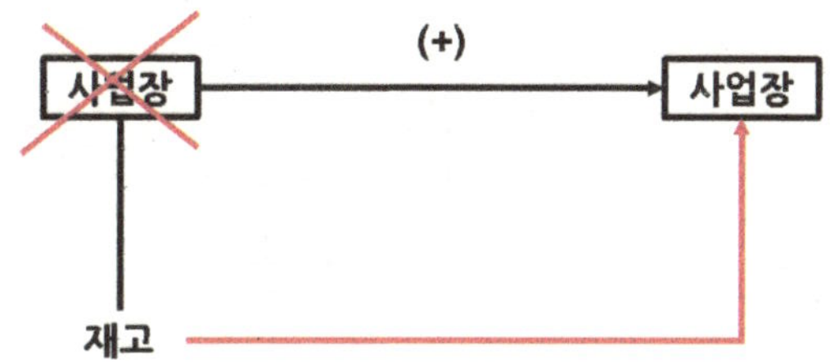

78

재화의 공급(6-11) - 재화공급의 특례(상품 및 제품, dep자산)

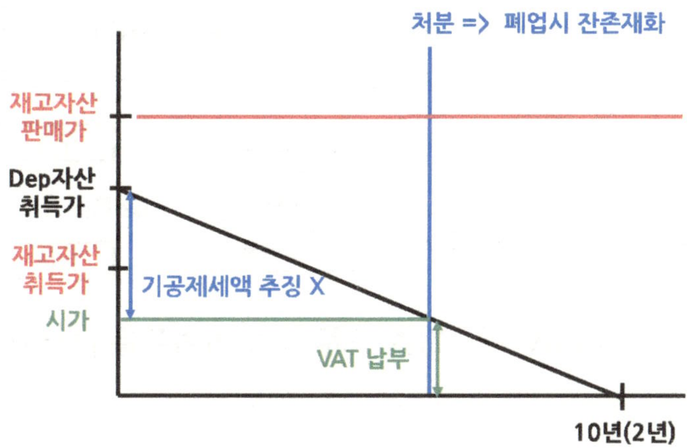

79

재화의 공급으로 보지 않는 것(1) - 개요

- 담보제공 : 질권, 저당권, 양도담보 목적 권리 제공은 재화의 공급X
- 사업의 양도
- 조세물납 : 사업용 자산을 상증법, 지법에 따라 물납하는 것은 재화의 공급X
- 신탁재산의소유권이전:위→수,신탁종료원인수→위,수탁자변경원인수→新수
- 공매, 경매, 수용에 의한 양도 : 국징법에 따른 공매, 민사집행법에 따른 경매, 도정법등에 따른 수용
- 특정 창고증권의 양도, 특정 석유류 소비대차
- 신탁재산의 소유권 이전(위탁자의 지위이전은 재화의 공급 O)

80

재화의 공급으로 보지 않는 것(2-1) - 사업양수도

Ⅰ. 취지

자금 부담 경감

Ⅱ. 요건

- 사업장별 승계
- 사업에 관한 모든 권리 · 의무 - 사업 무관 권리 의무 자산은 제외 (미수금, 미지급금 등)
- 사업의 동일성 유지

불분명한 경우 또는 대리납부 하려는 경우
- 사업양수인 : 대리납부의무
- 사업양도인 : 기납부세액공제

견해1) 사업 양도시점에서 양도인과 양수인간 사업의 동질성이 유지되어야 한다.

견해2) 양도시점에서 사업의 동질성이 유지되지 않더라도 양도인과 동일시되는 정도의 법률상 지위 승계 하여야 한다.

81

재화의공급으로 보지 않는 것(2-2) - 사업양수도 취지 1

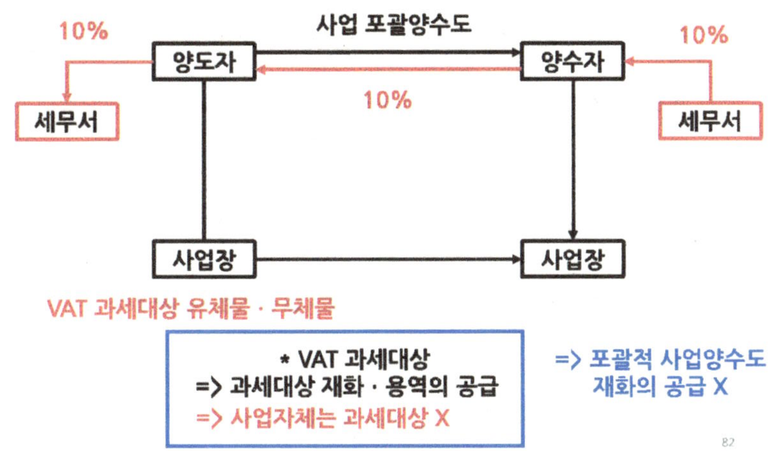

82

재화의공급으로 보지 않는 것(2-3) - 사업양수도 취지 2

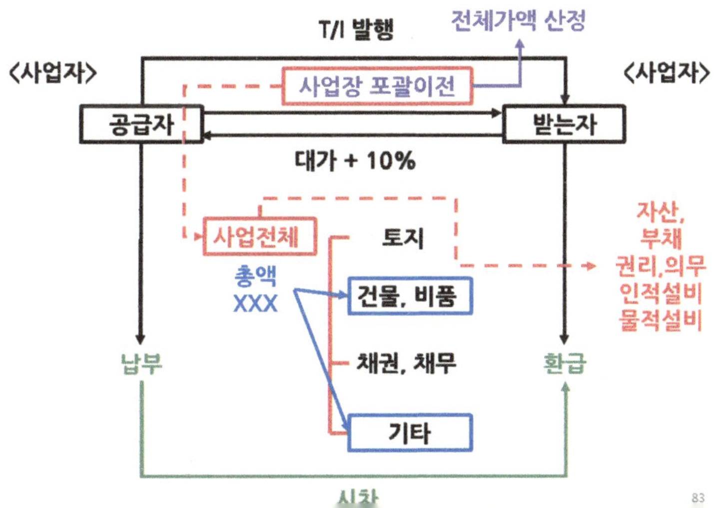

83

재화의공급으로 보지 않는 것(2-4) - 사업양수도와 적격분할

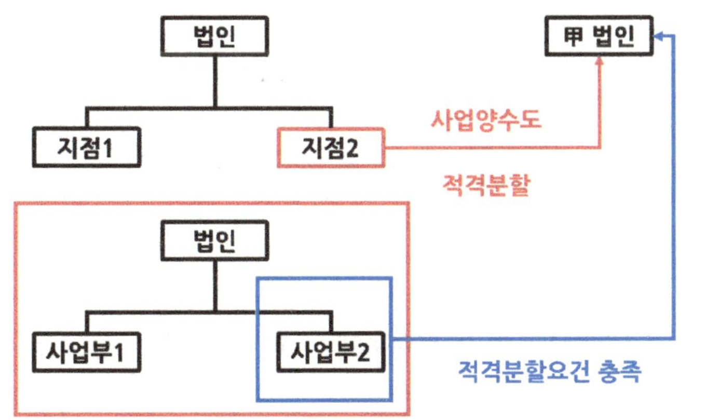

84

재화의공급으로 보지 않는 것(2-5) - 합병분할

<합병, 분할>

- 적격합병(분할) => 법인세법상 세제혜택 + VAT사업양수도 인정
  => 세법, 상법상 요건을 충족시키는 합병 · 분할
- 비적격합병(분할)

85

재화의공급으로 보지 않는 것(2-6) - 사업양수도

<포괄적 이전>

	I/S		
	매출액	→ 매출채권	=> 필수
-)	매출원가	→ 매입채무	
=)	매출총이익		
+)	영업외수익	→ 미수금	=> 선택
-)	영업외비용	→ 미지급금	
=)	당기순이익		

86

재화의공급으로 보지 않는 것(2-7) - 사업양수도

<업종의 동일성> ——→ 종전규정

부동산임대업

양도자 → 부동산임대업 | 양수도시점 | 양수자 → 부동산임대업

양수도 인정X ← + 자가사업

→ 양도자 VAT + 가산세

87

재화의공급으로 보지 않는 것(2-8) - 사업양수도

<업종의 동일성> ——→ 개정규정

부동산임대업

양수도 시점에 동일업종 ——→ 종결

양도자 → 부동산임대업 | 양수도시점 | 양수자 → 부동산임대업

+ 업종추가
+ 업종변경 ——→ 과세 → 과세 → 양수도 인정

88

재화의공급으로 보지 않는 것(2-9) - 사업양수도(대리납부)

	Case.1	Case.2
납세자	사업양도 → T/I 발행 X, 거래징수 X	재화의 공급 → T/I 발행 O, 매입세액공제
과세관청	재화의 공급	사업양도
	공급자: ① 지연발행, 미발행 가산세 ② 과소신고, 납부지연 가산세	받는자: ① 매입세액불공제 ② 과소신고, 납부지연가산세

재화의공급으로 보지 않는 것(2-10) - 사업양수도(대리납부)

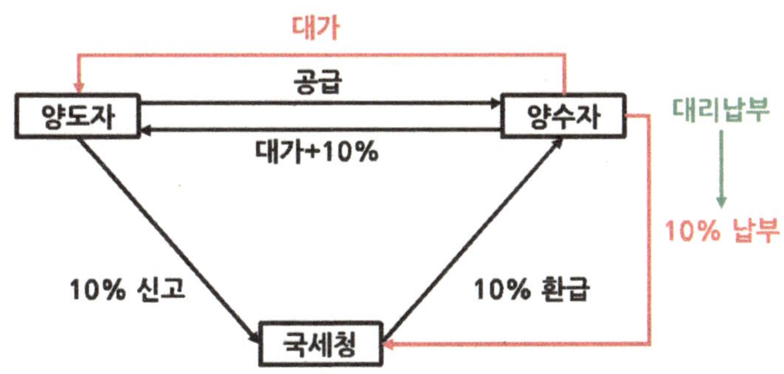

재화의공급으로 보지 않는 것(3) - 신탁재산의 이전

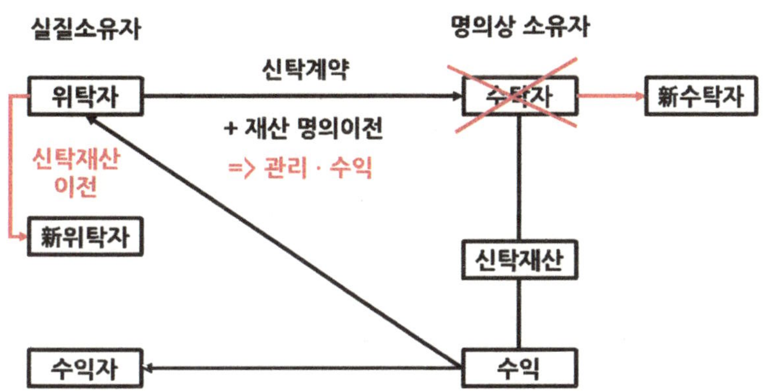

용역의 공급(1) - 건설업과 부동산매매업

- 부동산매매업 => 재화의 공급
- 건설업 => 용역의 공급

용역의 공급(2) - 무상공급

- 재화의 무상공급 => 과세관청 추적가능 => VAT 과세대상
  - => 저가공급 => 추적가능 => VAT 과세대상
- 용역의 무상공급 => 과세관청 추적불가능

But, 추적가능한 부동산 임대용역 中
특수관계자에게 제공한 임대용역 과세

93

재화의 수입 - 보세구역

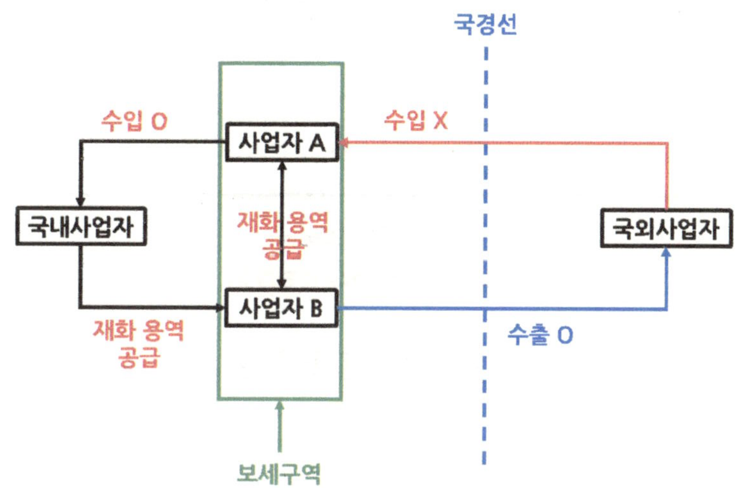

94

부수재화 · 부수용역(1) - 개요

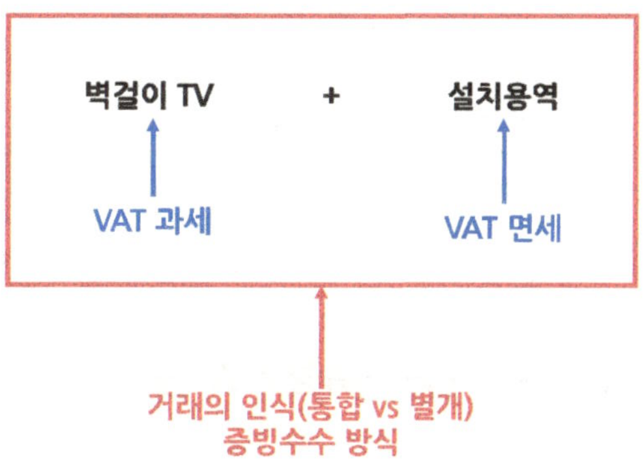

95

부수재화 부수용역(2) - 주된거래와 주된사업

주된거래
- 공급대가의 부수성 : 공급하는 재화의 포장용기, 운반 용역
- 부수재화의 공급 : 항공기 내에서 무상으로 제공되는 식사

=> 단일거래인식 => 1개증빙 수취

부수재화 · 용역은 주된 거래에 따라 판단

주된사업
- 일시 우발적 공급 : 금융업자가 면세사업에 사용하는 건축물 양도
- 부산물 재화 : 복숭아 통조림 제조업자가 판매하는 복숭아 씨

=> 별개의 거래로 인식 => 복수의 증빙수취

부수재화 · 용역은 면세우선 적용, 부산물은 주된사업 기준 판단

96

부수재화 부수용역(3-1) - 면세우선

주된 사업	부수 재화, 용역	판정
과세 (T/I)	과세 (T/I)	과세
	면세 (계산서)	면세
면세 (계산서)	과세	=> 모두 면세 (계산서) (면세 사업과 관련된 일시 우발적 공급)
	면세	

97

부수재화 · 부수용역(3-2) - 면세우선

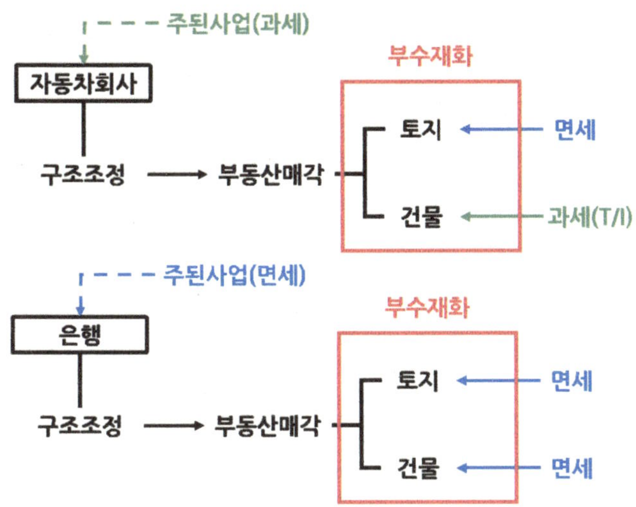

98

공급시기(1-1) - 개요

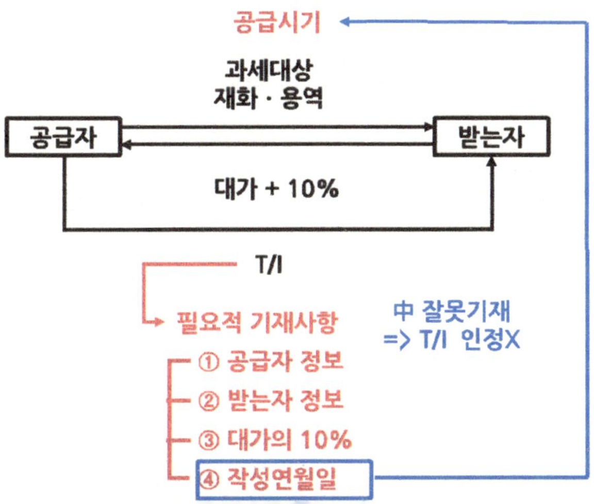

99

공급시기(1-2) - 개요

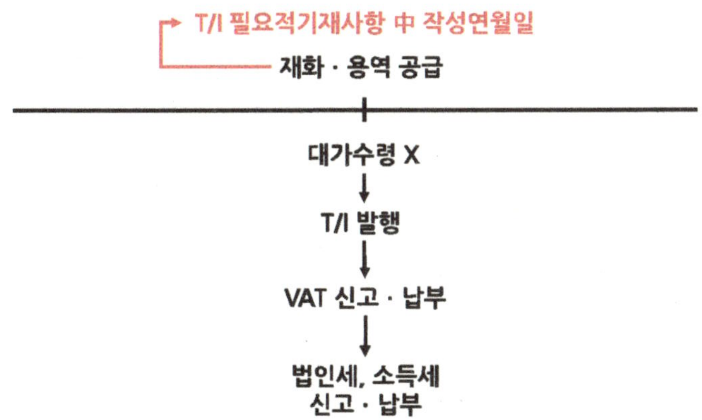

100

공급시기(1-3) - 개요

Ⅰ. 일반적공급시기 : 인도or이용가능or공급확정(=T/I발급=거래징수=신고납부시기)

(인도 ↑ 이동O, 이용가능 ↑ 이동X, 공급확정 ↑ 기타)

Ⅱ. 장기할부 판매 : 공급 후 대가수령 (납세자에게 유리)

=> 인도의 다음날 ~ 잔금일 1년 이상, 2회 이상 분할

Ⅲ. 중간지급 조건부 : 공급완료 전 대가수령분에 대한 과세 (과세관청에 유리)

① 인도 전 계약금 이외의 대가를 분할 지급 (계약금 - 중도금1 - 중도금2)

② 계약금 ~ 잔금 : 6개월 이상

Ⅳ. 리스거래 : 리스회사(면세)가 거래의 중간단계에 존재함으로써 발생하는 누적 효과 제거 목적

101

공급시기(2) - 상품권

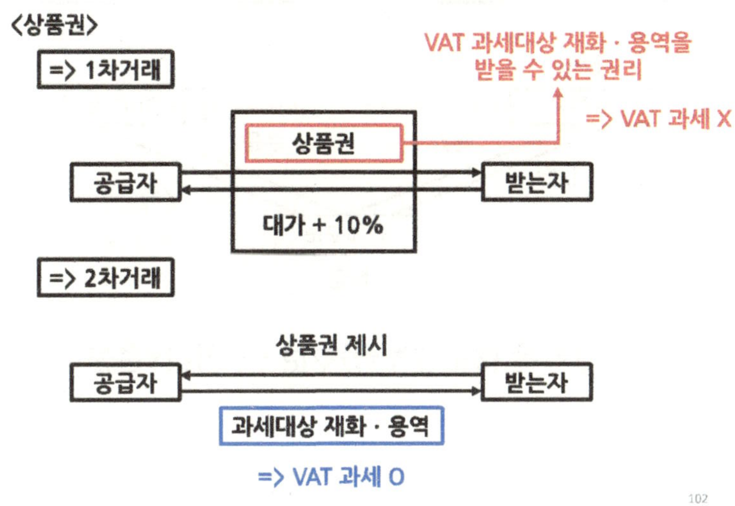

102

공급시기(3-1) - 장기할부판매

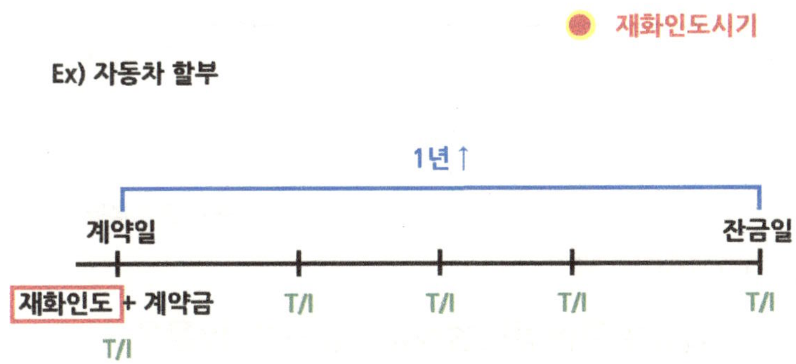

103

공급시기(3-2) - 중간지급조건부판매

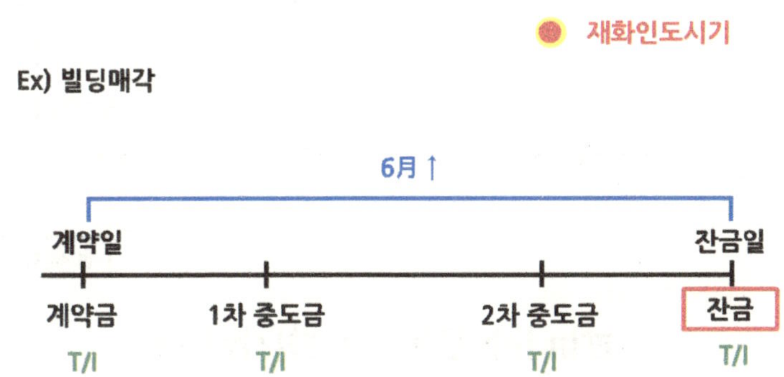

104

공급시기(3-3) - 완성도기준지급조건부

Ex) 개별빌딩 건축

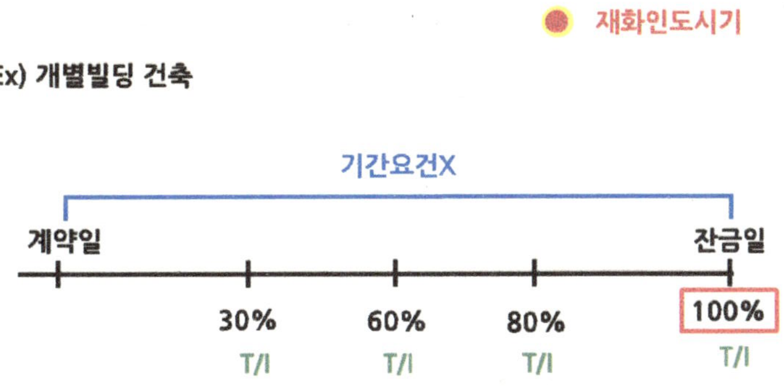

* 대금지급방식 ⟶ 기성고 확인 ⟶ 기성고 청구 ⟶ 공사대금수령

공급시기(3-4) - 공급시기 비교

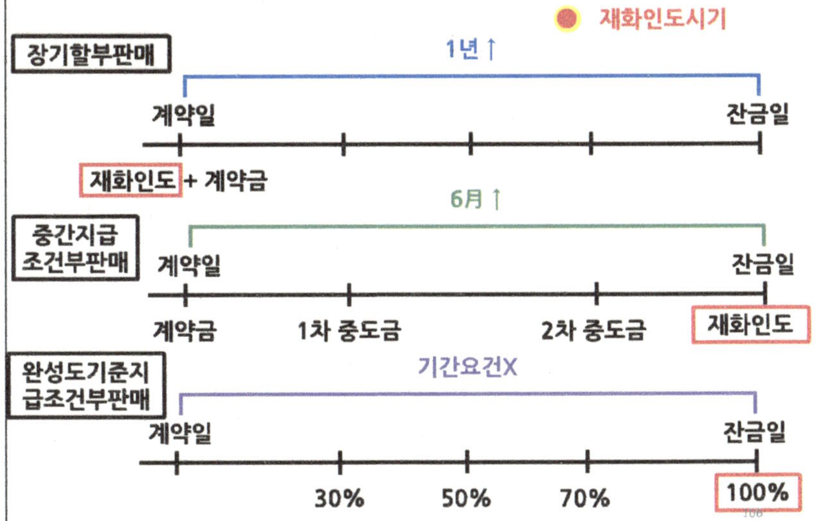

공급시기(4) - 위탁판매

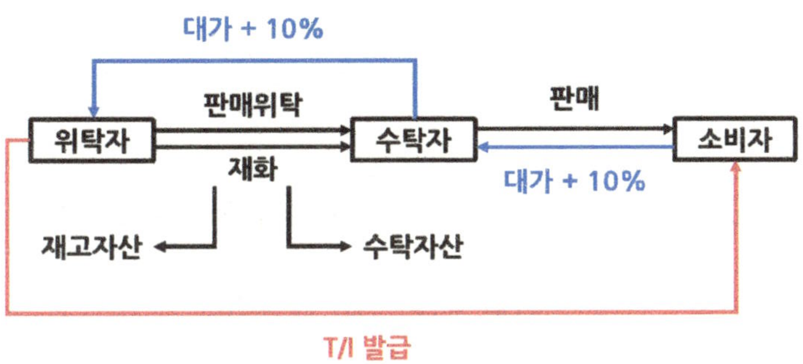

공급시기(5) - 리스(누적효과와 환수효과)

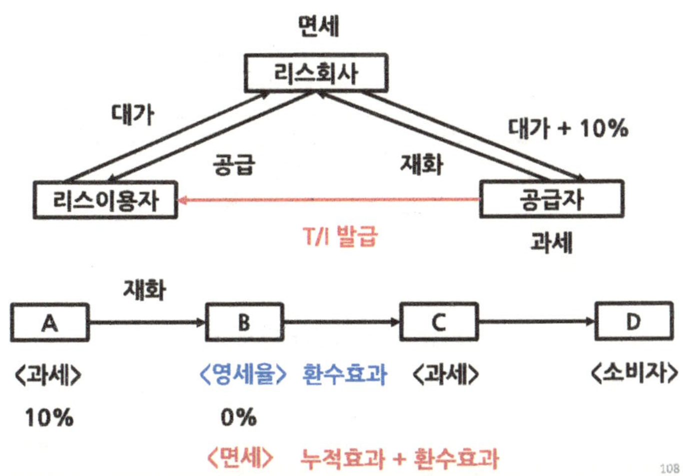

공급시기(6) - 계속적인 공급

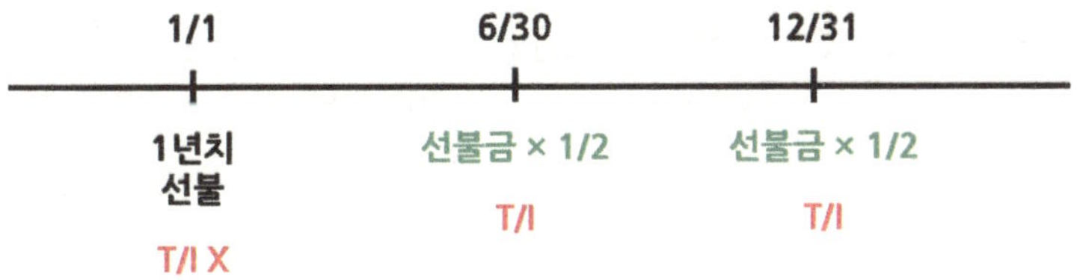

공급시기(7) - 세금계산서(선발행, 후발행)

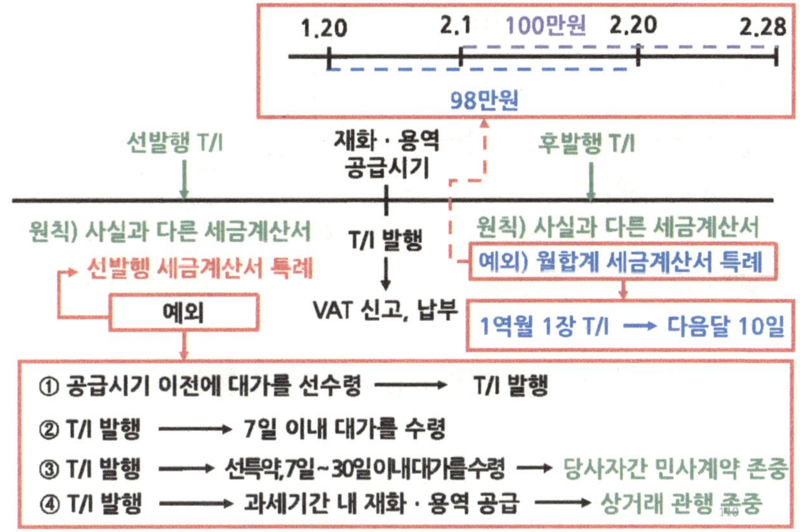

영세율(1-1) - 개요

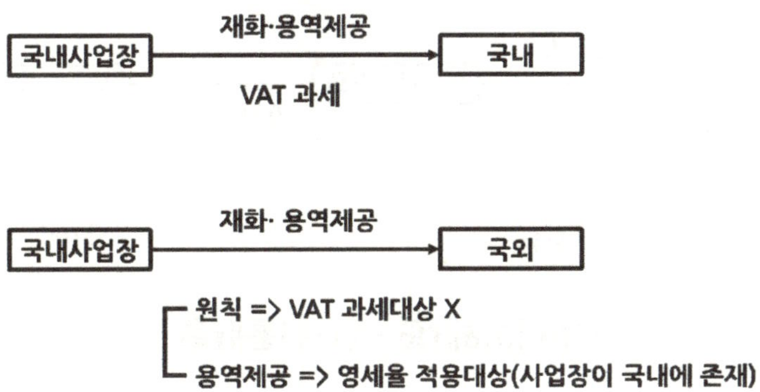

영세율(1-2) -개요

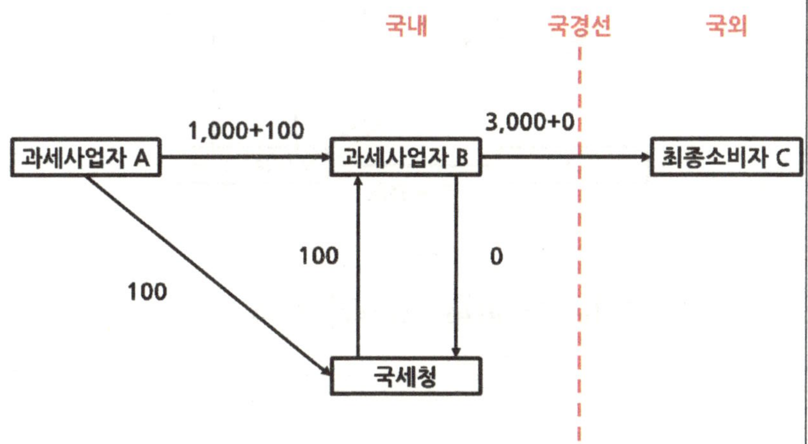

영세율(2-1) - 면세와의 비교

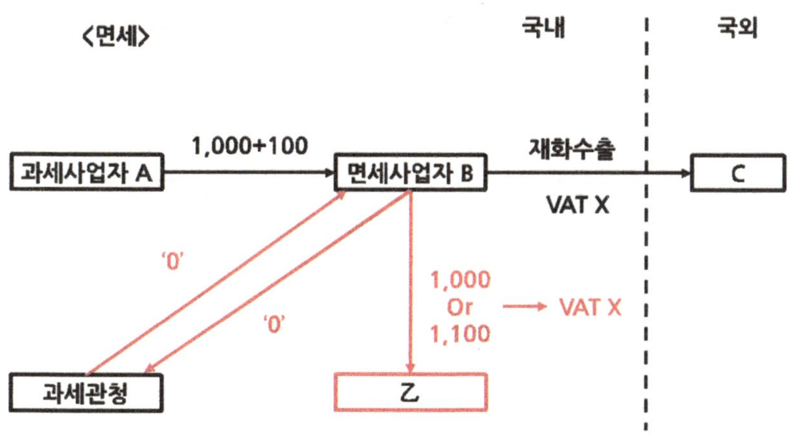

113

영세율(2-2) - 면세와의 비교

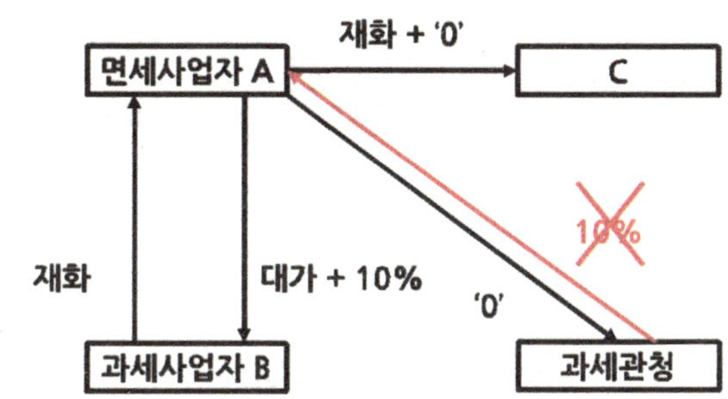

114

영세율(3-1) - 누적효과와 환수효과

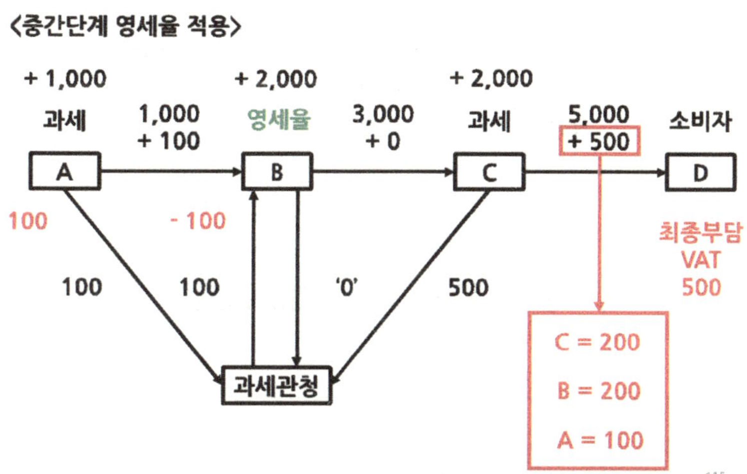

115

영세율(3-2) - 누적효과와 환수효과

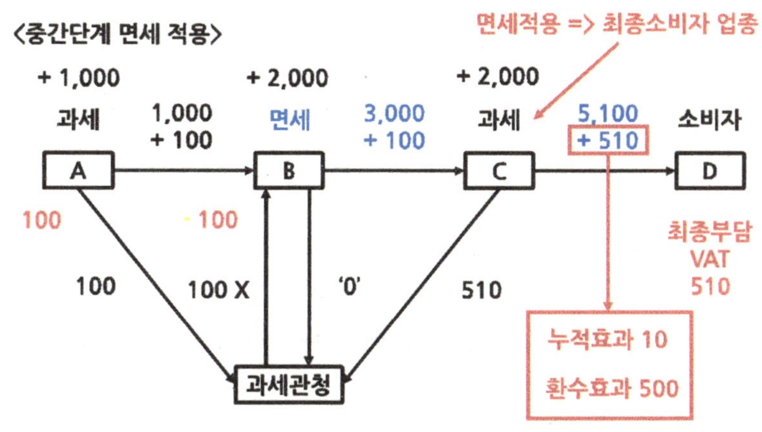

116

영세율(4) - 상호주의

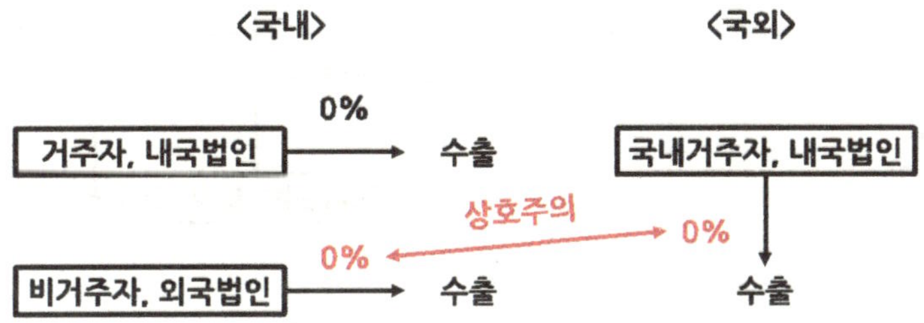

117

영세율(5-1) - 직수출과 국외제공용역

118

영세율(5-2) - 수출

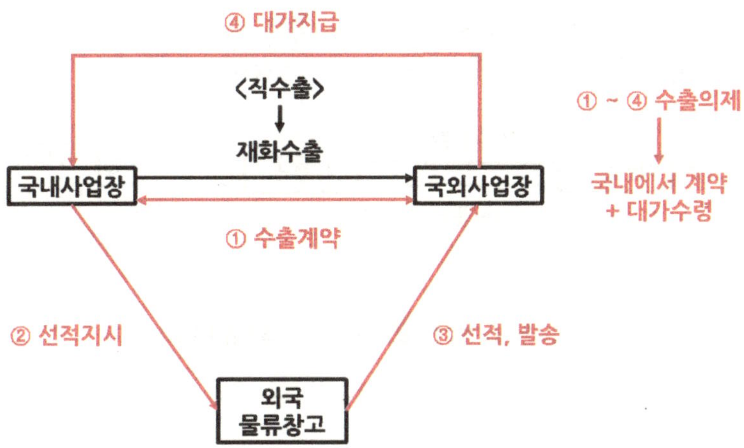

119

영세율(5-3) - 중계무역

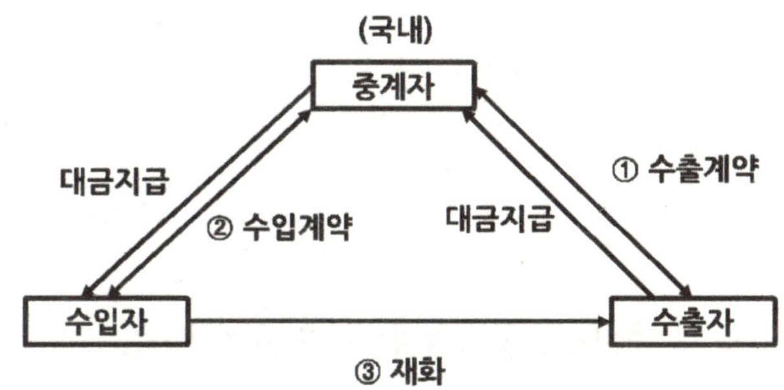

120

영세율(5-4) - 내국신용장거래

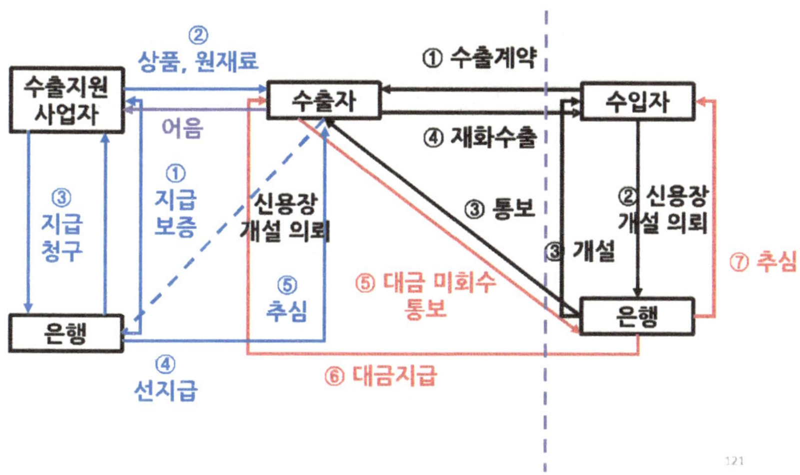

121

영세율(5-5) - 내국신용장거래

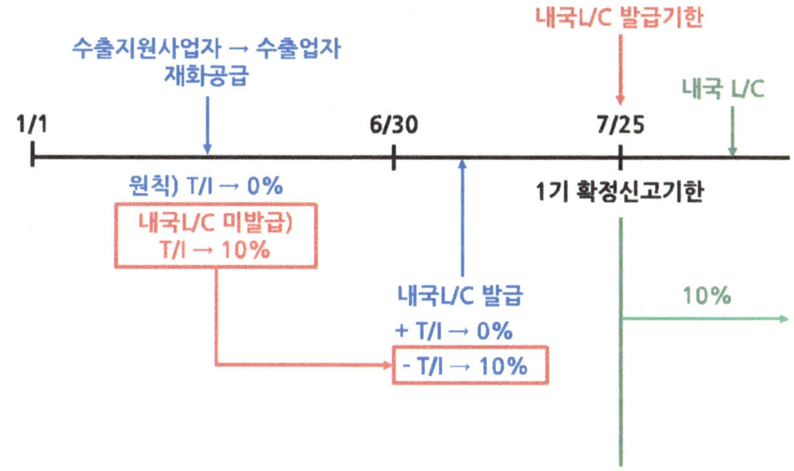

122

영세율(5-6) - 수출로 보는 경우

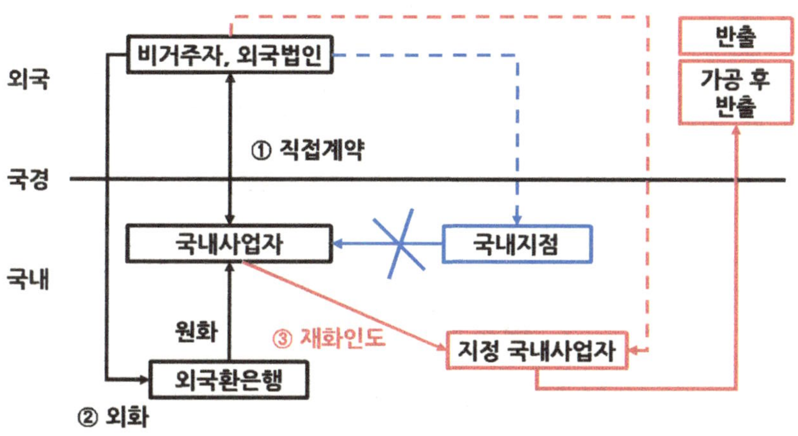

123

영세율(5-7) - 외교공관

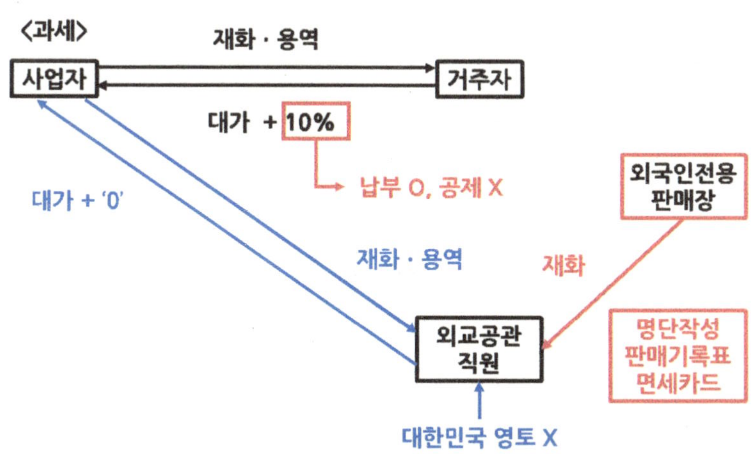

124

영세율(5-8) - 조세정책상 목적에 따른 영세율

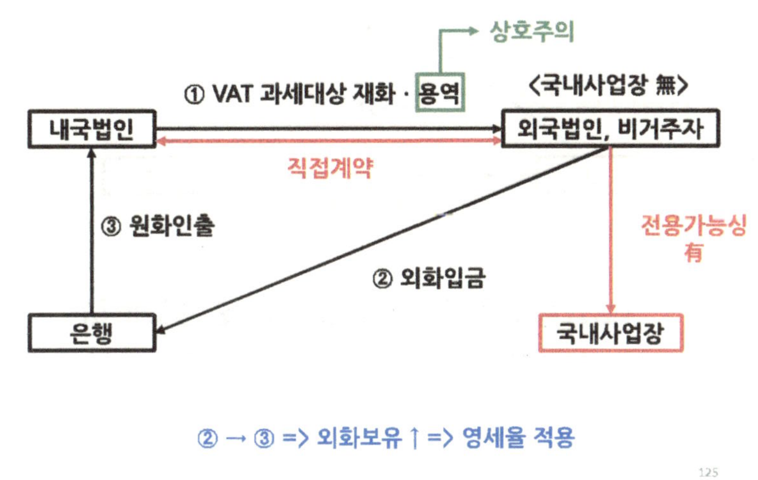

영세율(5-9) - 수출재화임가공용역

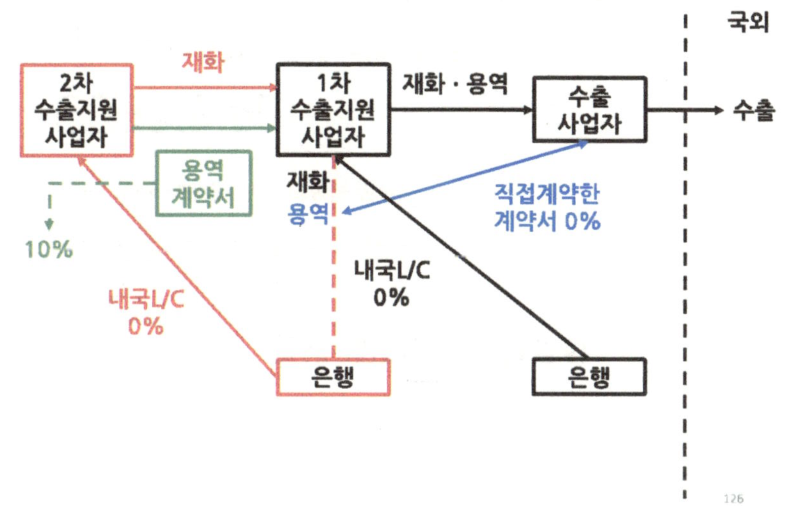

면세제도(1-1) - 개요

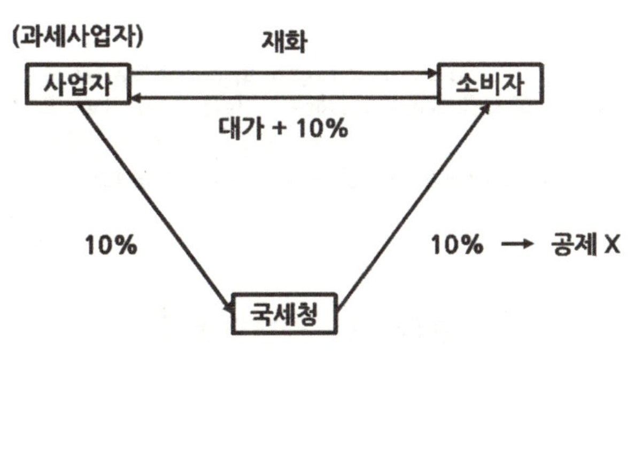

면세제도(1-2) - 개요

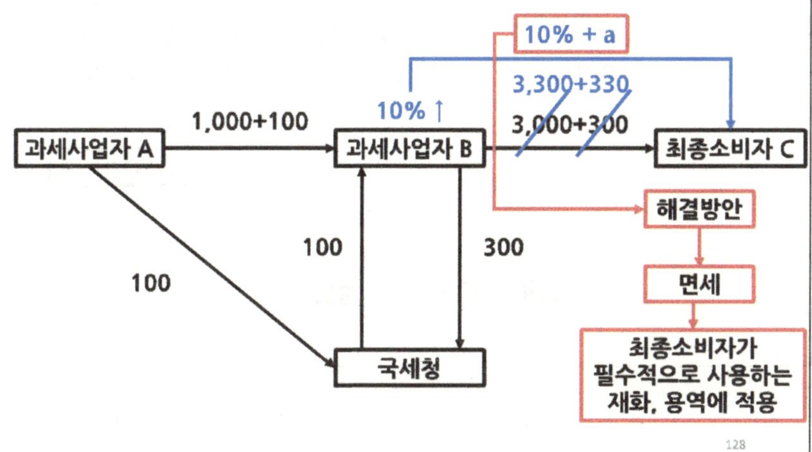

면세제도(2-1) - 개요

Ⅰ. 개요

1) 의의 : 재화의 공급 · 수입, 용역의 공급에 대한 VAT 납세의무 면제
(납부세액X → 환급세액X)

2) 취지 : ① VAT 역진성 완화 → 조세부담 공평성 실현 ② 국민생활 안정
③ VA 구성요소 면세 ④ 조세 정책적 목적

Ⅱ. 문제점

① 자원배분 효율성 저해 → 공급의제

② 누적 효과 발생 → 면세포기 제도, 의제매입세액공제 제도

③ VAT 체계 왜곡 → 면세사업자 협력 의무 (매입세액 계산서 합계표 제출 의무)

④ 면세대상 선정에 있어서 통일성 X

129

면세제도(2-2) - 면세대상

Ⅲ. 면세대상

① 기초생활 필수 재화 · 용역에 대한 면세 - 저소득자의 세부담 경감 목적

② 국민 후생 관련 재화 · 용역에 대한 면세 - 국민 후생 지원 목적

③ 문화 관련 재화 · 용역에 대한 면세 - 문화산업 육성 및 지원 목적

④ VAT 구성요소에 대한 면세 - 중복 과세 방지 목적

⑤ 공익 관련 재화 · 용역에 대한 면세 - 공익사원 지원 목적

⑥ 재화 수입에 대한 면세

130

면세제도(3-1) - 면세대상(금융보험용역)

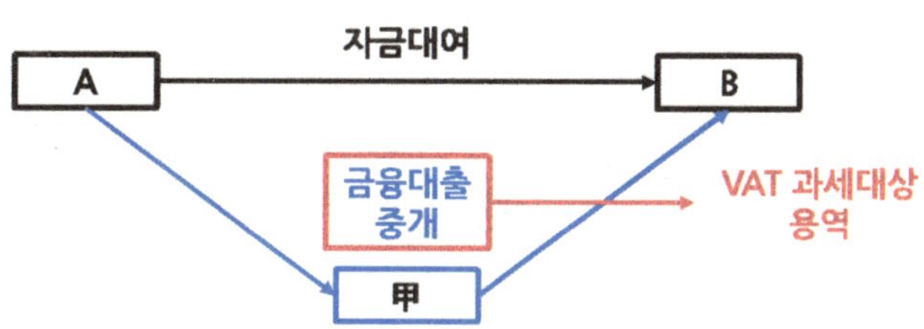

① 사업목적 => 금융업(면세)

② 일시우발적 => 비영업대금이익(이자소득)

131

면세 제도(3-2) - 부동산

Ⅰ. 토지

- 공급 - 면세 (부가가치 구성요소)
- 임대 - 과세 (세원 양성화 목적)

Ⅱ. 주택 및 부수토지

- 공급
  - 주택 => 면세 (국민 주택 규모 이내)
  - 부수토지 => 일정면적까지 면세 (초과분 과세)
- 임대
  - (원칙) - 면세 (상시주거용 주택 + 일정 규모 이하 부수토지)
  - (예외) - 과세(별장, 관광용 임대 + 부수토지)

132

면세 제도(3-3) - 부동산

오피스텔
- 사업용(사업자등록) => VAT 과세(상가)
- 상시주거용(전입신고) => VAT 면세(주택)

* 기숙사 => 과세

133

면세(3-4) - 부동산임대

134

면세제도(4-1) - 면세포기

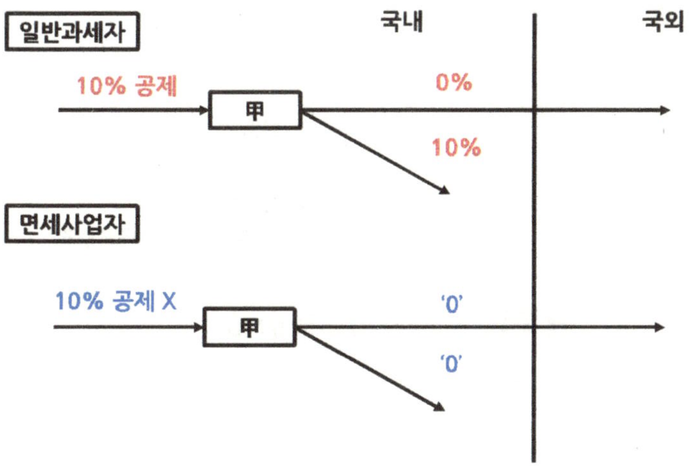

135

면세제도(4-2) - 면세포기

VI. 면세포기

1) 취지 - 면세사업자에게 불리한 점 보완(① 매입세액 불공제 ② 면세사업자와의 거래 기피)
2) 대상 - ① 영세율 적용대상 재화
② 학술 · 기술 연구단체가 공급하는 재화 · 용역
3) 절차 - 신고 + 사업자 등록 (사업자의 일방적 의사표시)
4) 효과 - ① 효력발생시기 - 과세관청에 도달되는 시점 (신규사업자는 사업개시일)
② 3년간 면세 제한 (포괄 양수시 사업양수자에게 승계)
③ 면세적용 신고 - 면세적용신고서 + 사업자 등록증 제출

136

면세제도(4-3) - 입법절차

과세요건: 납세의무자, 과세대상, 과세표준, 세율 → 법률에서 명시

본법 → 시행령 → 시행규칙

본법 ↓ 국회 → 과세요건, 절차

시행령 ↓ 행정부

시행규칙 ↓ 서식

과세표준(1) - VAT 자산의 기본가정

- Dep 대상 자산 => 매입후 해당사업에 사용 => 매도목적 X
  - => 일정기간동안 판매, 제조, 생산활동 => Dep
- 이외의 자산(재고자산) => 저가매입 → 고가양도(가급적 빨리)

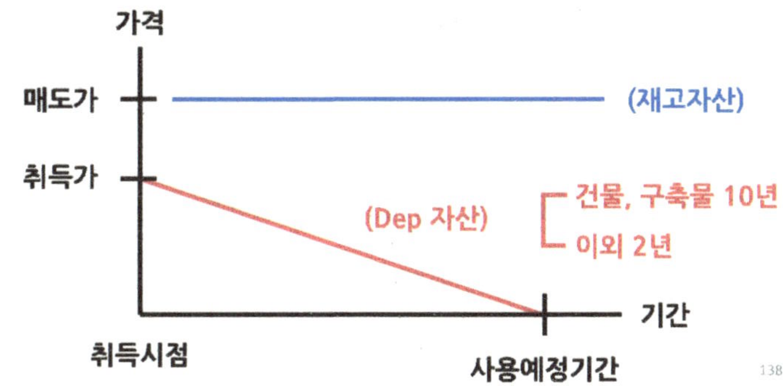

과세표준 (2) - 판매목적타사업장반출

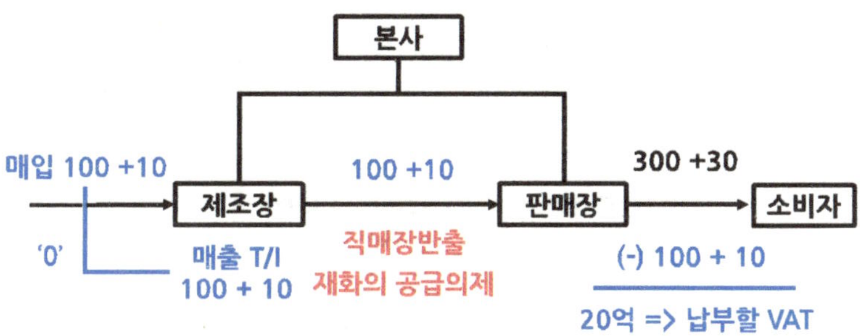

- 원칙) 내부거래 => 재화의 공급 X
- 예외) 자금경색완화 => 재화의공급으로 간주 + T/I 발행

과세표준(3-1) - 특수관계

특수관계 => 일방과 타방이 다음의 관계

① 혈연, 인척관계 형성

② 고용관계 성립

③ 투자관계 등 자금관계 성립

=> 쌍방이 의사일치관계 성립

↓

거래 시 정상적 시가형성 X

↓

=> 쌍방이 담합하여 일방이 타방에게 이익분여

과세표준(3-2) - 특수관계

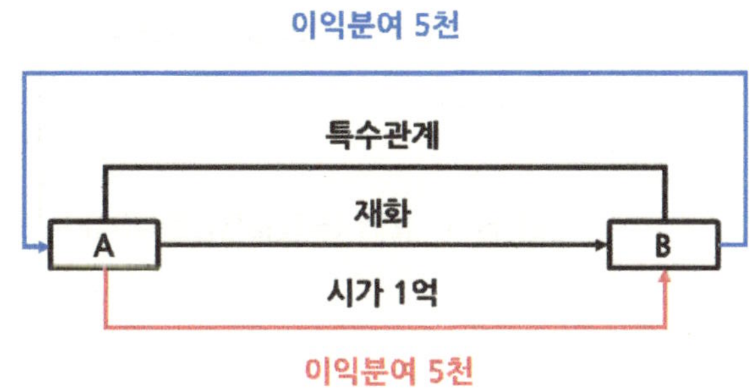

A → B 이익분여 => 거래가 5천

B → A 이익분여 => 거래가 1.5억

141

과세표준(3-3) - 부당행위계산부인

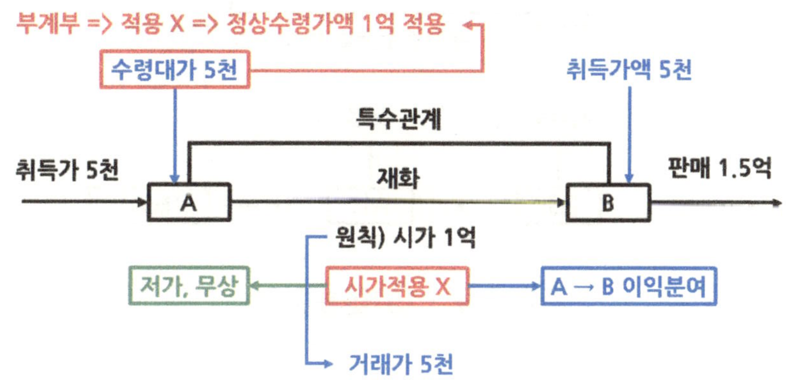

142

과세표준(3-4) - 무상공급 or 저가양도

- 재화
  - 저가
    - 특수O => 시가
    - 특수X => 거래가
  - 무상
    - 특수O => 시가
    - 특수X => 시가
- 용역
  - 저가
    - 특수O => 시가
    - 특수X => 거래가
  - 무상
    - 특수O
      - (원칙) 과세 X
      - (사업용 부동산 임대) - 시가
    - 특수X => 과세X

법인세 소득세
- 저가
  - 특수O => 시가(부계부)
  - 특수X => 거래가
- 무상
  - 특수O => 시가(부계부)
  - 특수X => 시가

143

과세표준(3-5) - 무상공급에 대한 과세표준

- 부당행위계산 부인
  - 재화 => 공급한 재화의 시가
  - 용역 => 0 (단, 특수관계자에 대한 부동산임대용역은 시가)
- 공급의제
  - (일반적인 경우)
    - Dep자산 이외의 경우 = 해당 재화의 시가
    - Dep 자산인 경우 = 취득가 × (1-체감율 × 경.과.수) (간주시가)
    - 면세사업전용의 경우
      => 취득가 × (1-체감율 × 경.과.수) × $\frac{\text{면세공급가액}}{\text{총공급가액}}$
  - (판매목적 타사업장 반출)
    - (원칙) 취득가 (개소세, 교육세 포함)
    - (취득가에 일정액 가산) 취득가 + 가산액

144

과세표준(4) - 보세구역

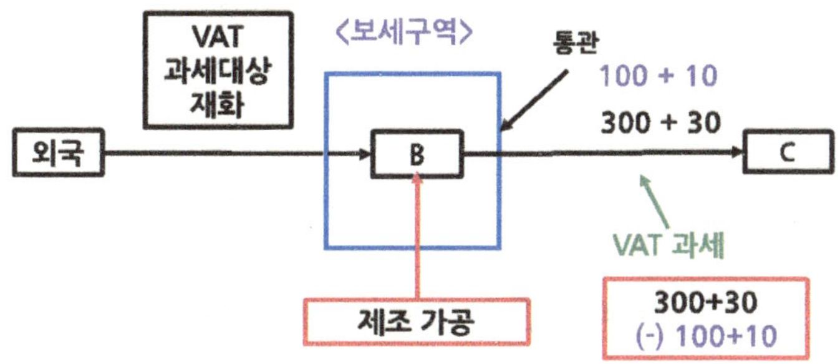

과세표준(5-1) - 마일리지

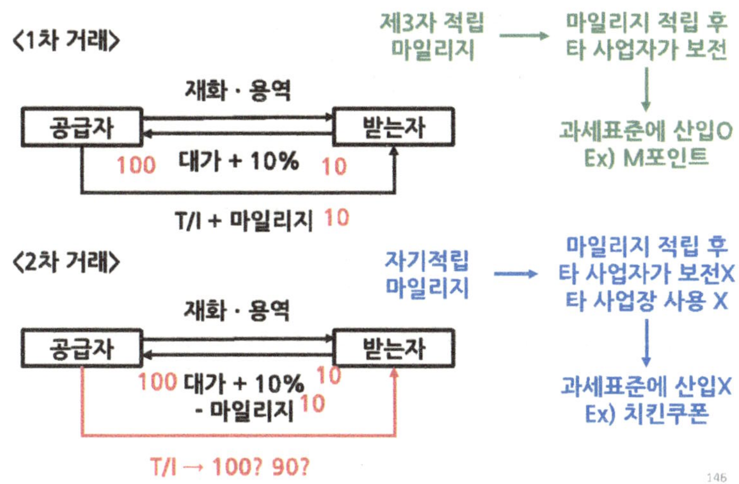

과세표준(5-2) - 마일리지

- 자기적립마일리지 => 대가 - 마일리지
- 제3자적립마일리지 => 대가

과세표준(6) - 기부채납

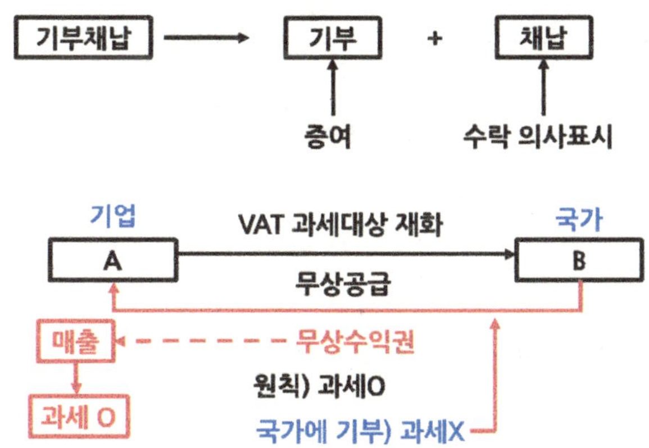

과세표준(7) - 외화환산

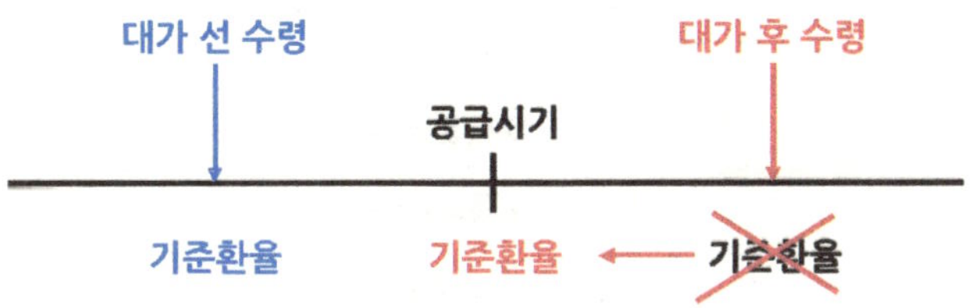

149

과세표준(8-1) - 과세표준에서 제외하는 경우

<재화 · 용역의 공급과 관련이 없는 경우>

=> 재화 용역의 공급과 무관한 금액

=> 과세표준에서 제외 (ex. 합의금, 보상금)

150

과세표준(8-2) - 과세표준에서 제외하는 경우

<국고보조금, 공공보조금>

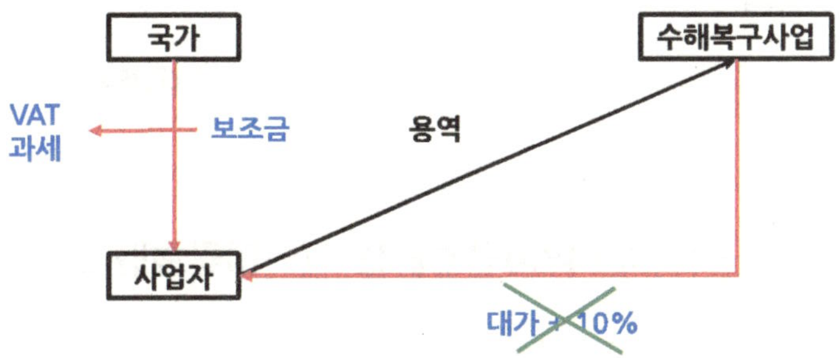

151

과세표준(8-3) - 과세표준에서 제외하는 경우

<국고보조금, 공공보조금>

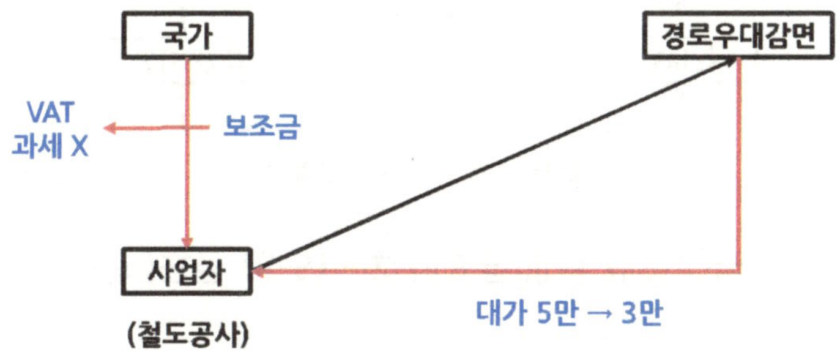

152

과세표준(8-4) - 과세표준에서 제외하는 경우

<매출할인>

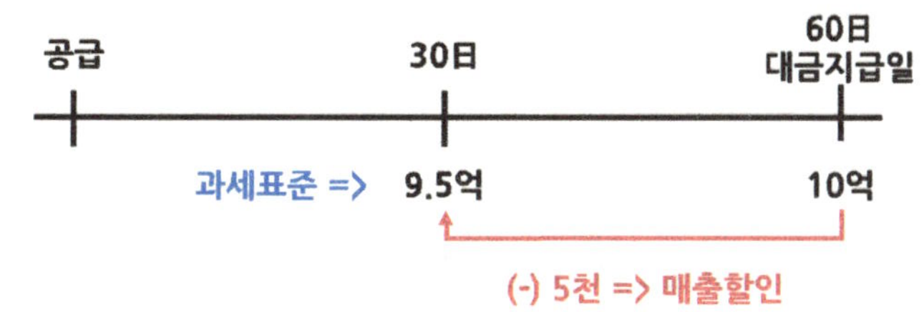

153

과세표준 (8-5) - 과세표준에서 제외하는 경우

<봉사료>

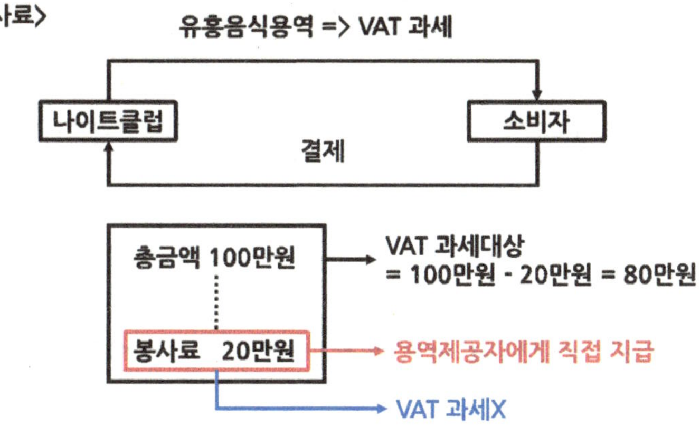

=> 법인세, 소득세 수입금액 미포함
∵ 인건비(손비)에서도 차감

154

과세표준 (9) - 과세표준에서 공제하지 않는 것

재화의공급에만 적용 ↑ 반품 ←

공급가액
(-) 매출할인
(-) 매출환입
(-) 매출에누리

(=) 과세표준

↕ 재화나 용역의 공급당시 직접대응 차감이 가능

대손금 판매장려금 하자보증금 관세환급금 판매촉진비

=> 재화 · 용역의 공급 시 직접대응 차감 X

해당 차감사유 발생시 그 시기를 기준으로 차감(법인세, 소득세)

155

과세표준(10) - 재화의 수입 시 과세표준

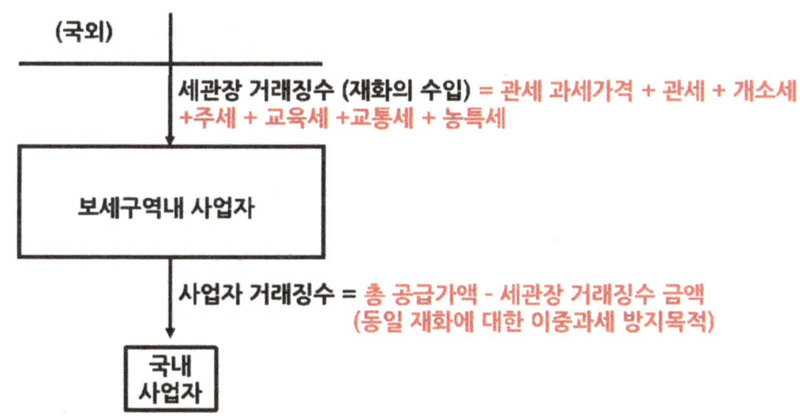

156

과세표준 계산 특례(1-1) - 과세 · 면세 겸영사업자

과세 · 면세 겸영사업자 => 사업자가 과세사업과 면세사업을 동시에 운영하는 경우

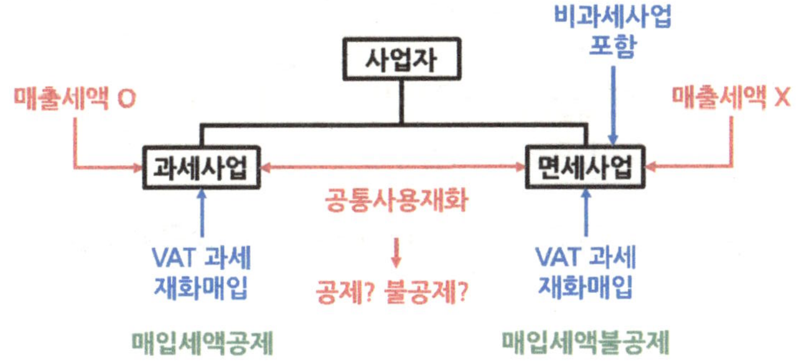

157

과세표준 계산 특례(1-2) - 과세 · 면세 겸영사업자

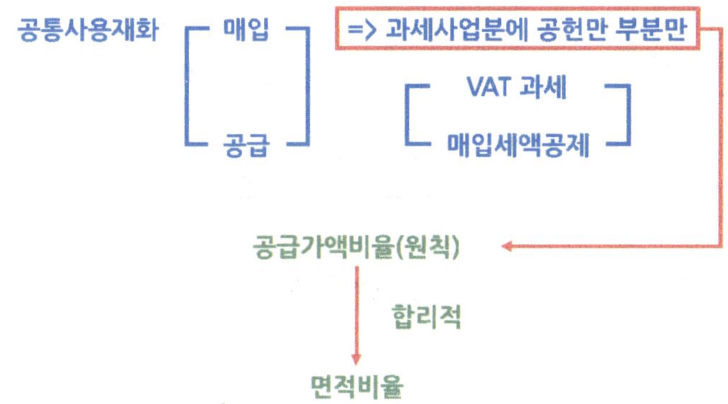

158

과세표준 계산 특례(2) - 공통 사용 재화 공급

과세표준 = 해당 재화의 공급가액 × 직전 과세기간

원칙	특례
과세공급가액 / 총 공급가액	과세사용면적 / 총 사용면적

배제

① 면세공급가액 < 총공급가액 ×5%
② 공급가액 < 50만원
③ 신규사업 개시자

159

과세표준계산 특례(3-1) - 과세 · 면세 안분계산

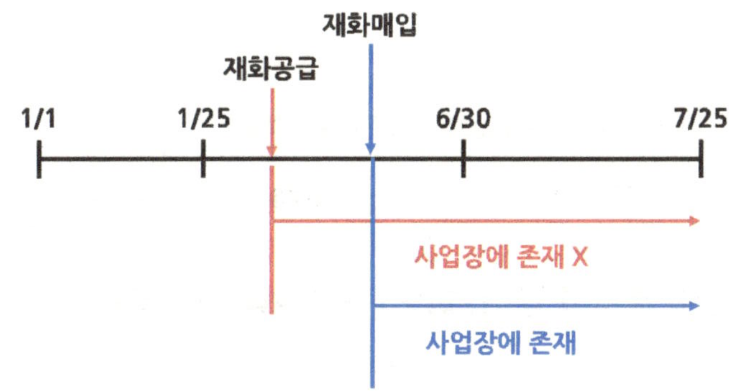

160

과세표준계산 특례(3-2) - 과세 · 면세 안분계산

① 실지귀속에 따라 안분계산

② 귀속이 불분명한 경우 → 합리적 기준에 따라 안분계산
㉠ 매출액
㉡ 사용면적, 투입재화, 매입액

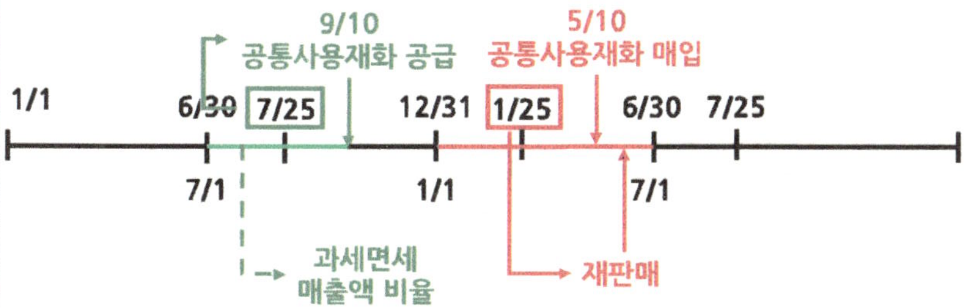

161

과세표준계산 특례(4-1) - 토지, 건물 일괄공급

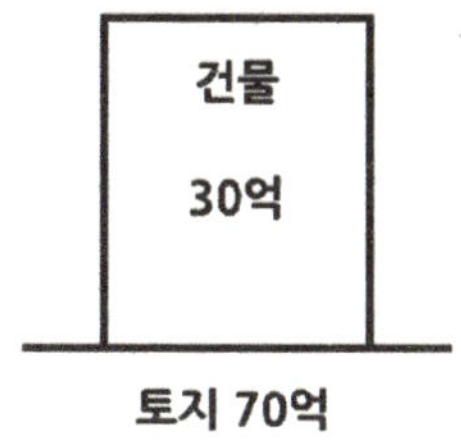

매매목적 => 취득후 즉시철거 => 건물신축

매입시 지급금액 = 100억 + 3억(취득원가)

거래징수 후 환급 → 철거시 과세

계약금액 ┌ 건물 = '0'
　　　　 └ 토지 = 100억

=> 철거목적이라면 건물가액 '0' 인정

162

과세표준계산 특례(4-2) - 토지, 건물 일괄공급

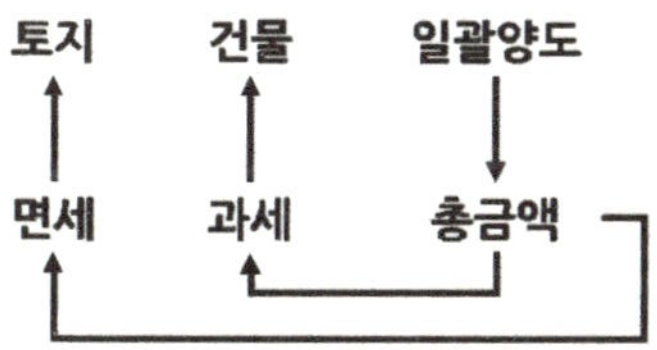

1st) 당사자간 협의기재 => 객관적 근거

2nd) 근거 객관적 X, 협의기재분
or
기준시가 등 안분가액 30% ↑

→ 기준시가 등 객관적인 기준으로 안분한 가액

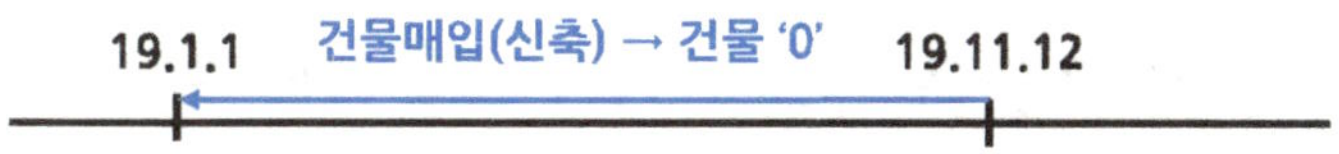

건물 철거목적으로
취득하는 경우 2nd) 적용
시행시기 19.1.1 소급적용

163

과세표준계산 특례(4-3) - 토지, 건물 일괄공급

토지 + 건물 일괄취득 후 건물 철거 → 신축

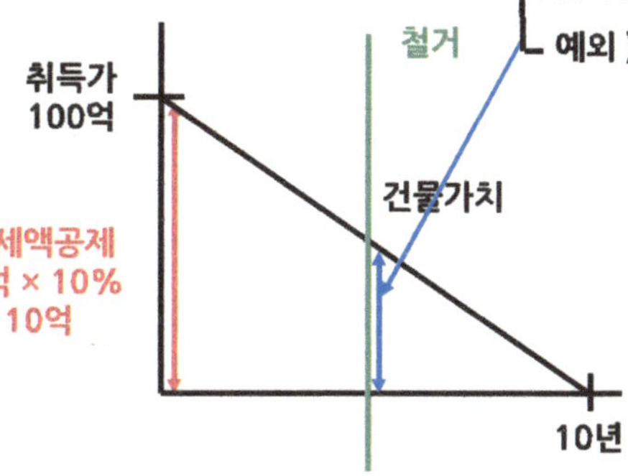

원칙) 기공제 매입세액 추징

예외) 취득 즉시 철거 후 건물신축 목적인 경우 건물가액 '0'

164

과세표준계산 특례(4-4) - 토지, 건물 일괄공급

① 구분기장가액(당사자간 합리적방법 적용 → 합의)

② 감정가, 기준시가, 장부가액 비율로 안분

③ ①과 ②의 차이가 30% ↑

↓

① 부인하고 ② 적용

↓

다만, 사실상 건물을 멸실할 목적으로 취득하는 경우 적용 X

165

과세표준 계산 특례(4-5) - 토지,건물 일괄 공급

Step1) 실거래가 => 감정가 => 기준시가 모두 존재

➡ 해당 기준별 안분 계산

Step2) 실거래가無 감정가無 기준시가 일부 존재

➡ ① 장부가액 기준 집단별 안분 → ② 기준시가 有 집단 기준시가로 안분

Step3) 실거래가, 감정가, 기준시가, 모두無

➡ 장부가액 기준으로 안분

166

과세표준 계산 특례(4-6) - 토지,건물 일괄 공급

기준시가
- 토지 => 개별공시지가
- 건물 => 건물기준시가

고시 => [토지 + 건물] × $\frac{\text{개별공시지가 or 건물기준시가}}{\text{개별공시지가 + 건물기준시가}}$

167

과세표준 계산 특례(5) - 자가공급의 경우

Ⅰ. 감가상각 자산 => 간주시가

일반적 경우

과세표준 = 해당 재화 취득가액 × [1 - (5% or 25%) × 경과된 과세기간 수] × $\frac{\text{과세기간 면세공급가액}}{\text{과세기간 총 공급가액}}$

면세 전용의 경우

Ⅱ. 감가상각 이외의 자산 => 해당 재화의 시가

※ 자동차 매매업의 차량 또는 부동산 매매업의 부동산은 재고자산이므로 간주시가를 적용하지 않음

168

과세표준계산 특례(6) - 면세전용

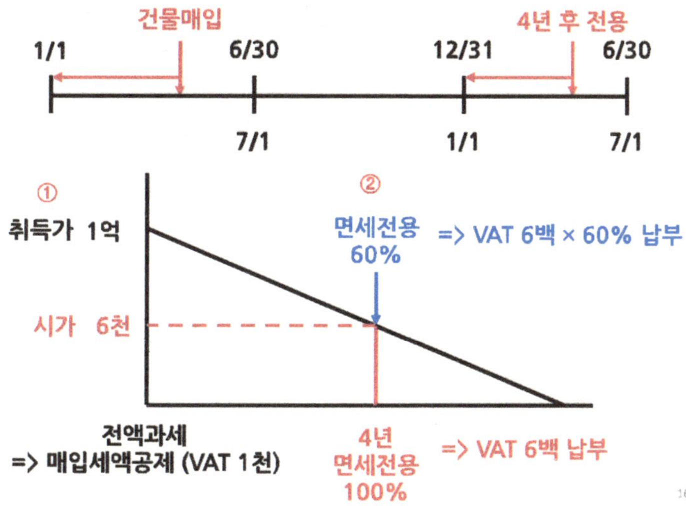

169

과세표준 계산 특례 (7-1) - 임대보증금에 대한 간주임대료

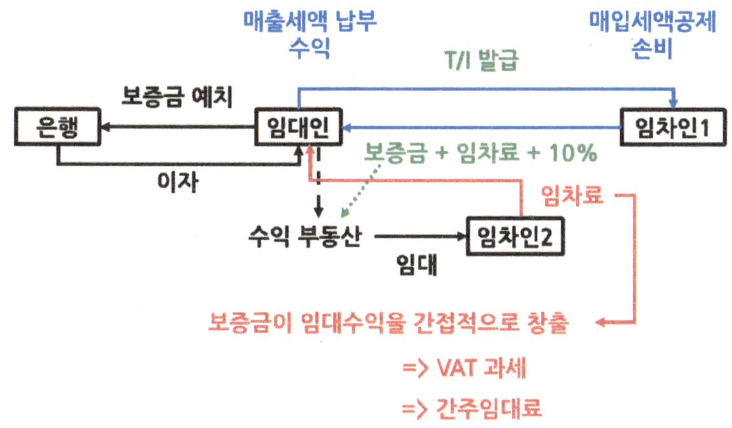

170

과세표준 계산 특례 (7-2) - 임대보증금에 대한 간주임대료

임대보증금 과세방식(임대보증금에 대한 간주임대료)

- VAT => 임대보증금이 창출하는 부가가치에 대하여 과세
  - => 보증금 × 연이자율 × 일수/365
  - 기장 → 장부에 계상된 차감계정(건설비, 금융소득) 인식
  - 추계 → 차감계정 미인식(∵장부 미계상)
- 법인세, 소득세 => 임대보증금이 창출하는 소득에 대하여 과세
  - => (보증금적수 - 건설비적수) × 연이자율 × 1/365 - 금융소득
  - (보증금적수 - 건설비적수) × 연이자율 × 1/365 → 정상적으로 은행에 예치하는 경우 금융소득
  - 금융소득 → 실제금융소득

171

과세표준 계산 특례 (7-3) - 임대보증금에 대한 간주임대료

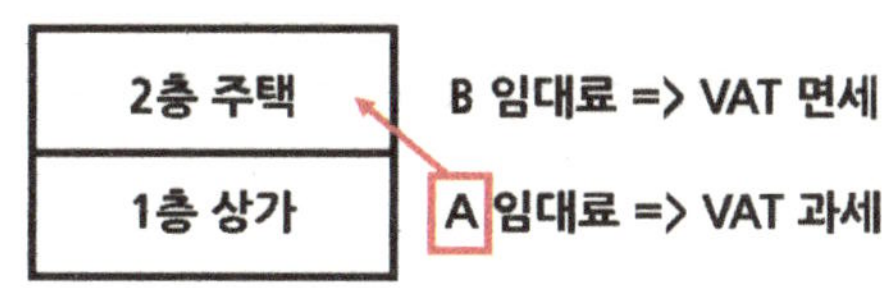

=> 안분계산 필요

172

과세표준 계산 특례(8-1) - 부동산 임대용역 공급의 경우

Ⅰ. 전세금 · 보증금

과세표준 = 임대보증금적수 × 1/ 365 × 정기예금이자율

Ⅱ. 과세 · 면세 용역 동시 공급

(원칙) 실지 귀속에 따라 안분

(불분명) 1st) 토지분 · 건물분 임대료 기준시가로 안분

2nd) 과세 면세분 안분

Ⅲ. 후불 또는 선불

과세표준 × 선불 또는 후불 임대료 × $\frac{\text{과세기간 월수}}{\text{계약기간 월수}}$

173

과세표준 계산 특례(8-2) - 부동산 임대용역 공급의 경우

① 주택 > 상가
- 건물전체 VAT 면제(임대료)
- 면세대상 주택부수토지 Min[①, ②]
  - ① 토지 총면적
  - ② Max [㉠, ㉡]
    - ㉠ 건물 연면적
    - ㉡ 건물 정착면적 × 5(10)

② 주택 ≤ 상가
- 주택만 주댁으로 => 주택부분 VAT 면세
- 면세대상 주택부수토지 Min[①, ②]
  - ① 토지 총면적 × 주택면적 / 건물연면적
  - ② Max [㉠, ㉡]
    - ㉠ 주택 연면적
    - ㉡ 건물 정착면적 × $\frac{\text{주택면적}}{\text{건물연면적}}$ × 5(10)

174

거래징수(1-1) - 개요

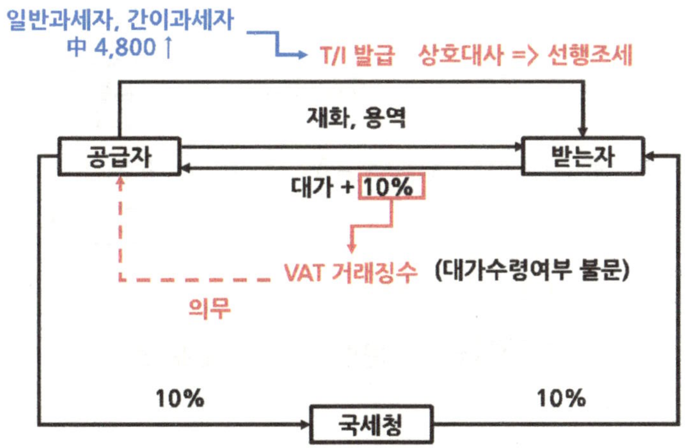

175

거래징수(1-2) - 개요

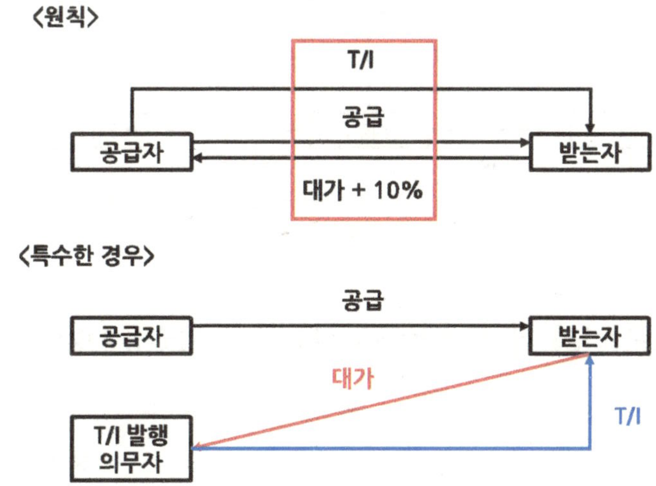

176

거래징수(2) - 세금계산서발행의무

코로나 => 간이과세자 이외의 소규모 사업자의 세부담 경감

개정전

간이과세자 (직전연도 매출액 4,800↓)
- 세부담 경감 = 공급가액 × 업종별부가율 × 10% ①
- 납세협력의무감소 = T/I 발급의무 면제 ②

개정후

간이과세자 (직전연도 매출액 10,400↓)
- 0 ~ 4,800↓(기존 간이과세자)
  => ①, ② 모두 적용
- 4,800 ~ 10,400 (신규간이과세자)
  => ①만 적용, T/I 발행의무 유지

177

거래징수(3-1) - 세금계산서발행의무(위탁판매)

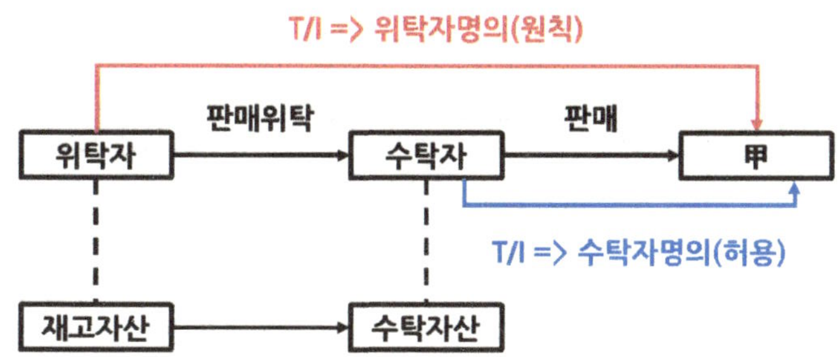

178

거래징수(3-2) - 세금계산서발행의무(위탁매입)

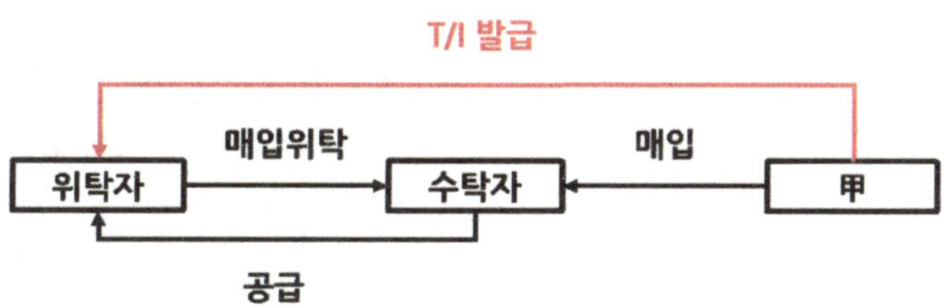

179

거래징수(3-3) - 세금계산서발행의무(조달청 관련)

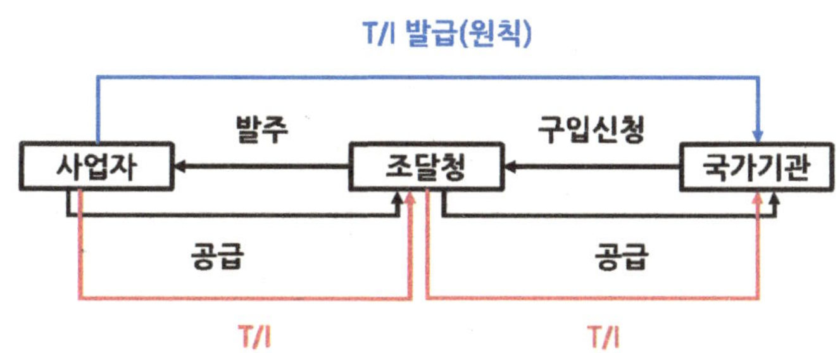

180

거래징수(3-4) - 세금계산서발행의무(리스)

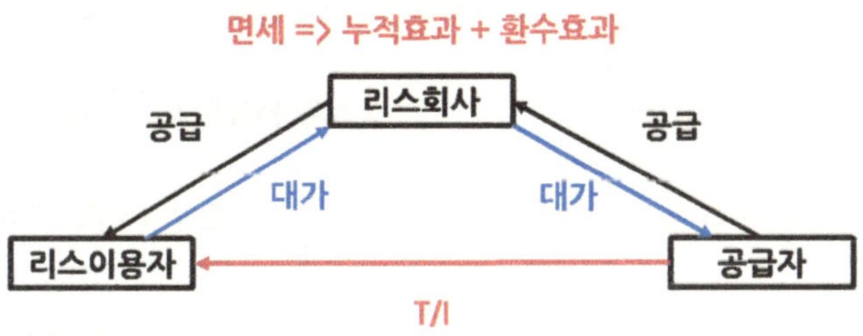

181

거래징수(3-5) - 세금계산서발행의무(경매)

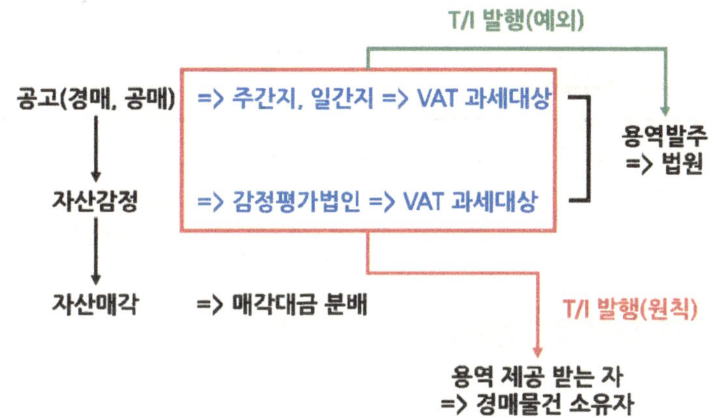

182

거래징수(3-6) - 세금계산서발행의무(통신사업자 등)

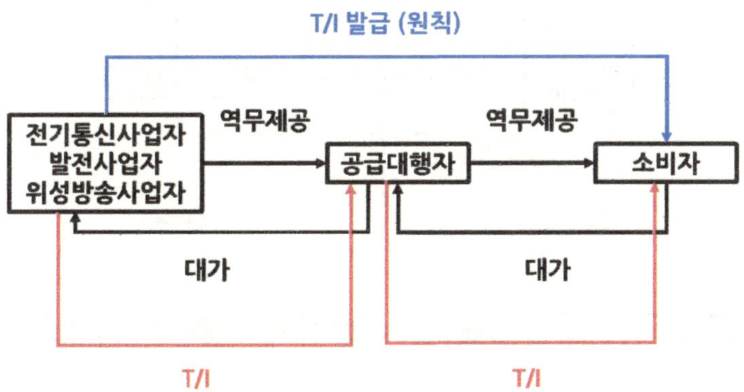

183

거래징수(3-7) - 세금계산서발행의무(전력사업자)

184

거래징수(3-8) - 세금계산서발행의무(대리인 공급)

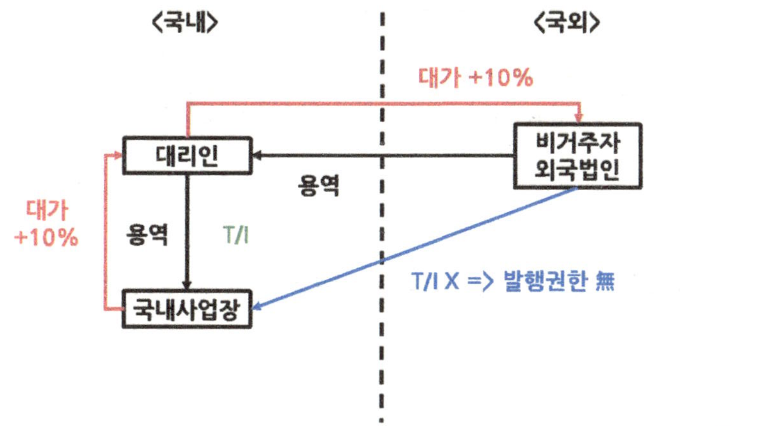

185

거래징수(4-1) - 수정세금계산서

모두 갖춘경우

수정세금계산서 =>
- ① 기존에 세금계산서가 정상발행
- ② 법에서 열거한 수정사유에 해당

수정 T/I 발행가능

↓

세금계산서 가산세 적용 X
But, 국세기본법상 과소신고, 납부지연가산세 적용

186

거래징수(4-2) - 수정세금계산서(환입, 해제, 해지)

재화의 환입 => 반품

계약의 해제 => 소급하여 계약 X

계약의 해지 => 기존효력 인정 => 장래효력 X

=> 해당거래를 통해서 과세표준 변동 => 수량, 대가

↓

해당거래가 발생한 시기에 변동된 과세표준만큼 새로운 거래 발생

↓

=> 거래 발생일을 작성연월일(공급시기)

=> 이외의 경우 → 과세표준 변동 X → 최초 T/I 작성연월일 → 수정 T/I 작성연월일로 함

187

거래징수(4-3) - 수정세금계산서(내국신용장거래)

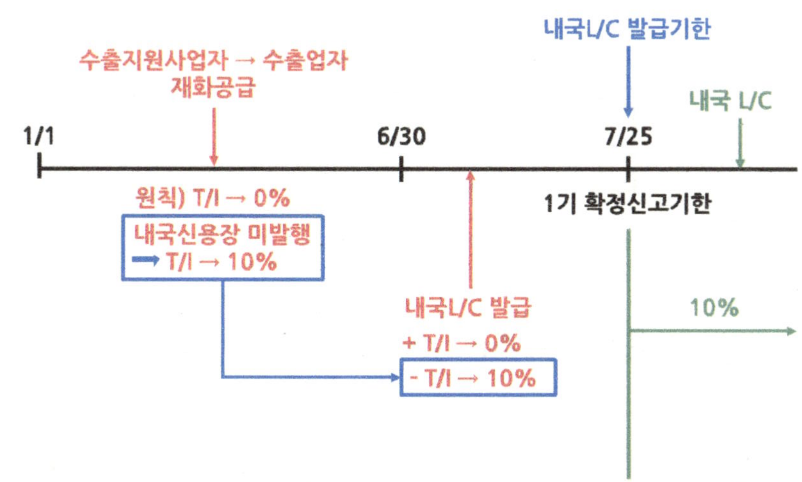

188

거래징수(4-4) - 수정세금계산서

수정세금계산서
- 최초발행시 적법한 T/I
- 수정T/I 발행사유 열거된 것 中 하나에 해당

필요적기재사항
① 공급자의 등록번호, 성명
② 받는자의 등록번호
③ 가액 + 10%
④ 작성연월일

수정사유
- 착오 => 수정T/I 발행시기 => 걸리기 전까지 ③, ④ 수정
- 착오 외 => 수정T/I 발행시기 => 확정신고기한 다음 1년이내 ①, ② 수정

189

거래징수(5-1) - 전자세금계산서

사업자등록 → 영업행위 → 신고행위

- 사업자등록 → T/I 발행의무 부여
- 영업행위 → T/I 발행 · 수취 → 신고서작성 (T/I합계표)
- 신고행위 → 신고서작성 (T/I합계표)

190

거래징수(5-2) - 전자세금계산서

종이세금계산서 VS 전자세금계산서

T/I 발행 → T/I 교부 → (신고시) T/I 합계표 작성

T/I 합계표 → 세금계산서 기능을 대신하는 서식

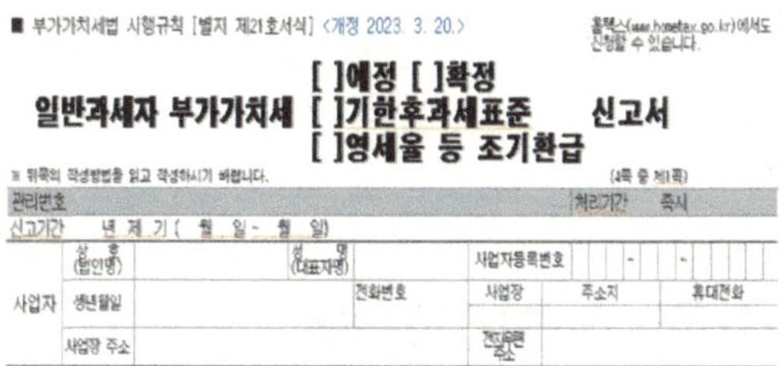

→ 신고자정보만 존재

매출액 → 매출처별세금계산서합계표 → 거래상대방의매입 확인

매입액 → 매입처별세금계산서합계표 → 거래상대방의매출 확인

191

거래징수(5-3) - 전자세금계산서

종이세금계산서 VS 전자세금계산서

상호대사 => T/I
- 전자 T/I => 발행일의 다음날까지 국세청에 전송 → 상호대사 완성
- 종이 T/I => 제출의무 X => 상호대사기능 구현 → T/I 합계표 제출

192

거래징수(5-4) - 전자세금계산서

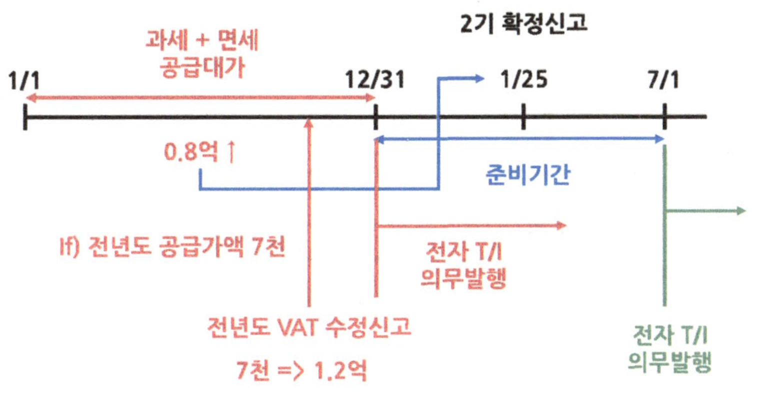

거래징수(5-5) - 지연수취, 미수취

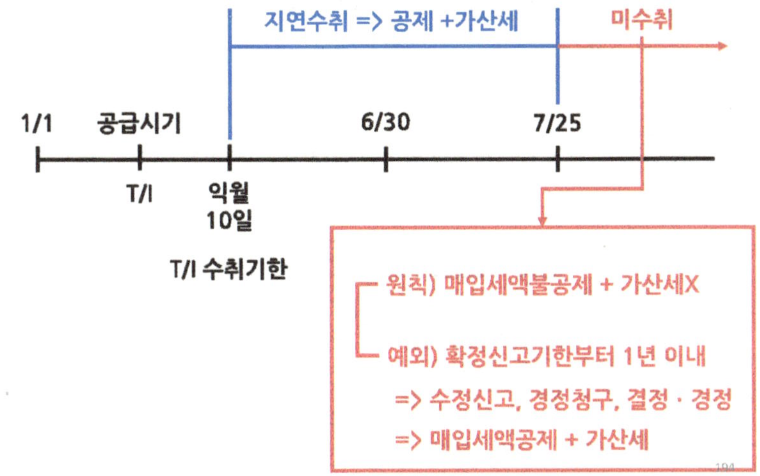

거래징수(5-6) - 지연전송, 미전송

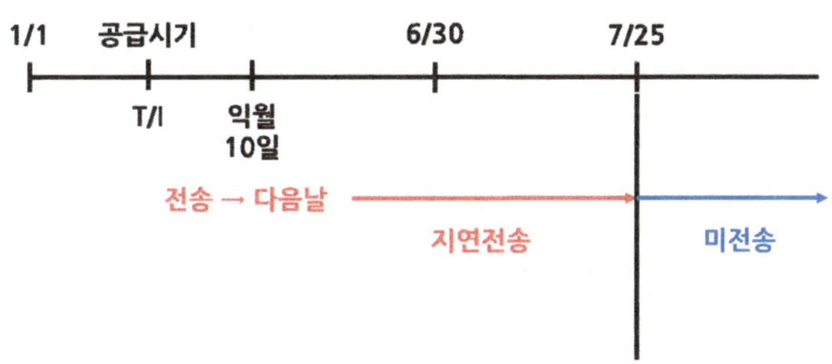

거래징수(6) - 수입세금계산서

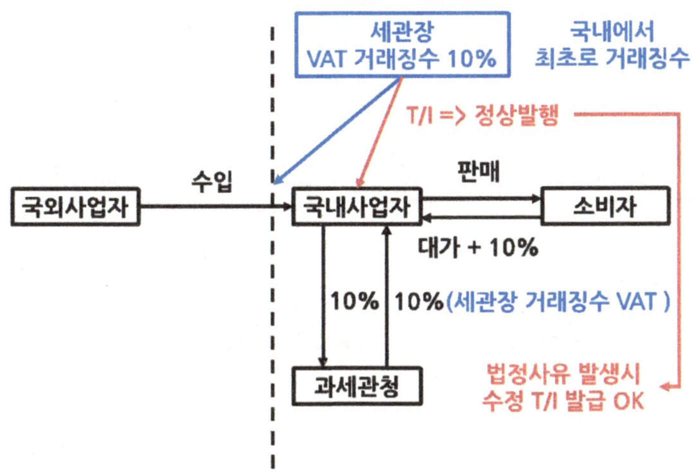

거래징수(7-1) - 세금계산서발행의무 면제

불특정다수를 대상으로 하는 사업을 영위

\+

하루에 다수의 거래가 발생하는 경우

거래징수(7-2) - 세금계산서발행의무 면제

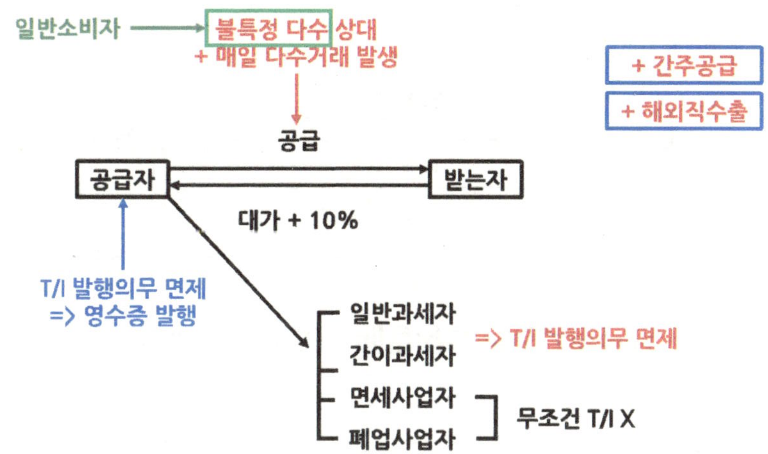

거래징수(8-1) - 지출증빙

과세 면세 과세, 면세 전체

① 적격증빙 => T/I, 계산서, 카드전표, 현금영수증

=> 거래의 상호대사가 가능한 증비 => 공급자, 받는자 명시

② ① 이외 증빙 => 간이영수증

=> 상호대시기능 X => 공급자 정보만 명시

거래징수(8-2) - 영수증 발급의무자

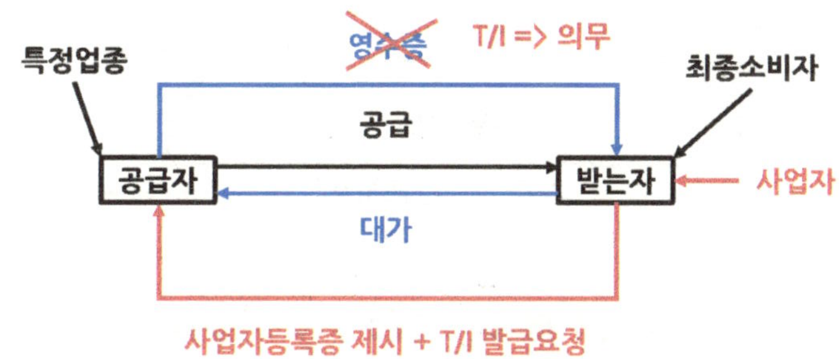

거래징수(8-3) - 영수증 발급의무자

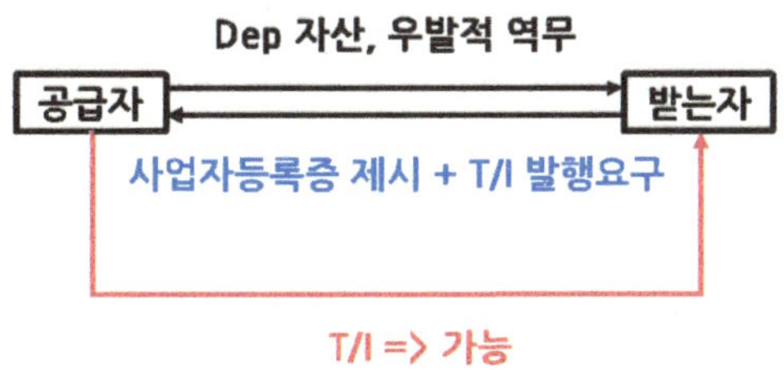

201

거래징수(9-1) - 매입자발행세금계산서

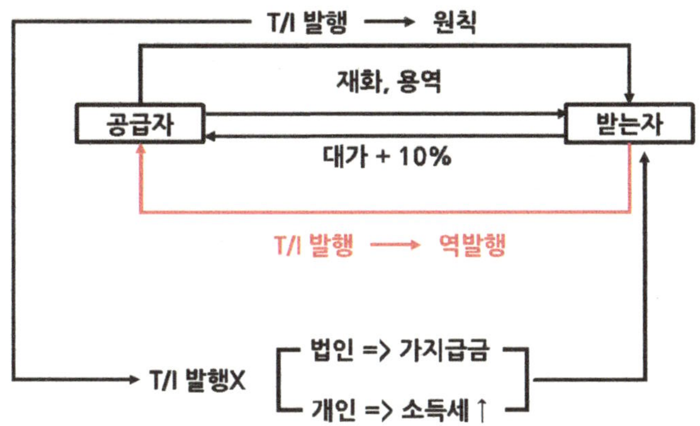

202

거래징수(9-2) - 매입자발행세금계산서

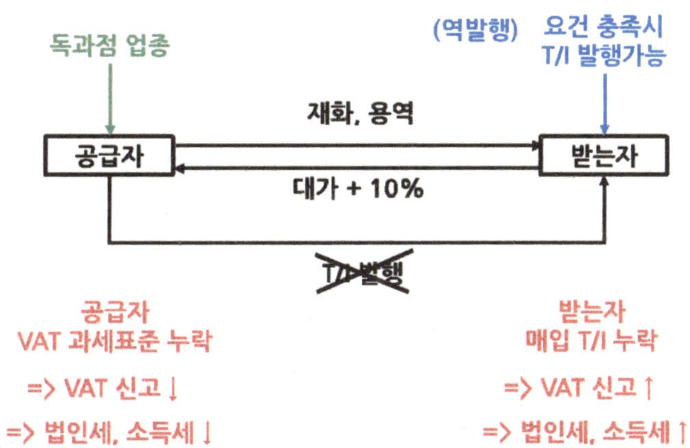

203

거래징수(9-3) - 매입자발행세금계산서

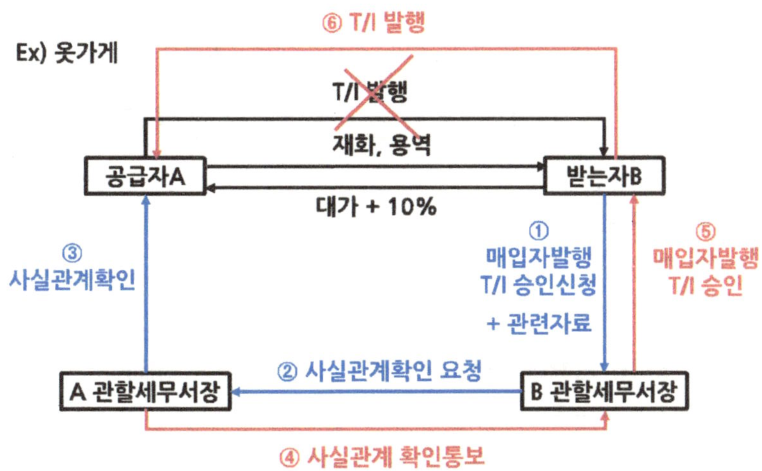

204

매입세액(1)- 개요

- 매입세액불공제
- 외제매입세액 공제
- 공통매입세액 안분계산 특례

205

매입세액 (2) - 매입세액불공제

Ⅰ. 의무 태만 · 의무 불이행 => 상호대사 불가능하게 하는 행위 => 매입세액불공제

- ① 매입처별 T/I 합계표 미제출
- ② T/I 미수취 및 부실기재
- ③ 사업자 미등록(차명등록)

=> ①, ② 법인세, 소득세 경비 인정 X

Ⅱ. 거래 성질에 따른 불공제

- 업무무관 지출에 대한 매입세액 => 경비인정 X
- 비영업용 소형승용차 관련 매입세액 => 법인세, 소득세 한도 시부인
- 기업업무추진비 지출에 관한 매입세액 => 법인세, 소득세 한도 시부인
- 면세사업 관련 매입세액 => 취득성격에 따라 당기비용 or 자산화 후 Dep

206

매입세액 (3) - 매입세액불공제

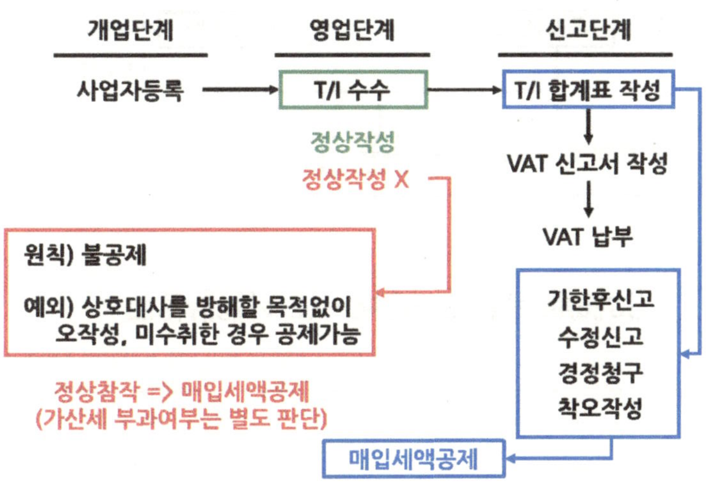

207

매입세액 (4-1) - 매입세액불공제(예외)

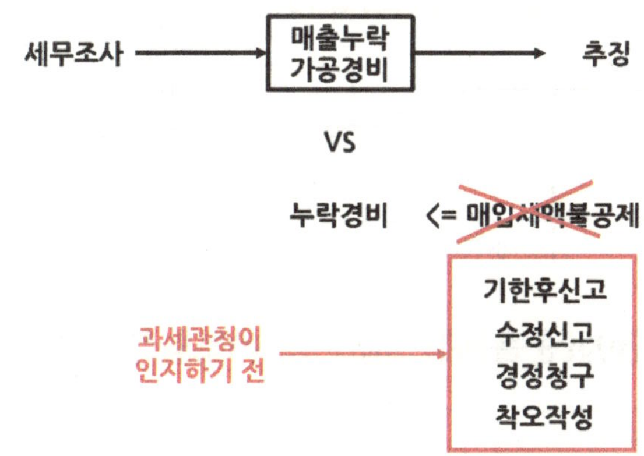

208

매입세액(4-2) - 매입세액불공제(예외)

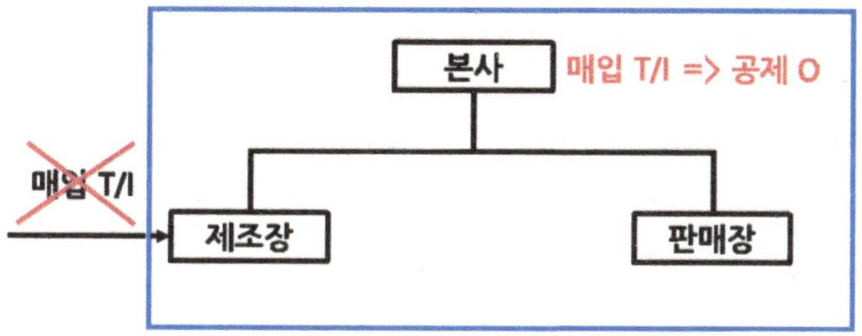

=> VAT 납부단위

209

매입세액(4-3) - 매입세액불공제(예외)

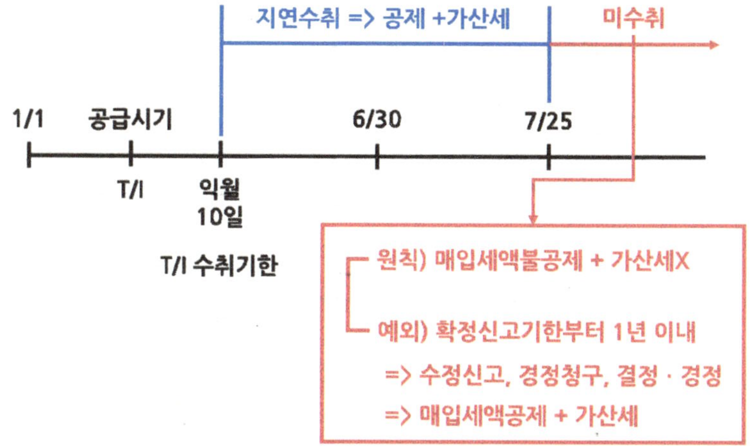

210

매입세액(4-4) - 매입세액불공제(예외)

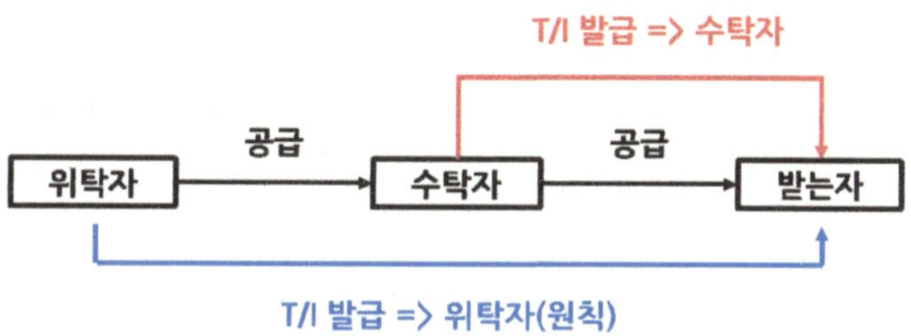

211

매입세액(4-5) - 매입세액불공제(예외)

<용역의 주선 · 중개>

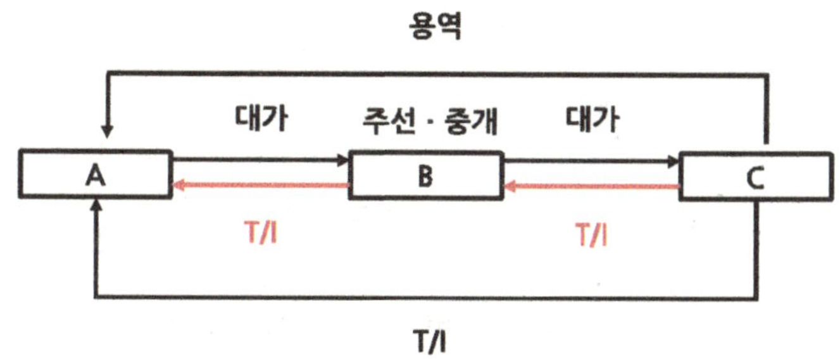

212

매입세액(4-6) - 매입세액불공제(예외)

<일반적 용역의 공급>

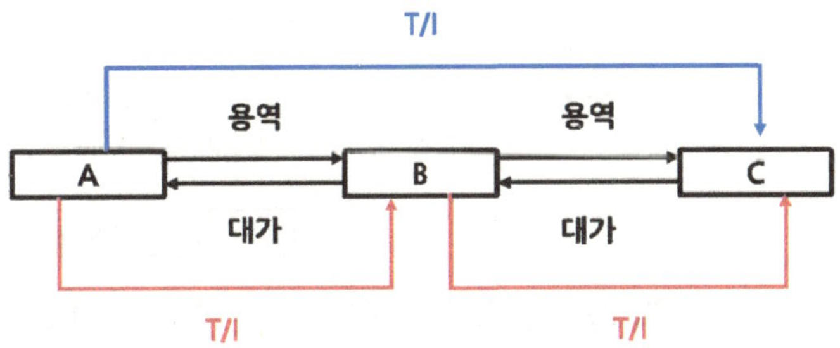

213

매입세액(5-1) - 의제매입세액

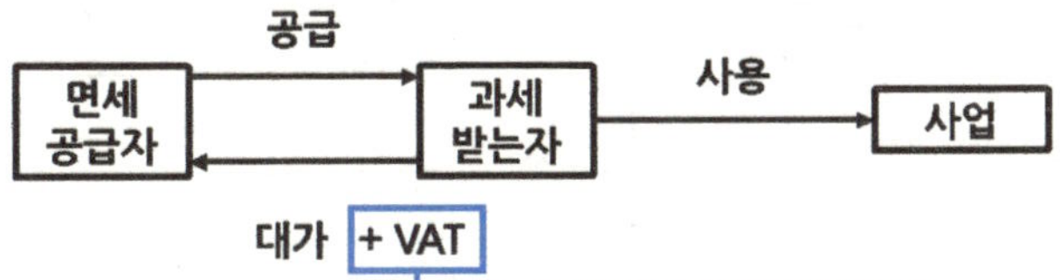

공제(VAT 매입세액공제)

=> 거래징수당한 매입세액 有

* 의제매입세액공제 => 최종소비자에게 귀속되는 누적효과, 환수효과 제거
  => 거래징수당한 매입세액 無 => 공제 X (원칙)
  => 가상의 매입세액을 거래징수했다고 가정 => 공제 가능

214

매입세액(5-2) - 의제매입세액

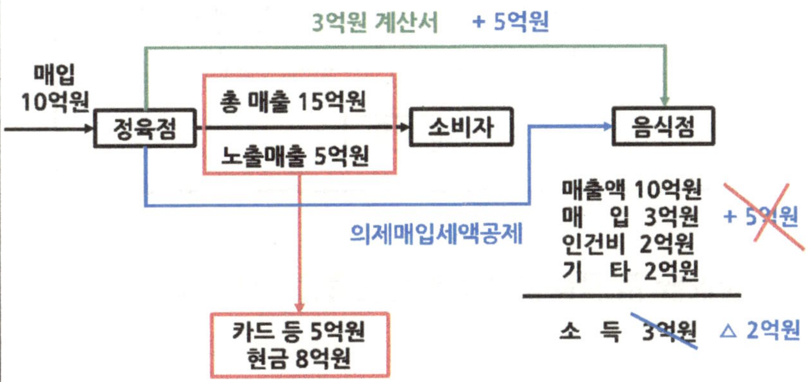

215

매입세액(5-3) - 의제매입세액

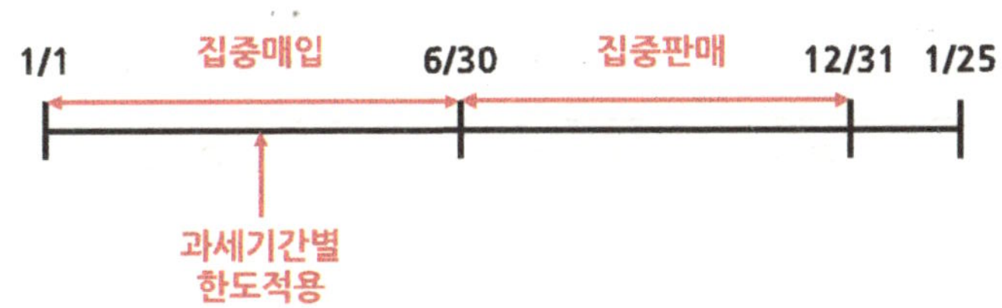

* 매출과 매입이 동시에 일어나지 않고 과세기간별로 집중된 경우
  => ex) 홈쇼핑관련 농수산물 제조업
  => 1년 단위로 의제매입세액공제 한도액 적용

216

매입세액(6-1) - 공통매입세액 안분계산 및 재계산

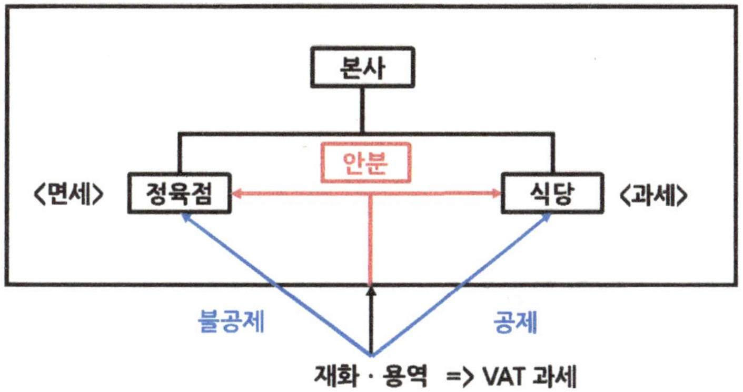

217

매입세액(6-2) - 공통매입세액 안분계산 및 재계산

<공통사용재화>

매입단계		사용단계	공급단계
매입세액공제	→	과세	과세
매입세액불공제	→	면세	면세
겸영재화 → 과세사업 공헌부분만큼 매입세액공제	→	공통사용	=> VAT 과세대상 자산 => 과세사업 공헌부분 과세

218

매입세액 (6-3) - 공통매입세액 안분계산 및 재계산

Ⅰ. 공통매입세액 안분계산

1) 원칙 : 면세 공급가액에 의한 안분 계산

2) 공급가액 無 : 추정비율에 의한 안분 계산 ⟶ 확정비율에 의한 정산

① 면세 매입가액 비율
② 면세 예정 공급가액 비율 → 공급가액
③ 면세 예정 사용 면적 비율 → 사용면적

Ⅱ. 납부세액 · 환급세액 재계산

		공급가액 비율	
		2기 (취득)	3기
기계 (매입세액100)	과	40%	60%
	면	60%	40%
불공제 대상		60	100 × (1 - 25%) × 20% = △15 환급

※ 면세비율 증감에 따라 납부 또는 환급

219

매입세액(6-4) - 공통매입세액 안분계산 및 재계산

자산
- 재고 => 판매목적 O, 가격↓X
- Dep => 판매목적 X, 가격↓O

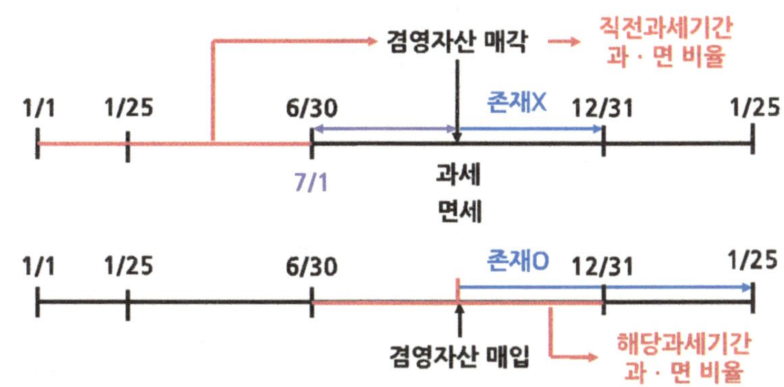

220

매입세액(6-5) -공통매입세액 안분계산 및 재계산

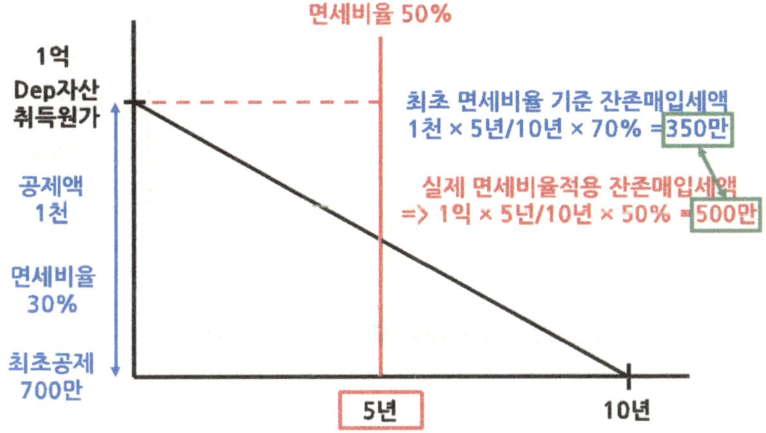

221

매입세액 (7) - 자가공급과 재계산 비교

구분	자가공급 (면세전용)	납부(환급)세액 재계산
취득 목적	과세사업에만 사용 목적	과세, 면세 공통 사용 목적
공제 정도	100% 공제 (일부 전용 시 안분)	안분 계산
사후 적용	무조건 적용 체감율에 의한 과표 계산 매출세액에 적용	면세 비율 변동시에만 적용 매입세액에 조정

222

매입세액(8-1) -과세전환매입세액(오피스텔매매)

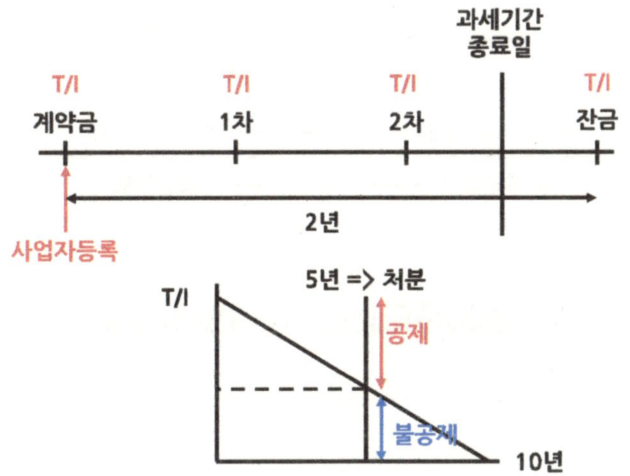

223

매입세액(8-2) -과세전환매입세액

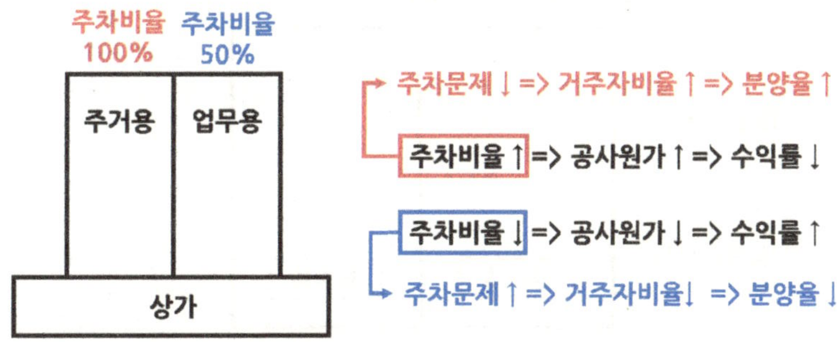

분양단계	사용단계
업무용 => 과세 => 매입세액공제	과세사업(매출세액 O)
주거용 => 면세 => 매입세액불공제	면세사업(매출세액 X)

224

매입세액(8-3) - 과세전환매입세액

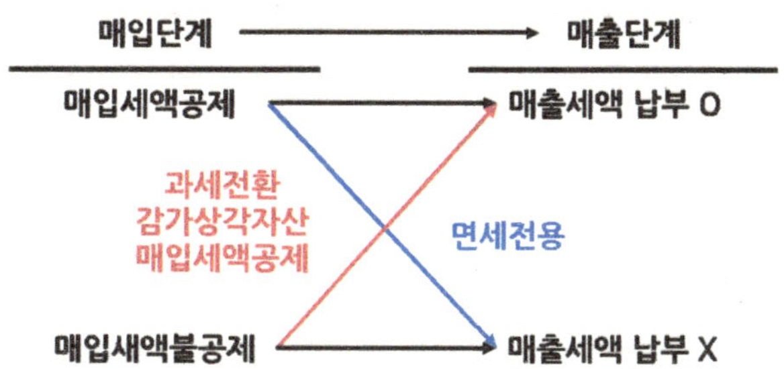

225

매입세액(8-4) -과세전환매입세액

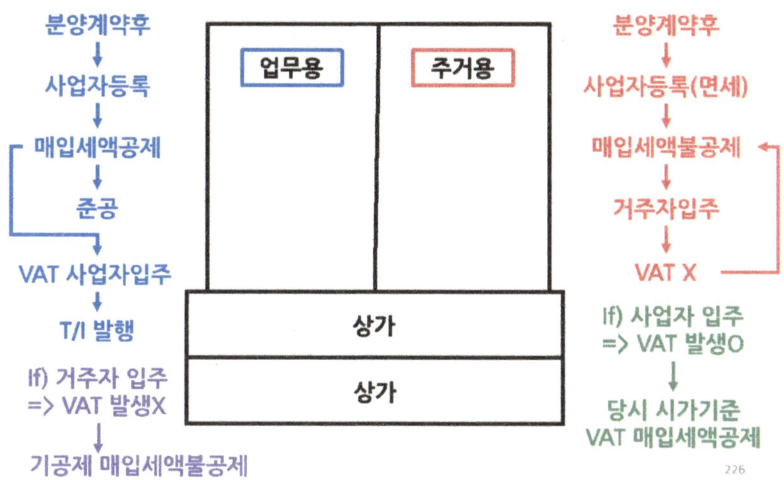

226

매입세액(8-5) -과세전환매입세액

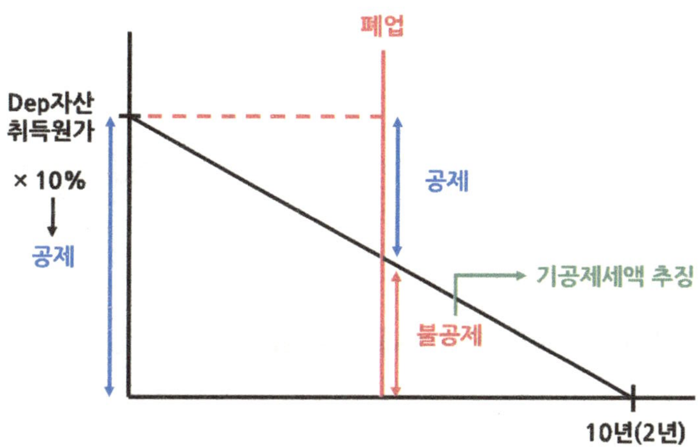

227

매입세액 (8-6) - 과세전환 매입세액

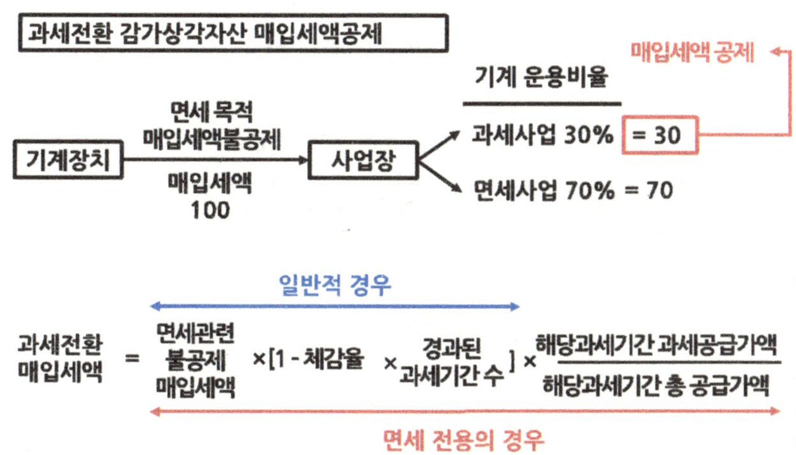

228

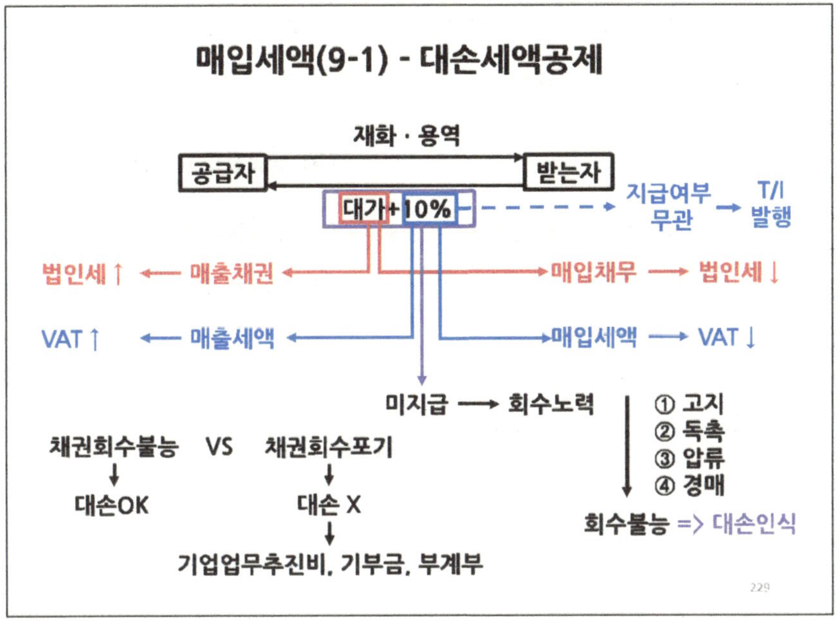
매입세액(9-1) - 대손세액공제
재화 · 용역
공급자
받는자
대가+10%
지급여부 무관 → T/I 발행
법인세 ↑ ← 매출채권
매입채무 → 법인세 ↓
VAT ↑ ← 매출세액
매입세액 → VAT ↓
미지급 → 회수노력
① 고지
② 독촉
③ 압류
④ 경매
회수불능 => 대손인식
채권회수불능 VS 채권회수포기
대손OK
대손 X
기업업무추진비, 기부금, 부계부
229

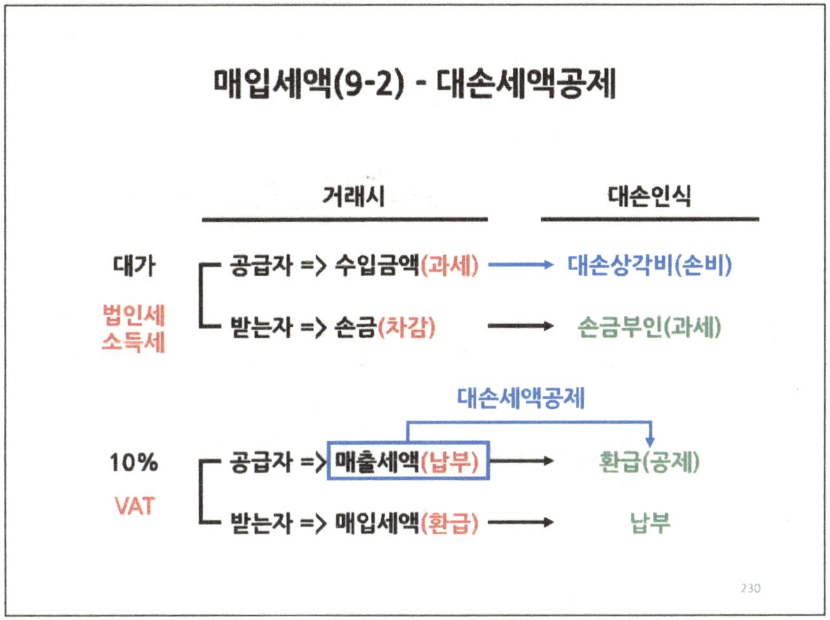
매입세액(9-2) - 대손세액공제
거래시
대손인식
대가
공급자 => 수입금액(과세) → 대손상각비(손비)
법인세
소득세
받는자 => 손금(차감) → 손금부인(과세)
대손세액공제
10%
공급자 => 매출세액(납부) → 환급(공제)
VAT
받는자 => 매입세액(환급) → 납부
230

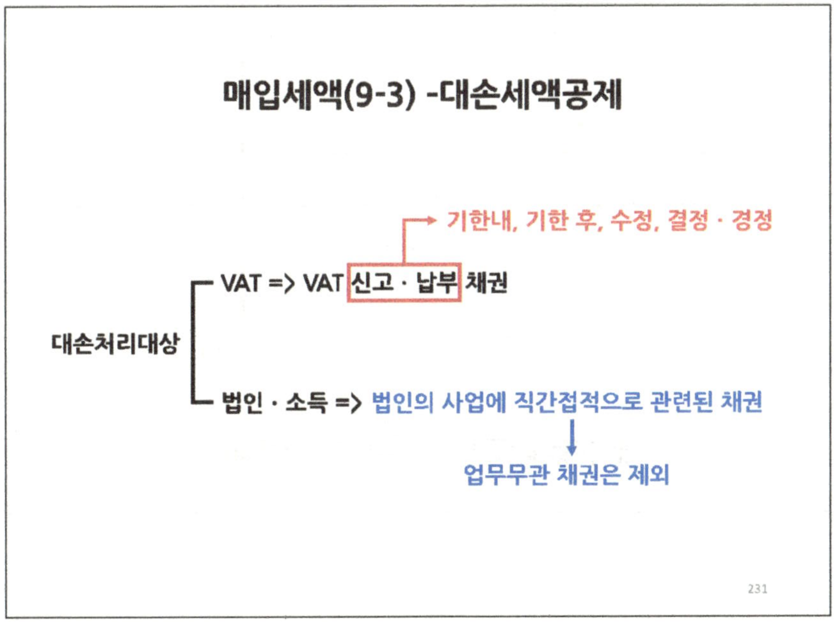
매입세액(9-3) -대손세액공제
기한내, 기한 후, 수정, 결정 · 경정
VAT => VAT 신고 · 납부 채권
대손처리대상
법인 · 소득 => 법인의 사업에 직간접적으로 관련된 채권
업무무관 채권은 제외
231

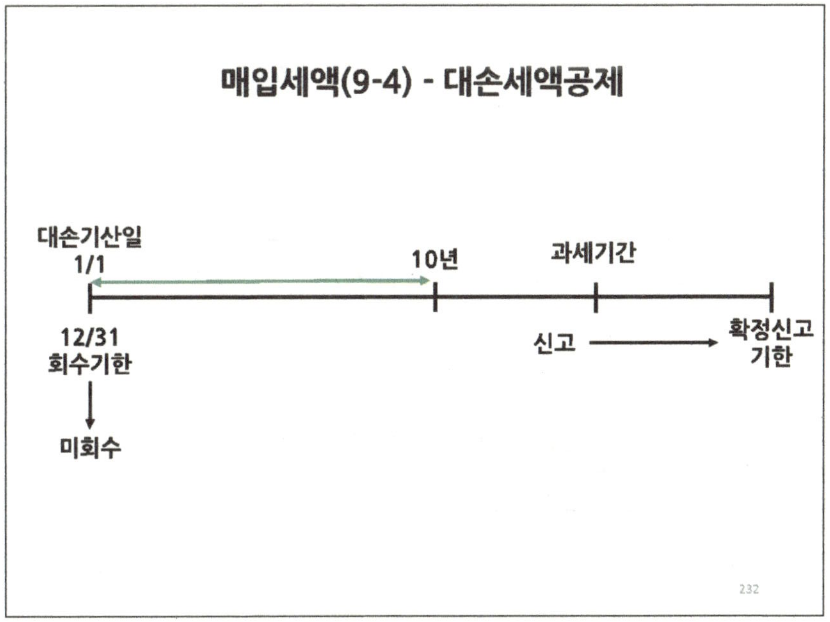
매입세액(9-4) - 대손세액공제
대손기산일
1/1
10년
과세기간
12/31
회수기한
미회수
신고 → 확정신고 기한
232

매입세액(9-5) - 대손세액공제

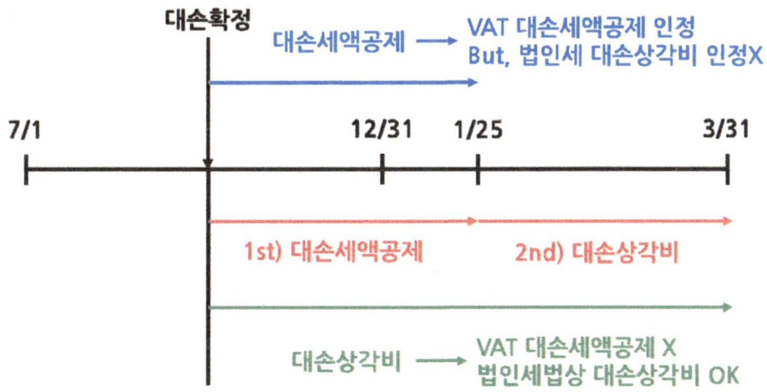

233

신고, 납부(1) - 개요

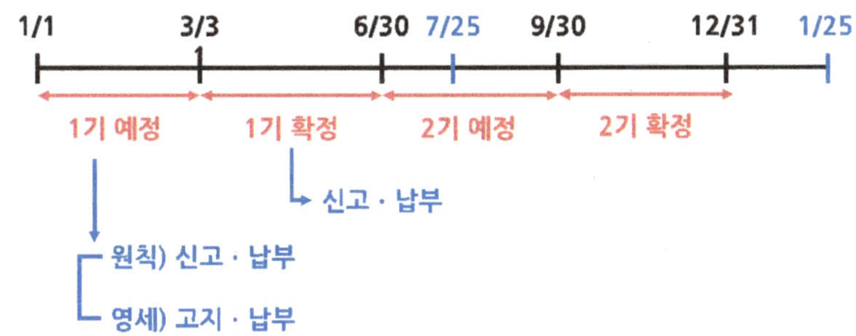

234

신고, 납부(2) - 예정신고

(원칙) 신고 => 1과세기간

- 예정신고(전반부 3月) => 소규모, 영세사업자 => 예정고지
- 확정신고(후반부 3月)

직전 과세기간 매출패턴이 당해 과세기간에도 적용된다고 가정

If) 직전과세기간 실적과 당해 과세기간 실적의 차이가 현저한 경우

=> 당해과세기간 3月 실적으로 예정고지에 대한 예정신고 특례

235

신고, 납부(3-1) - 세금계산서합계표

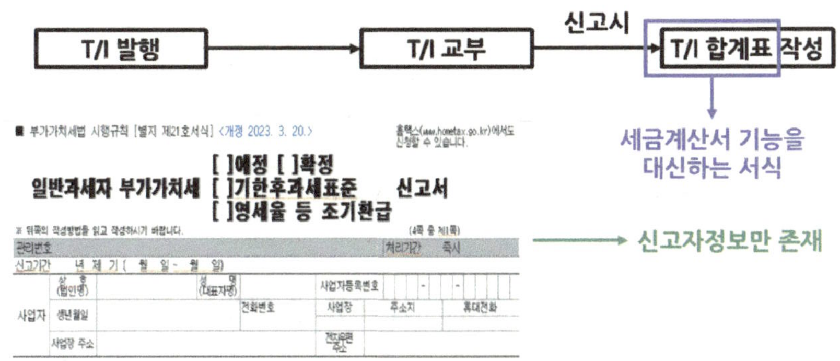

매출액 → 매출처별세금계산서합계표 → 거래상대방의매입 확인

매입액 → 매입처별세금계산서합계표 → 거래상대방의매출 확인

236

신고, 납부(3-2) - 세금계산서합계표

상호대사 => T/I
- 전자 T/I => 발행일의 다음날까지 국세청에 전송
  - 상호대사 완성(합계표 제출 X)
- 종이 T/I => 제출의무 X => 상호대사기능 구현
  - 합계표 제출

237

결정 · 경정(1) - 개요

기간과세세목 (법,소,부) => 납세의무자가 신고서 제출 => 적법한 신고 인정

납세의무자의 1차 확정권

신고효력 확정

- 과소신고 => 적법한 신고 수정(경정)
- 신고 X => 적법한 신고 수정(결정)

=> 과세관청의 2차 결정 · 경정권

238

결정 · 경정(2-1) - 결정 · 경정방법

- 원칙) 납세자의 장부, 객관적 자료에 의하여 적용
  - => 실지 결정 · 경정 => 납세의무자 장부 구비, 객관적 자료 有
  - => 과소신고
- 예외) 납세자의 장부, 객관적 자료無 or 신고내용이 사실과 현저히 달라 결정 · 경정이 어려운 경우

=> 추계결정 · 경정

과세관청의 추계

공급가액과 공급받은 가액을 과세관청이 합리적인 방법으로 추정하여 과세

납세의무자가 제출하는 T/I 기준 공제 but, 천재지변 등의 경우 거래상대방의 확인 => 인정 가능

239

결정 · 경정(2-2) - 결정 · 경정방법

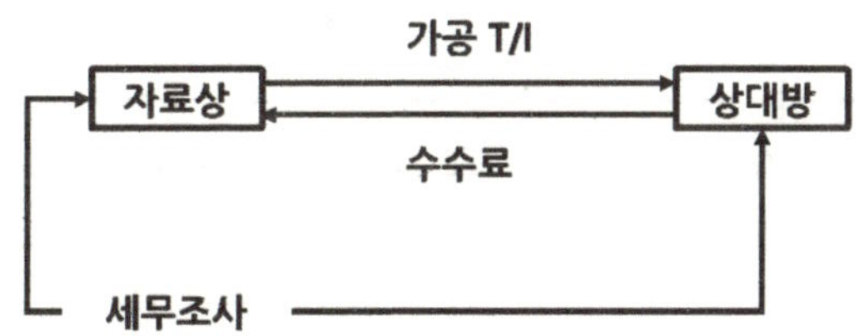

세무조사 (조세범처벌법)
- 원칙) 동시적용
- 예외) 선의의 거래상대방 => 적용 X

=> 자료상인지 모르고 거래한 경우

240

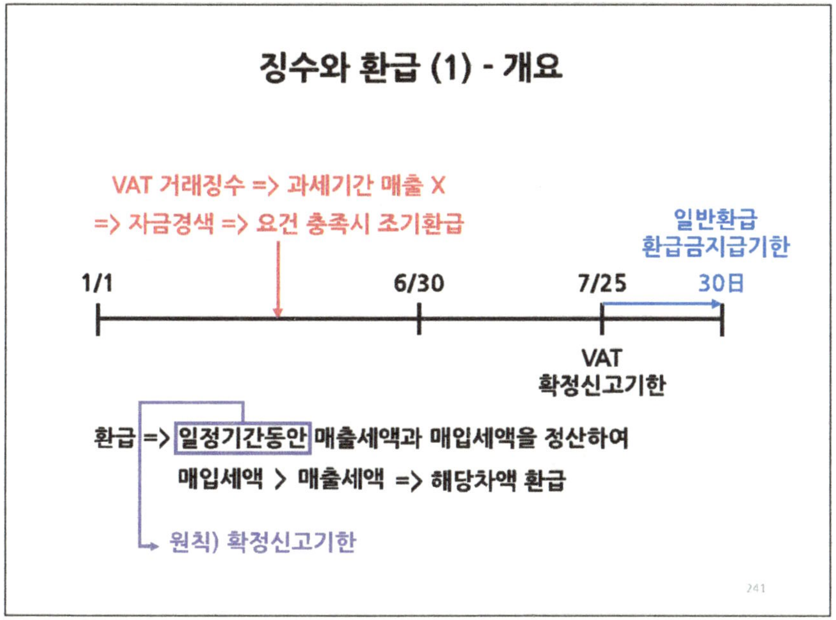
징수와 환급 (1) - 개요
VAT 거래징수 => 과세기간 매출 X
=> 자금경색 => 요건 충족시 조기환급
일반환급
환급금지급기한
1/1
6/30
7/25
30日
VAT
확정신고기한
환급 => 일정기간동안 매출세액과 매입세액을 정산하여
매입세액 > 매출세액 => 해당차액 환급
원칙) 확정신고기한
241

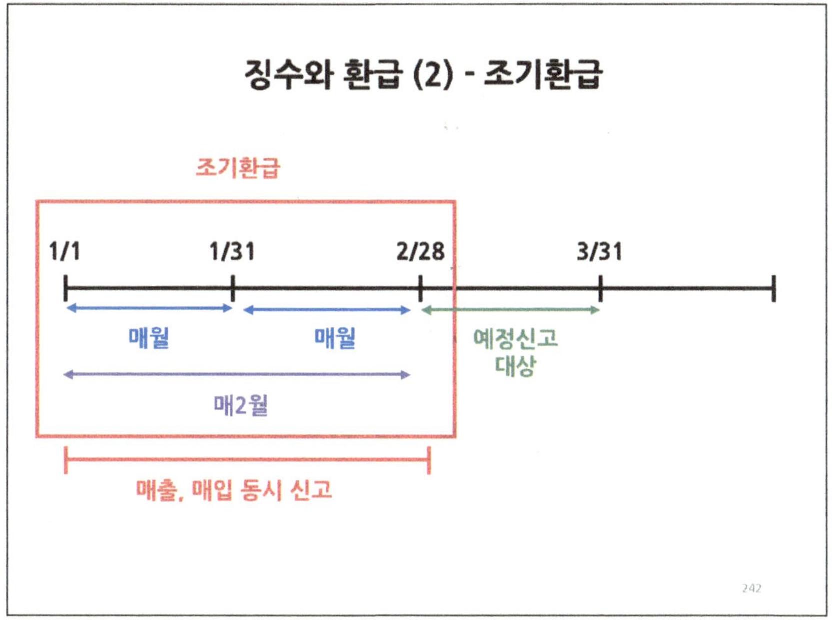
징수와 환급 (2) - 조기환급
조기환급
1/1
1/31
2/28
3/31
매월
매월
예정신고
대상
매2월
매출, 매입 동시 신고
242

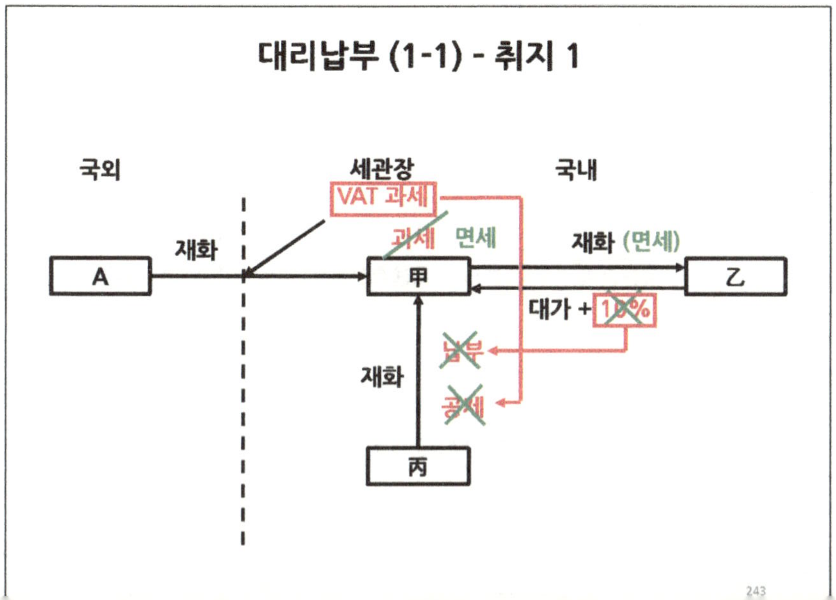
대리납부 (1-1) - 취지 1
국외
세관장
VAT 과세
국내
재화
과세
면세
재화 (면세)
A
甲
乙
대가 + 10%
납부
재화
공제
丙
243

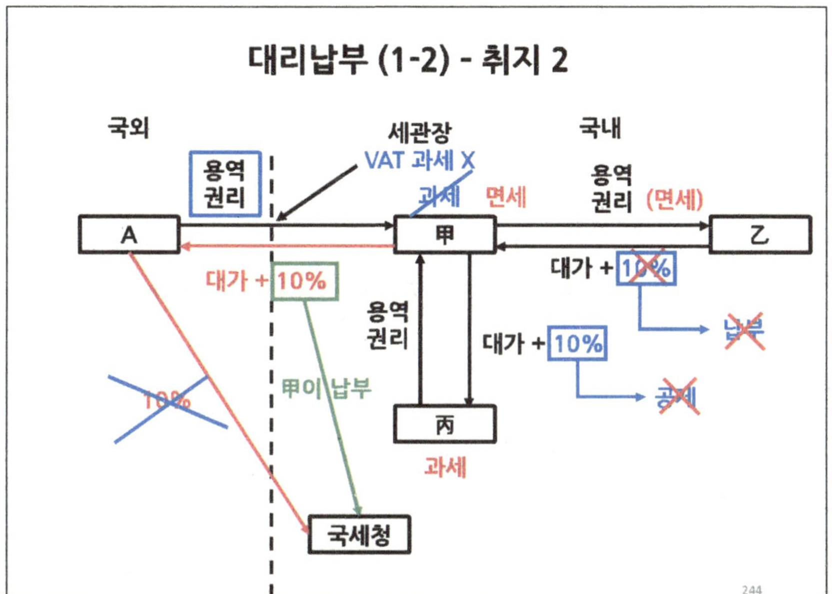
대리납부 (1-2) - 취지 2
국외
세관장
VAT 과세 X
국내
용역
권리
과세
면세
용역
권리 (면세)
A
甲
乙
대가 + 10%
대가 + 10%
용역
권리
대가 + 10%
납부
甲이 납부
10%
공제
丙
과세
국세청
244

대리 납부 (2) - 요건 및 납부의무자

I. 요건

- 용역·권리 제공자 : 비거주자 · 외국법인
- 해당 용역·권리 : ① VAT 과세 + ② 국내에서 사용 · 소비
- 면세 및 비과세사업에 사용 소비

II. 납부의무자

=> VAT 과세사업자를 제외한 모든 사업자

245

신탁관련 납세의무의 확장

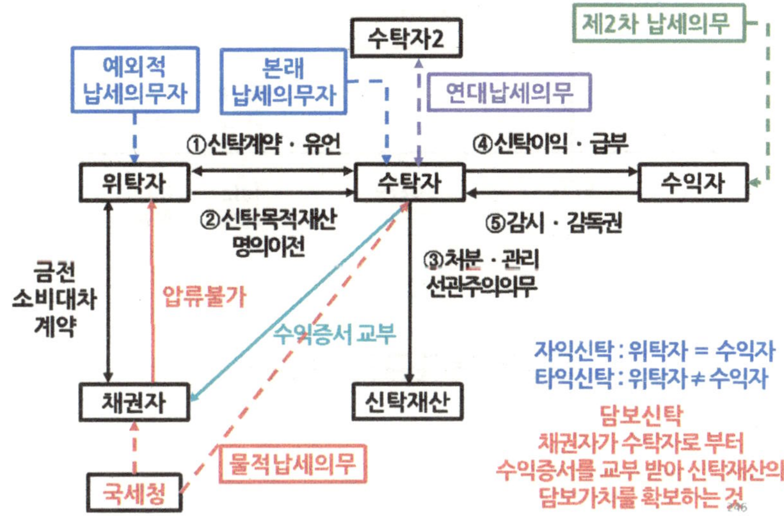

246

전자적 용역을 공급하는 국외 사업자의 부가가치세 납부 특례 (1) - 취지

국내 개발자와 해외 개발자간 과세형평 높이고자 전자적 용역에 대해 해외 오픈 마켓 사업자가 간편 사업자등록을 통해 VAT를 납부 할 수 있도록 신설

=> 미등록시 미등록가산세 부과

247

전자적 용역을 공급하는 국외 사업자의 부가가치세 납부 특례 (2) - 직접 공급

전자적 용역을 직접 공급하는 국외사업자

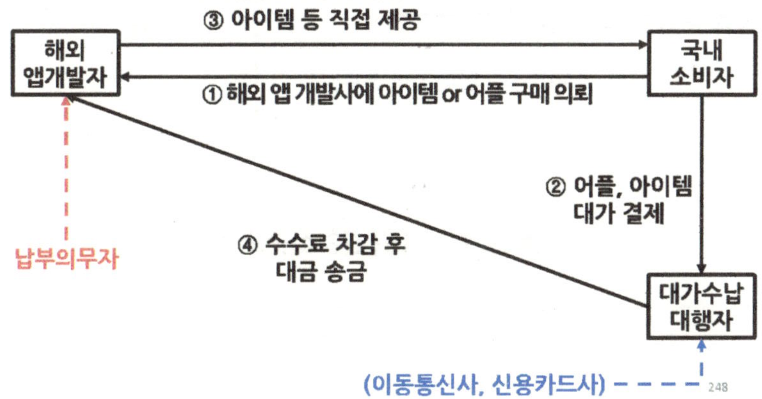

248

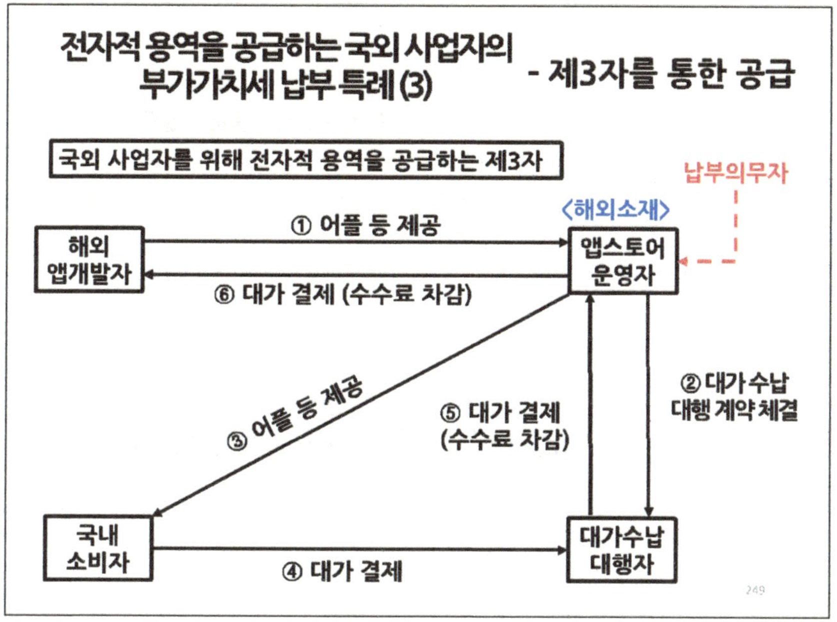
전자적 용역을 공급하는 국외 사업자의 부가가치세 납부 특례(3)
- 제3자를 통한 공급
국외 사업자를 위해 전자적 용역을 공급하는 제3자
납부의무자
<해외소재>
해외 앱개발자
① 어플 등 제공
⑥ 대가 결제 (수수료 차감)
앱스토어 운영자
③ 어플 등 제공
⑤ 대가 결제 (수수료 차감)
② 대가수납 대행 계약체결
국내 소비자
④ 대가 결제
대가수납 대행자
249

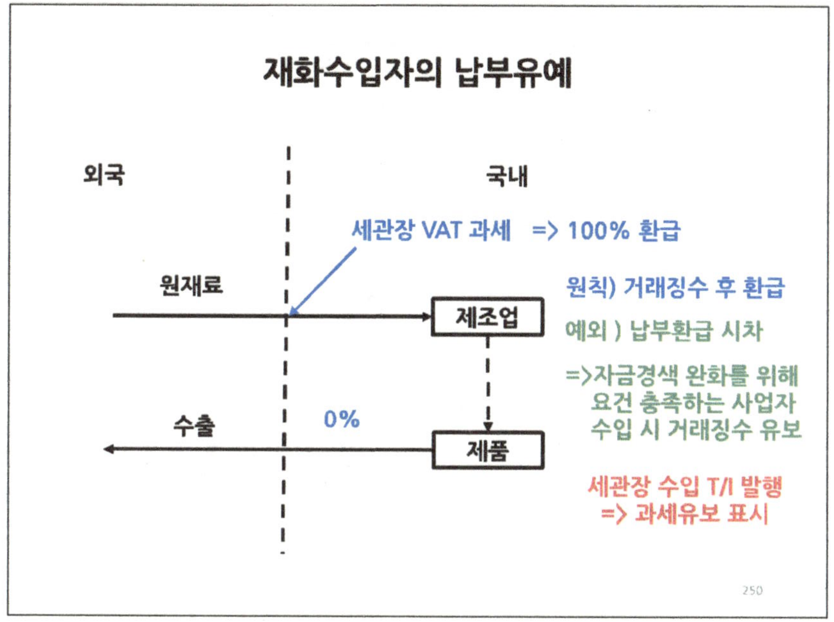
재화수입자의 납부유예
외국
국내
세관장 VAT 과세 => 100% 환급
원재료
제조업
원칙) 거래징수 후 환급
예외) 납부환급 시차
=>자금경색 완화를 위해 요건 충족하는 사업자 수입 시 거래징수 유보
수출
0%
제품
세관장 수입 T/I 발행 => 과세유보 표시
250

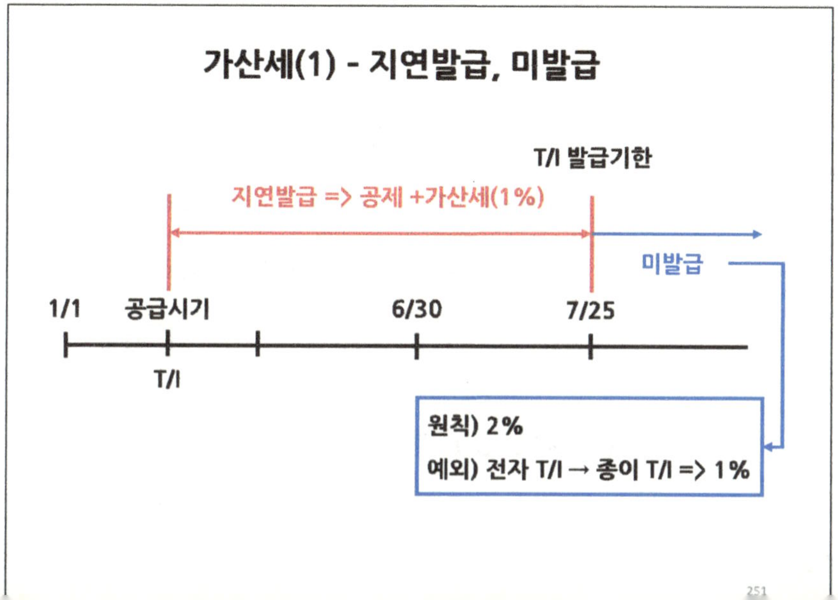
가산세(1) - 지연발급, 미발급
T/I 발급기한
지연발급 => 공제 +가산세(1%)
미발급
1/1
공급시기
6/30
7/25
T/I
원칙) 2%
예외) 전자 T/I → 종이 T/I => 1%
251

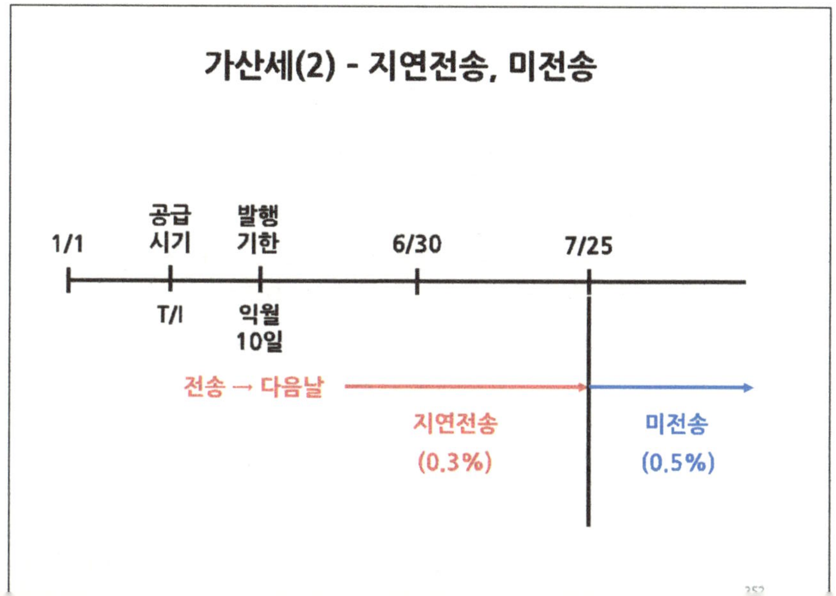
가산세(2) - 지연전송, 미전송
1/1
공급 시기
발행 기한
6/30
7/25
T/I
익월 10일
전송 → 다음날
지연전송 (0.3%)
미전송 (0.5%)

가산세(3) - 가공거래와 위장거래

3%
<가공거래> ⟶ 거래실질無, but 적격증빙 발행

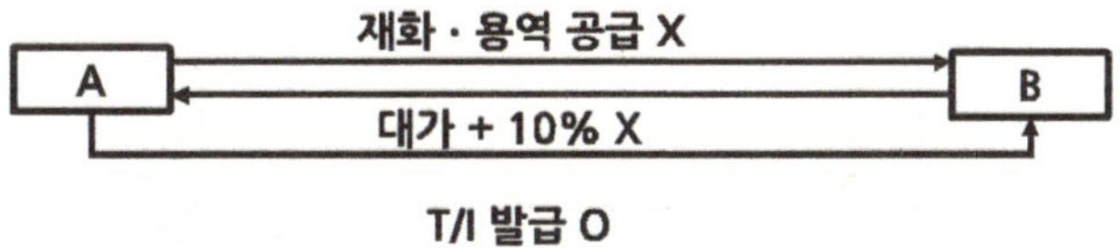

2%
<위장거래> ⟶ 거래실질有, but 적격증빙 수령주체 잘못

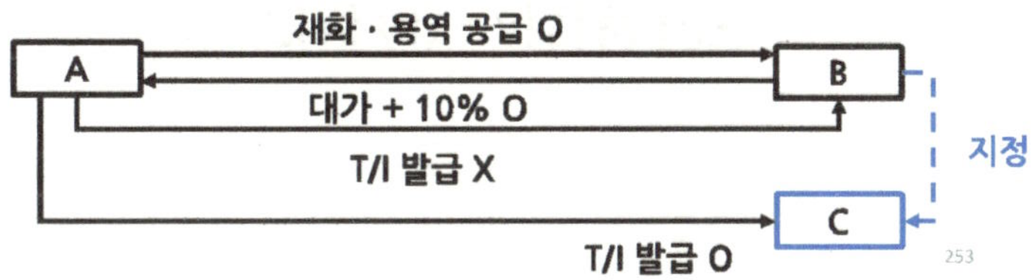

253

가산세(4) -과다기재

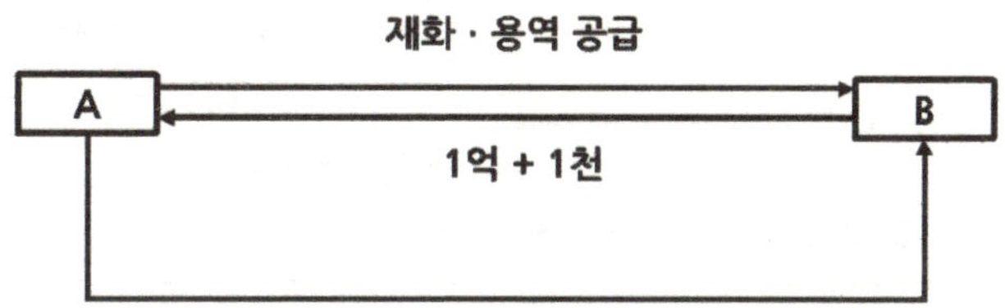

T/I 발급
=> 3억 + 3천
2%

254

가산세(5) - 중복배제

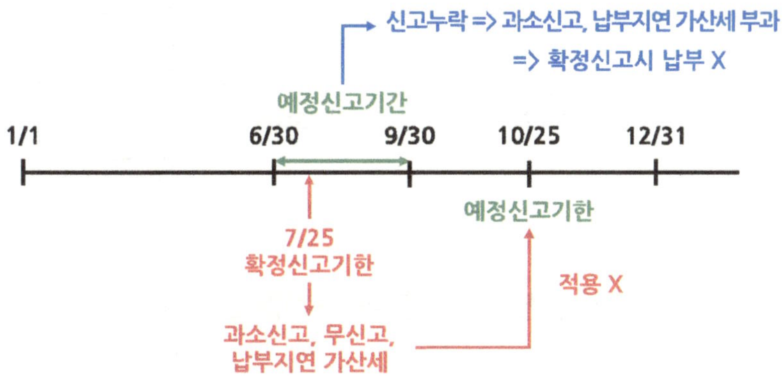

255

간이과세 (1) - 개요

<VAT 납세의무자>

- 일반과세자 => 간이과세 이외의 자
  - => (매출액 × 10% - 수령 T/I 매입세액 = 납부세액)
- 간이과세자 => 직전 1년간 공급대가 합계액 10,400만원 ↓
  - 세부담 완화 => 매출액 × 업종별 부가가치율 × 10% - 협력의무 세액공제
    - 업종별 부가가치율 → (1 - 경비율)
  - 납세협력의무 완화 => T/I 발행의무 면제(4천800만원 ↓)

256

간이과세(2) - 세금계산서발행의무

코로나 => 간이과세자 이외의 소규모 사업자의 세부담 경감

개정전

간이과세자 (직전연도 매출액 4,800↓)
- 세부담 경감 = 공급가액 × 업종별부가율 × 10% ①
- 납세협력의무감소 = T/I 발급의무 면제 ②

개정후

간이과세자 (직전연도 매출액 10,400↓)
- 0 ~ 4,800↓(기존 간이과세자)
  => ①, ② 모두 적용
- 4,800 ~10,400(신규간이과세자)
  => ①만 적용, T/I 발행의무 유지

257

간이과세 (3) - 기준사업장 및 공급대가 산정

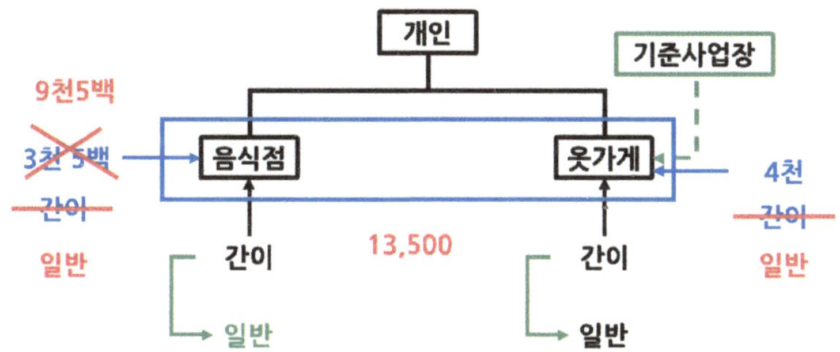

258

간이과세 (4) - 사업양수도

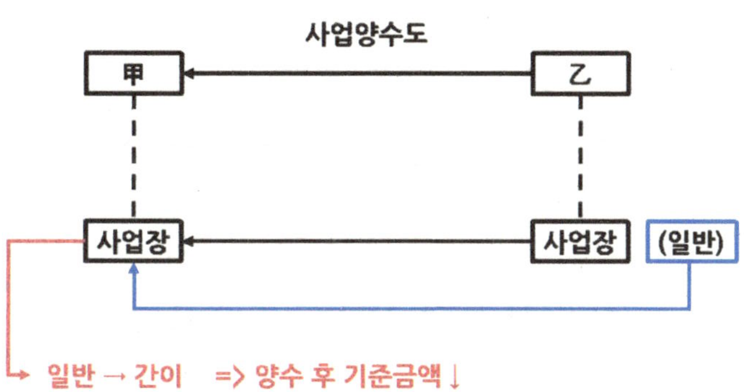

259

간이과세 (5) - 과세유형 변경

전환 사유	전환 시기
1. 공급 대가의 변동 - 신고	다음해 7/1 ~ 6/30
1. 공급 대가의 변동 - 결정 · 경정 2. 배제 업종 신규 겸영 3. 일반 과세 사업장 신설	다음 과세기간 부터
4. 기준 사업장 폐업 - 일반과세로 전환된 사업장	다음 연도 7/1 부터
5. 간이과세 포기 - 해당 사업장	다음 달 부터
5. 간이과세 포기 - 해당 사업장 외 타 사업장	다음 과세기간 부터
6. 기준사업장 공급 대가가 간이과세 기준금액에 미달 간이과세 적용X 타 사업장	다음해 7/1 ~ 6/30

260

간이과세 (6) - 과세유형 전환통지

1) 일반 → 간이 : 자동변경(부동산 임대업 제외)
- Dep 자산 有 → 재고납부세액 발생 ↑ → 선택
  - 간이과세 → 매입세액추징, VAT ↓
  - 간이과세포기 → 매입세액추징X, VAT ↑
- → 세부담 ↓, 4,800만원 ↓ → T/I 발행의무 면제

2) 간이 → 일반 : 통지 받은 날이 속하는 과세기간의 다음 과세기간
- → 세부담 ↑, T/I 발행의무
- => 납세자의 예측가능성 보장 => 통지 후 적용

261

간이과세 (7-1) - 재고매입세액 · 재고납부세액

<재고매입세액>

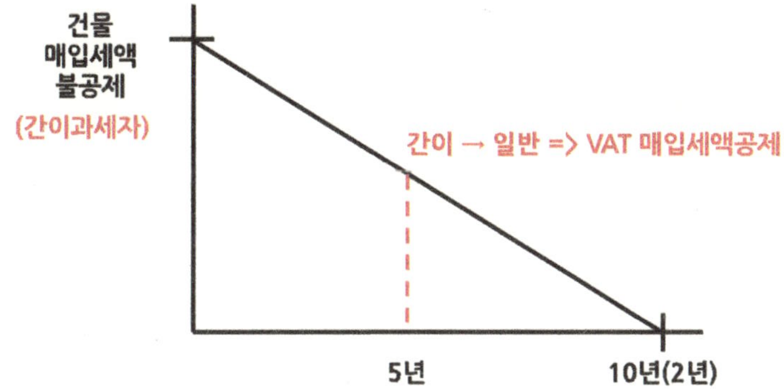

262

간이과세 (7-2) - 재고매입세액 · 재고납부세액

<재고납부세액>

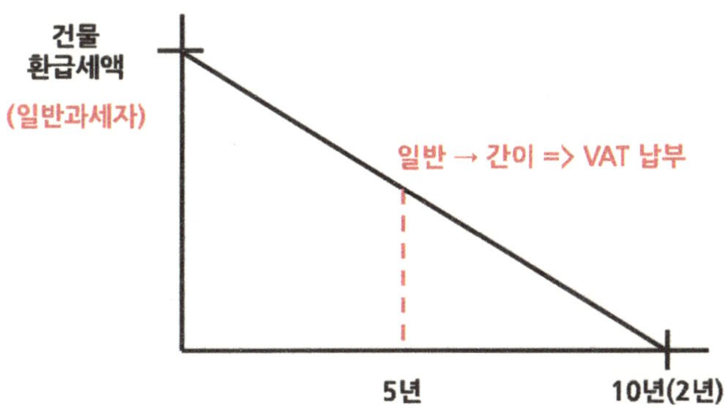

263

간이과세 (7-3) - 재고매입세액 · 재고납부세액

취득 시	일반과세자	간이과세자
	매입세액 공제	매입세액 부분 공제
↓ 과세유형 전환	간이과세자 → 잔여 가액에 대한 매입세액 불공제 (T/I 발행의무 X 4,800 ↓)	일반과세자 → 잔여 가액에 대한 매입세액 공제 (T/I 발행의무)

- Dep = 대상 매입세액 × (1 - 5% or 25% × 경과된 과세기간 수) × $(1 - 0.5\% \times \frac{110}{10})$
  - 간이 = 10% or 50%
- 재고품 = 대상 매입세액 × $(1 - 0.5\% \times \frac{110}{10})$

264

법인세법

법인세법

세무사 원용대

법인세법 총칙(1) - 간접세와 직접세

- 간접세 → 경제적 이익을 얻기 위해 투입하는 재화 · 용역에 과세
- 직접세 → 경제주체들이 획득한 경제적 이익에 직접 과세
  - 소득
  - 법인에게 과세 → 법인세
  - 개인에게 과세 → 소득세

법인세법 총칙 (2-1) 포괄주의 vs 열거주의

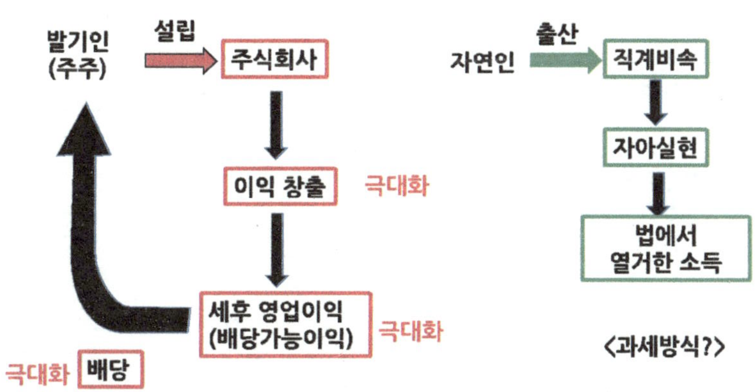

법인세법 총칙(2-2) - 포괄주의 과세

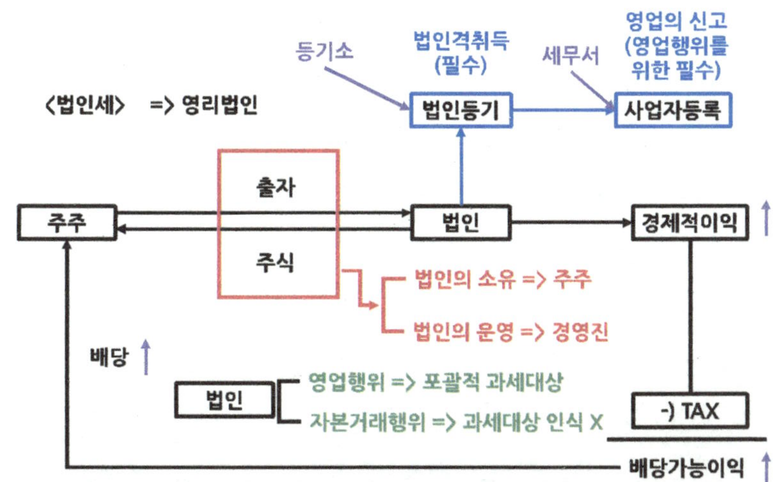

법인세법 총칙(2-3) - 포괄주의과세(순자산 증가설)

- 익금 → 순자산↑ (-)
  - ① 자본거래 → 상법상 자본충실화 원칙
  - ② 조세정책적 목적 열거 → 조특법상 익불
- -) 손금 → 순자산↓ (-)
  - ① 자본거래
  - ② 조세정책적 목적 열거
  - 사업 관련성 有 (+) [통상성 / 수익관련성] 中 1가지 충족
    - 통상성: ① 업종 내 관례 ② 반사회적행위 X
  - → 지출에 대한 경제적 합리성 검토

269

법인세법 총칙 (2-4) - 사업관련성, 수익대응성, 업무관련성

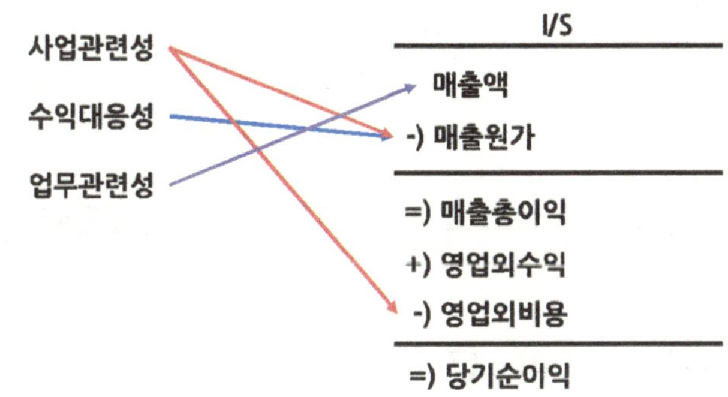

270

법인세법 총칙(2-5) -열거주의과세(제한적과세)

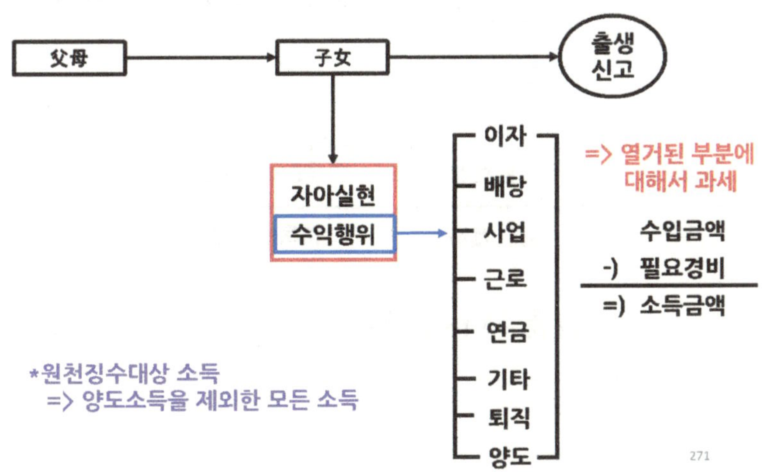

271

법인세법 총칙(2-6) -열거주의과세(제한적과세)

<원천징수대상 소득>

1st) 원천징수 => 지급소득의 종류, 총 지급액, 총 원천세 => 다음달 10日

↓

2nd) 지급명세서 제출(익년 2月) => 총지급액 → 개인별 지급액 확정 (소득금액 확정)

↓

3rd) 신고 · 납부(3月 10日/ 5月 31日) → 소득금액 => 산출세액

272

법인세법 총칙 (2-7) - 포괄주의 vs 열거주의

구분	세법 입법방법	세법 내용	현행
순자산증가설	포괄주의 과세방법 (Negative System)	All 과세 But, XX는 제외 (손不, 익不)	법인세
소득원천설	열거주의 과세방법 (Positive System)	OO 만 과세 과세대상 명시, 열거	소득세

한계 [입법 미비 / 입법 시 미예상] 과세누락 多

273

법인세법 총칙 (2-8) - 속인주의 VS 속지주의

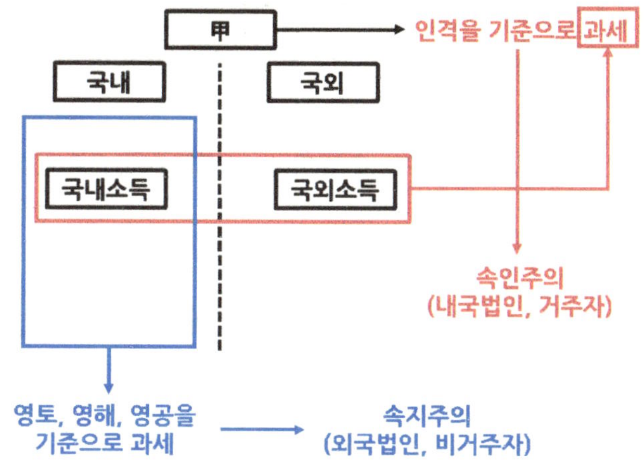

274

법인세법 총칙(3-1) - 납세의무자

〈 영리법인과 비영리법인〉

[영리법인 / 비영리법인] 구분기준 : 구성원에게 수익분배 여부

→ 해산 시 분배X, 잔여재산 → 다른 비영리법인 or 종교단체에 귀속

〈 내국법인과 외국법인〉

[내국법인 / 외국법인] 구분기준 : 설립 근거법 주의

275

법인세법 총칙(3-2) - 비영리법인

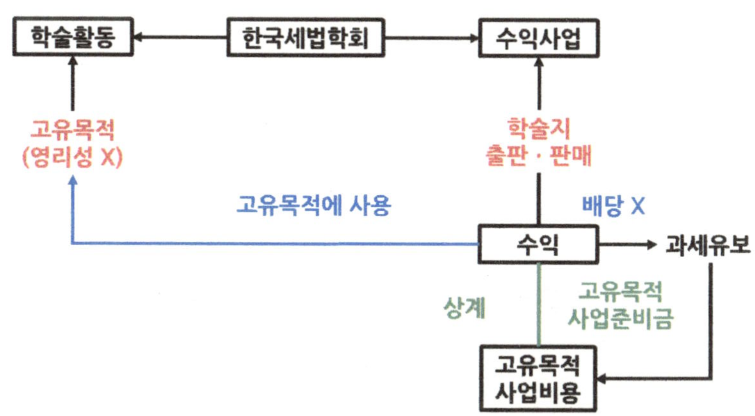

276

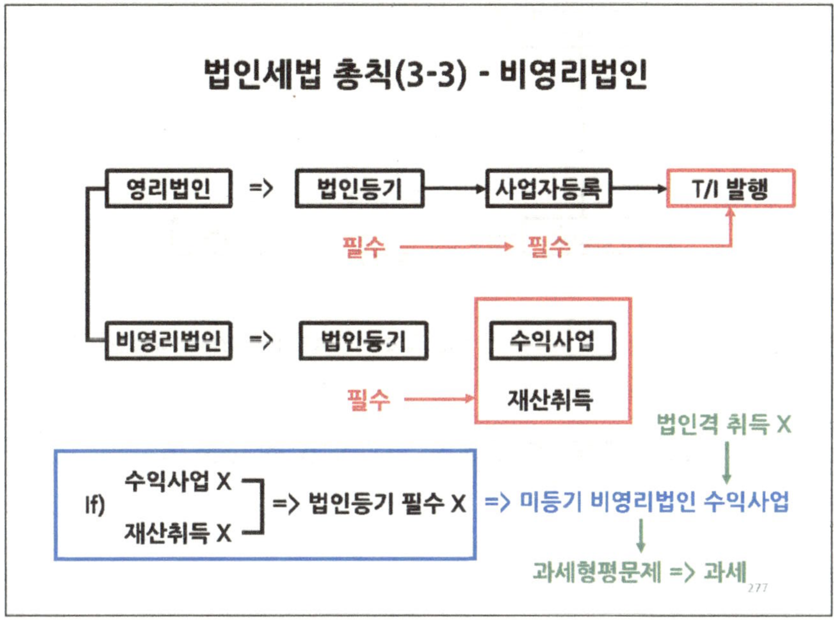
법인세법 총칙(3-3) - 비영리법인
영리법인
=>
법인등기
사업자등록
T/I 발행
필수
필수
비영리법인
=>
법인등기
수익사업
재산취득
필수
법인격 취득 X
If)
수익사업 X
재산취득 X
=> 법인등기 필수 X
=> 미등기 비영리법인 수익사업
과세형평문제 => 과세
277

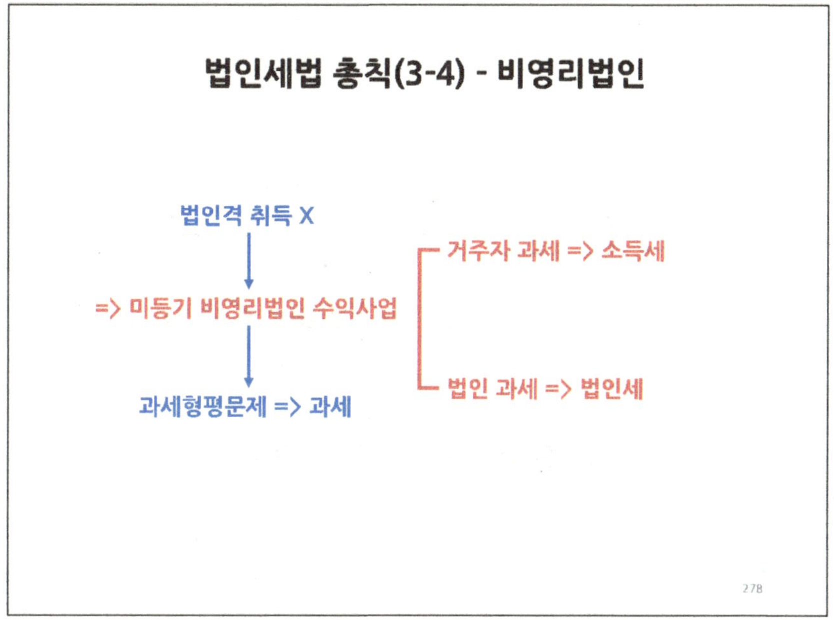
법인세법 총칙(3-4) - 비영리법인
법인격 취득 X
=> 미등기 비영리법인 수익사업
과세형평문제 => 과세
거주자 과세 => 소득세
법인 과세 => 법인세
278

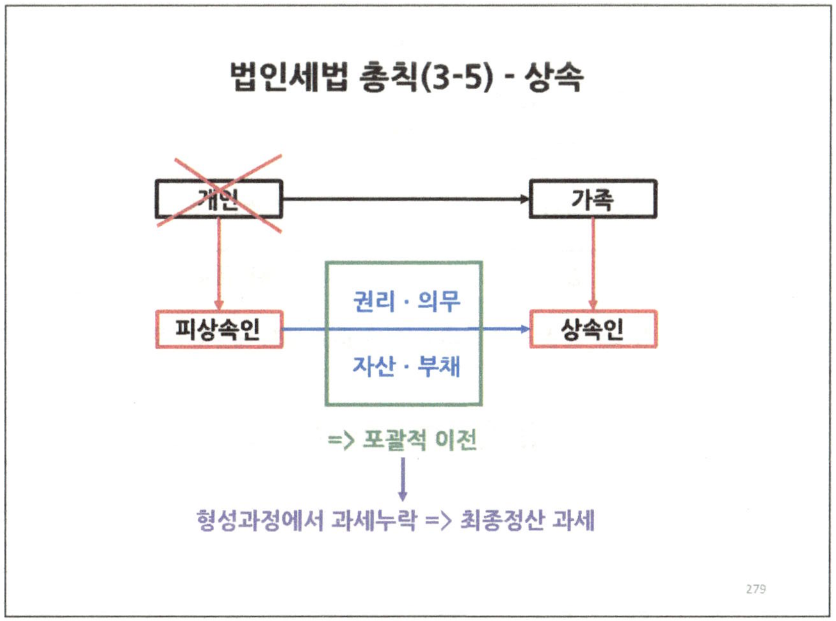
법인세법 총칙(3-5) - 상속
개인
가족
피상속인
권리 · 의무
자산 · 부채
상속인
=> 포괄적 이전
형성과정에서 과세누락 => 최종정산 과세
279

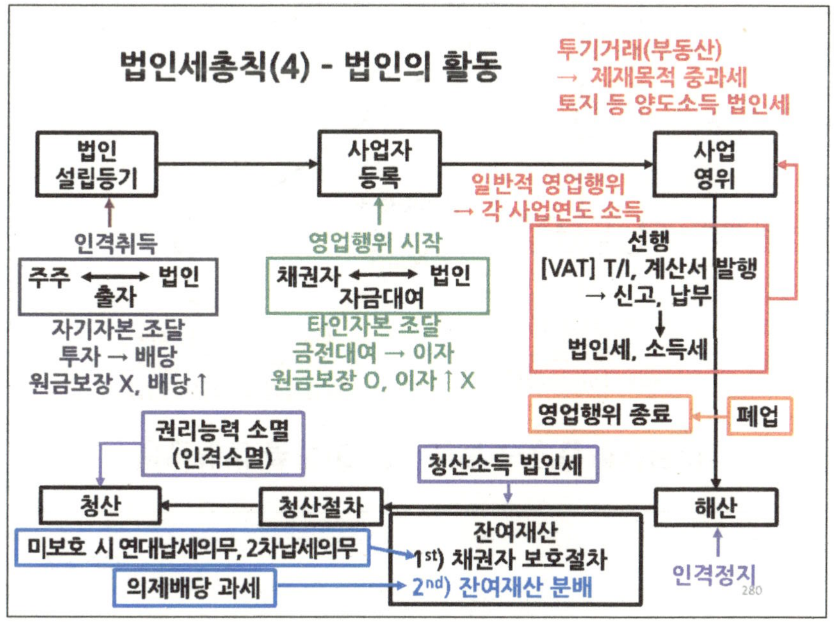
법인세총칙(4) - 법인의 활동
투기거래(부동산)
→ 제재목적 중과세
토지 등 양도소득 법인세
법인
설립등기
사업자
등록
사업
영위
일반적 영업행위
→ 각 사업연도 소득
인격취득
주주
법인
출자
자기자본 조달
투자 → 배당
원금보장 X, 배당↑
영업행위 시작
채권자
법인
자금대여
타인자본 조달
금전대여 → 이자
원금보장 O, 이자↑X
선행
[VAT] T/I, 계산서 발행
→ 신고, 납부
법인세, 소득세
영업행위 종료
폐업
권리능력 소멸
(인격소멸)
청산소득 법인세
청산
청산절차
해산
미보호 시 연대납세의무, 2차납세의무
의제배당 과세
잔여재산
1st) 채권자 보호절차
2nd) 잔여재산 분배
인격정지
280

법인세법 총칙(5) - 토지 등 양도소득 법인세

토지 등 양도소득에 대한 법인세 => 법인을 통한 투기행위 방지

법인세율	소득세율
9 ~ 24%	6 ~ 45%
(+) @	중과세 [2주택 60% / 3주택 ↑ 70%]

3주택 中 1주택 처분 양도차익 1억
- 법인 => 2,400만원
- ~~개인~~ => 7,000만원

281

법인세법 총칙(6-1) - 신탁소득 납세의무자

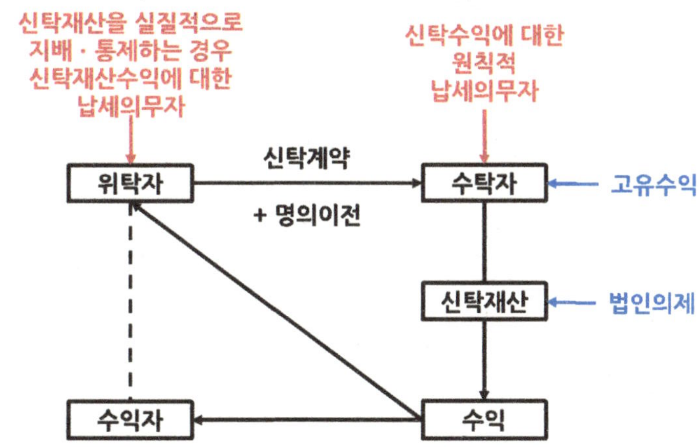

282

법인세법 총칙(6-2) - 신탁소득 납세의무자

< 수익자에게 신탁재산 소득이 귀속되는 경우>

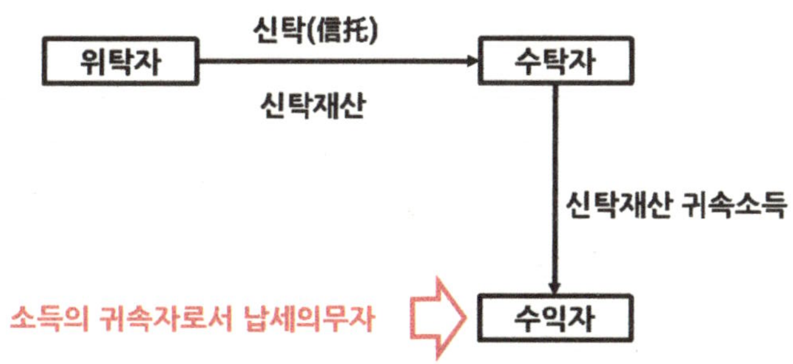

283

법인세법 총칙(6-3) - 신탁소득 납세의무자

< 위탁자가 신탁재산을 실질적으로 지배 · 통제 하지 않는 경우 >

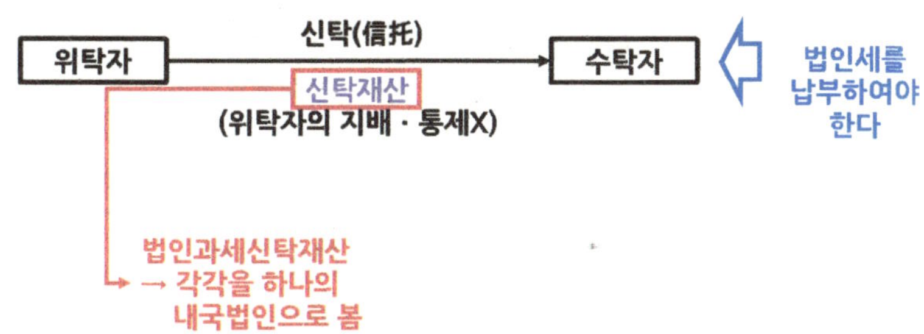

284

법인세법 총칙(6-4) - 신탁소득 납세의무자

< 위탁자가 신탁재산을 실질적으로 통제하는 경우 >

↓

위탁자가 법인세 납세의무자

285

법인세법 총칙(7) - 과세기간

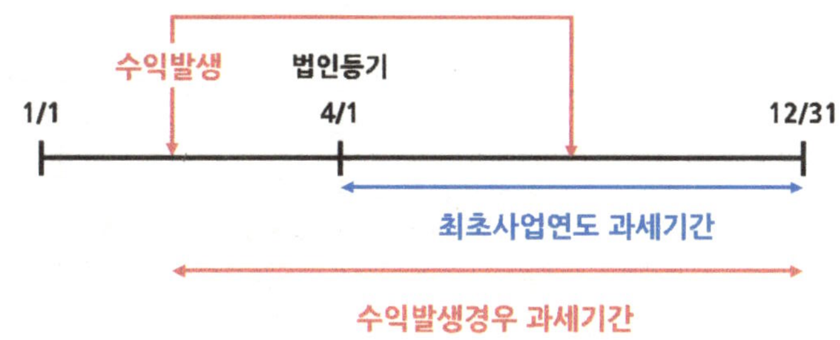

286

법인세법 총칙(8) - 과세관할

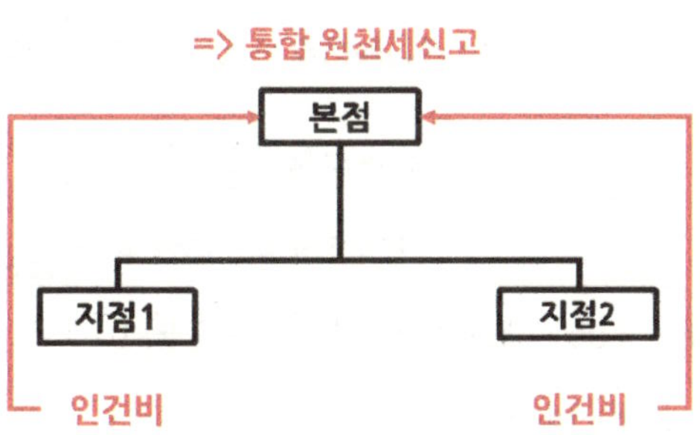

But, 독립채산제에 따라 각 지점에 수익이 귀속
=> 지점별 원천징수 가능

287

법인세법 총칙(9-1) - 법인 원천소득에 대한 이중과세 조정

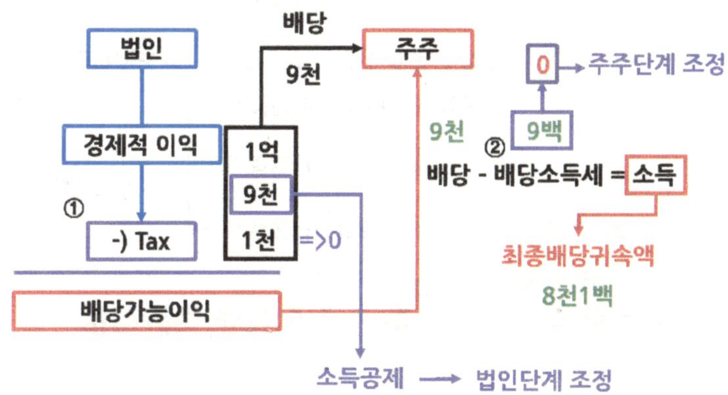

288

법인세법 총칙(9-2) - 법인 원천소득에 대한 이중과세 조정

- 법인단계조정
  - ① 유동화전문회사 소득공제 → 90% ↑ 배당
    - (유동화전문회사 → Paper co)
  - ② 동업기업과세특례
  - ③ 신탁재산에 대한 소득공제
- 주주단계조정
  - 법인주주 → 수입배당금 익不 → 수입배당금의 일정비율을 자동으로 손금산입
  - 개인주주 → gross-up → 배당세액공제

1st) 소득금액 = 9천 + 1천 = 1억
2nd) 산출세액 = 1억원 × 10% = 1천
-) 기납부세액 = 1천

산출세액 = '0'

289

법인세법 총칙(9-3) - 법인 원천소득에 대한 이중과세 조정

- 법인단계조정
  - ① 유동화전문회사 소득공제 → 90% ↑ 배당
  - ② 동업기업과세특례
  - ③ 신탁재산에 대한 소득공제
- 주주단계조정
  - 법인주주 → 수입배당금 익不 → (원칙) 국내배당만 인정
  - 개인주주 → gross-up → 배당세액공제

* 외국 배당금수입=> 이중과세조정

개정 전) 과세 => 외국납부세액공제

개정 후) 과세 =>
- 외국자회사 => 수입배당금 익不
- 이외 => 외국납부세액공제

290

각 사업연도 소득(1-1) - 세무조정

법인 과세소득 = 익금 총액 - 손금 총액

불일치 → ≠ ≠

기업회계상 이익= 수익 총액 - 비용 총액

세법 목적	GAAP 목적
재정 수요 충족 재정 정책 목적	이해 관계자에게 유용한 정보 전달

익금 총액: 순자산 증가분 △ 자본 납입 △ 익不

손금 총액: 순자산 감소분 △ 자본 환급 △ 손不 △ 잉여금 처분

291

각 사업연도 소득 (1-2) - 세무조정 절차

12月 말 장부폐쇄

- 발생주의 => 실현 + 미실현
- 확정주의 => 실현
- 현금주의 => 실현 + 현금

1月 말 재무제표 확정 → 기업회계기준 (발생주의) → 당기순이익(I/S) → 이익잉여금(B/S) → 처분가능이익잉여금

법인세법 확정주의: 확정소득 + 미확정 but, 실현가능성 ↑ & 금액의 합리적 추산가능 금액

이사회결의 주총승인
- 사내유보 → 법정적립금, 임의적립금, 충당금, 준비금 (기업회계상 인정)
- 사외유출 → 배당, 상여 (기업회계상 비용)
- 상법상 이익처분

3月 각 사업연도 소득 → 과세관청에 신고, 납부

작성기준 => 법인세법
인식기준 => 확정주의

각 사업연도 소득 (1-3) - 세무조정

〈세무조정〉 => 기업결산 시 산정하는 당기순이익과 세금신고 시 산정하는 각 사업연도 소득간 차이를 조정하는 제도

〈1st〉 기업회계 (1月) —세무조정→ 〈2nd〉 법인세 (3月)

293

각 사업연도 소득 (1-4) - 세무조정

차익발생 → 귀속에 따라 과세 → 실질과세원칙

세무조정
- 가산조정 = 익금산입 | 손금불산입
- 차감조정 = 손금산입 | 익금불산입

익금산입·손금산입 → 기업회계 → 세법 강제조정

손금불산입·익금불산입 → 조세정책적목적으로 조정해주는 항목

- 결산조정 → 기업의 의사결정을 반영 → 장부계상 (결산분개) → 세법상 한도내에서 인정
- 신고조정 → 기업 의사결정과 무관 → 기업회계와 세법의 차이를 강제로 조정

294

각 사업연도 소득(1-5) - 세무조정 사항

I/S상 당기순이익
+ 익금산입, 손금불산입
- 손금산입, 익금불산입

차가감 소득금액
+ 기부금 한도초과

각사업연도 소득금액
- 이월 결손금
- 비과세 소득
- 소득공제

= 과세표준

세무조정
1) 결산조정 사항(계상주의 손금)
   손금산입 여부는 전적으로 기업 내부의 의사결정
   - 방법 : 신고 시 의사표시(결산분개)
   - 기한 : 신고기한까지
2) 신고조정사항(강제조정사항)
   - 강제조정 사항
   - 선택조정 사항 : 과거 결산조정 사항 → 기업회계와 마찰제거
     - 잉여금 처분 요건O
       - 조특법상 준비금
       - 법법상 고목사준(외감대상)
     - 잉여금 처분 요건X
       - 일시상각 충당금
       - 압축기장 충당금

295

각 사업연도 소득 (1-6) - 세무조정(신고조정)

가산조정	기업회계	VS	세법	
수익	5천	+ 5천	1억	〈익금산입〉
비용	1억	+ 5천	5천	〈손금불산입〉
차감조정				
수익	1억	- 5천	5천	〈익금불산입〉
비용	5천	- 5천	1억	〈손금산입〉

296

각 사업연도 소득 (2-1) - 소득처분 개요

12月 장부마감

1月 재무제표 작성 => 당기순이익(I/S), 처분가능잉여금 => 주총 보고목적

회사의 잉여금을 장부상 자산차감계정으로 계상

상법상 이익처분

2月 이사회 결의 => 주총승인
- 사내유보 => 법정적립금, 임의적립금 충당금, 준비금
- 사외유출 => 상여, 배당

세무조정
- 가산조정
- 차감조정

=> 차익 귀속에 대한 소득처분

3月 각사업연도소득

297

각 사업연도 소득 (2-2) - 상법상 이익처분

기업회계 : 회사의 잉여금을 장부상 자산차감계정으로 계상

VS

세법 : 세법에서 인정한 적립금, 충당금만 회사의 회계처리 인정

↓

세법상 한도 이내

Ex) 하자보수충당금
- 회계 => 인정 O　　충당금 계상　　순자산 ↑
- 　　　　　　　　　　↓　　　　　　손금불산입
- Tax => 인정 X　　　'0'　　　　　변동 X

298

각 사업연도 소득 (3-1) - 소득처분

이익처분
- 사내유보 → 법정적립금, 임의적립금, 충당금, 준비금
- (자산차감, 부채증가 => 순자산 ↓) => 세법상 열거된 충당금, 준비금만 인정(한도 이내)
- 사외유출 → 배당, 상여

(기업회계상 비용) => Tax 비용 X ← 이익처분

원천징수 → 지급조서제출 → 소득생성

세무조정
- 가산조정
- 차감조정

=>차액
- 사외유출 확실
  - 배당, 상여, 기타 (→ 원천징수 → 지급조서제출 → 소득생성)
  - 기타사외유출 (→ 원천징수 X)
- 이외=> 유보
- 자본계정변동 => 기타

299

각 사업연도 소득 (3-2) - 사내유보

<유보> => 세무조정 차액이 외부로 유출되지 않고 회사 내부에 남아있는 것

=> 일시적 차이　　Cf) 사외유출 => 영구적 차이

→ 차후 반대조정을 통해서 일시적 차이가 해소

기업회계상 자산 · 부채 평가액

VS　=> 일시적 발생

세법상상 자산 · 부채 평가액

300

각 사업연도 소득(3-3) - 사내유보

- 유보
  - 세무상 자산 증가
  - 세무상 부채 감소
  - → 세무상 순자산 증가 → 언젠가는 손금산입 (△유보)
- △유보
  - 세무상 자산 감소
  - 세무상 부채 증가
  - → 세무상 순자산 감소 → 언젠가는 익금산입 (유보)

자산 : 상각or처분시 , 부채 : 소멸 시

301

각 사업연도 소득 (3-4) - 사내유보

수익	기업회계	→	세법	반대조정
1기	5천	- 5천	'0'	〈손금산입〉 수익 5천 (△유보)
2기	5천	+ 5천	1억	〈익금산입〉 수익 5천 (유보)
비용				
1기	5천	- 5천	1억	〈손금산입〉 비용 5천 (△유보)
2기	5천	+ 5천	'0'	〈익금산입〉 비용 5천 (유보)

302

각 사업연도 소득(3-5) - 사외유출 구분 기준

〈 사외유출 구분 기준 〉
- 법인 외부 사외유출이 분명 → 사외유출
- 그 외 : 사내유보

개인 귀속에 따라
- 배당 : 주주
- 상여 : 임원, 사용인
- 기타사외유출 : 개인 사업소득, 법인소득, 증여세 과세
- 기타소득 : 그 외

〈무조건 기타사외유출〉

기부금, 기업업무추진비 한도초과, 업무용승용차 임차료 및 처분 등 10가지

303

각 사업연도 소득 (3-6) - 부당사외유출

법인 → ① 매출누락 → ② 송금 → 대표 → ③ 재입금 → 법인

사외유출
- 원칙) 상여
- 예외) 걸리기 전까지(①) 재입금(②) + 수정신고(③) + 본세, 가산세(④)

모두 갖춘 경우 → 유보

304

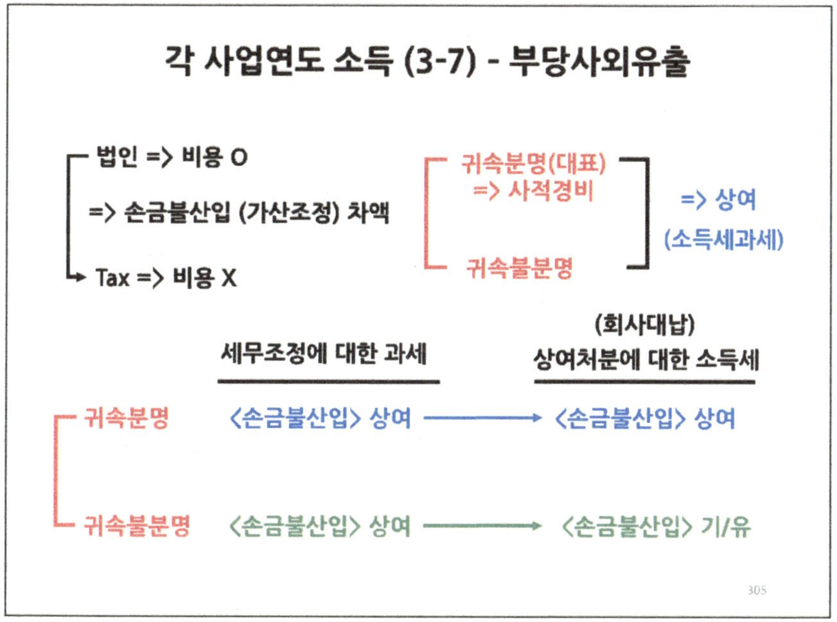
각 사업연도 소득 (3-7) - 부당사외유출
법인 => 비용 O
=> 손금불산입 (가산조정) 차액
Tax => 비용 X
귀속분명(대표)
=> 사적경비
귀속불분명
=> 상여
(소득세과세)
세무조정에 대한 과세
(회사대납)
상여처분에 대한 소득세
귀속분명
<손금불산입> 상여
<손금불산입> 상여
귀속불분명
<손금불산입> 상여
<손금불산입> 기/유
305

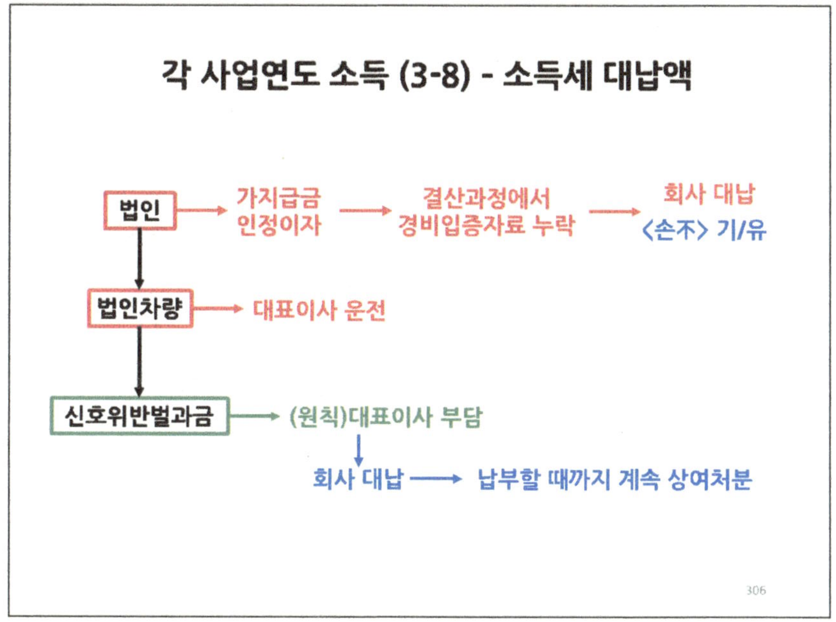
각 사업연도 소득 (3-8) - 소득세 대납액
법인
가지급금
인정이자
결산과정에서
경비입증자료 누락
회사 대납
<손不> 기/유
법인차량
대표이사 운전
신호위반벌과금
(원칙)대표이사 부담
회사 대납
납부할 때까지 계속 상여처분
306

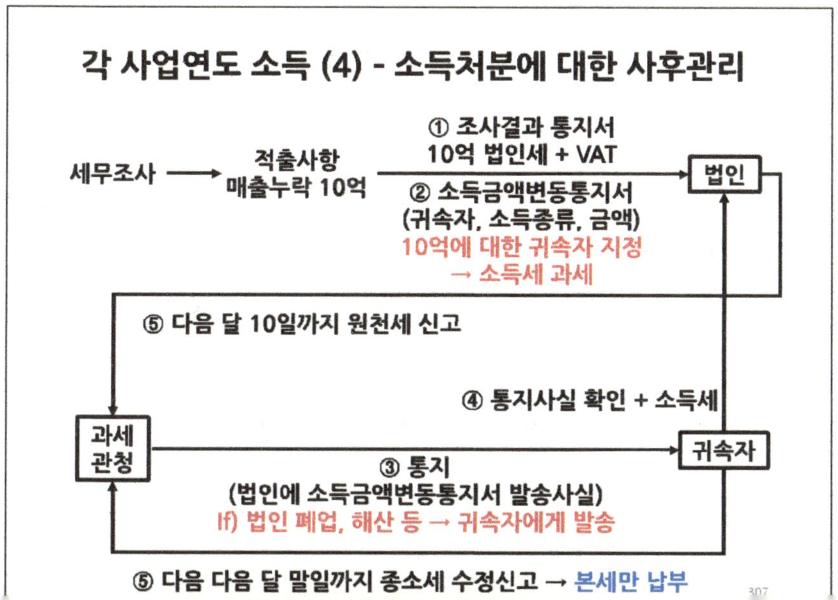
각 사업연도 소득 (4) - 소득처분에 대한 사후관리
세무조사
적출사항
매출누락 10억
① 조사결과 통지서
10억 법인세 + VAT
② 소득금액변동통지서
(귀속자, 소득종류, 금액)
10억에 대한 귀속자 지정
→ 소득세 과세
법인
⑤ 다음 달 10일까지 원천세 신고
④ 통지사실 확인 + 소득세
과세
관청
귀속자
③ 통지
(법인에 소득금액변동통지서 발송사실)
If) 법인 폐업, 해산 등 → 귀속자에게 발송
⑤ 다음 다음 달 말일까지 종소세 수정신고 → 본세만 납부
307

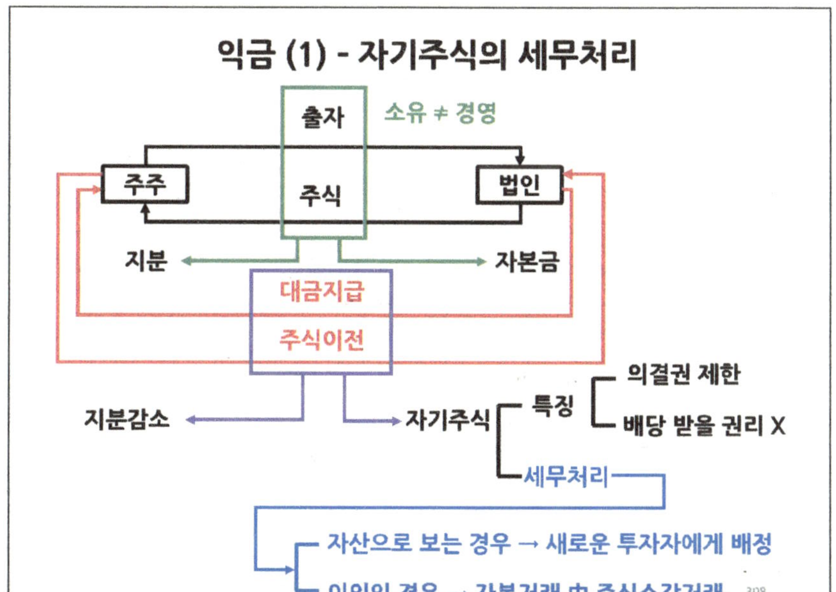
익금 (1) - 자기주식의 세무처리
출자
소유 ≠ 경영
주주
주식
법인
지분
자본금
대금지급
주식이전
지분감소
자기주식
특징
의결권 제한
배당 받을 권리 X
세무처리
자산으로 보는 경우 → 새로운 투자자에게 배정

익금 (2-1) - 주식거래 시 세무처리

일반자산의 매매차익에 대한 법인세 과세
투자유치 => 수익거래

취득가 → 주주 —법인주식→ 법인 —법인주식→ 제3자
주주 ←양도대가— 법인 ←양도대가— 제3자

양도대가
- 취득가액

소득

자기주식 —자본거래→ 소각
주식소각을 통한 감자차익 => 과세 X

- 수익거래목적 취득 => 주식양도소득세 신고 · 납부(10%~30%)
- 자본거래목적 취득 => 의제배당(6%~45%)

309

익금 (2-2) - 주식거래 시 세무처리

주주 —주식이전 (1억)→ 법인

법인
- ① 자산거래 → 투자유치금액(3억) → 자산양도차익 법인세
- ② 자본거래 → 주식소각 → 주식소각이익 (자본잉여금) → 과세 X

주주
- ① 자산거래 → 주식양도소득세(10%, 20%, 25%, 30%)
- ② 자본거래 → 의제배당(6%~45%)

310

익금 (3) - 자본적지출액

건물주 ←임대차 계약→ 임차인

① 임차인이 E/V 설치 => 건물주 명의
② 임차료 연 1억 => 연 2천
③ 임대차기간 1년 => 10년

건물 / E/V 無 / E/V ← 5억

건물주 ←→ 임차인
선수임대료 5억 10년 선급임대료 5억

연 임대수익 => 2천 (+) 매년 5천 (+) 2천 => 연 임차비용
연 7천 연 7천

311

익금 (4) - 자산의 평가차손익

기업회계 => 인정 O

Tax => 인정 X => 역사적원가주의(원칙)
If) 인정 O => 소득 조절을 통한 법인세 회피
예외) 법에서 열거 => 차손익 인식

312

익금 (5) - 이월결손금 보전

자본계정

- 자본금 ⟶ 발행주식총수 × 액면가
- ② 자본잉여금 ⟶ 주식발행초과금, 감자차익
- 자본조정 ⟶ 주식할인발행차금, 감자차손
- ① 이익잉여금 ⟶ 전기까지 누적된 잉여금 + 당기 처분후 전입된 잉여금

If) 당기순손실 발생시 차감 순서

313

익금 (6) - 임대보증금에 대한 간주익금

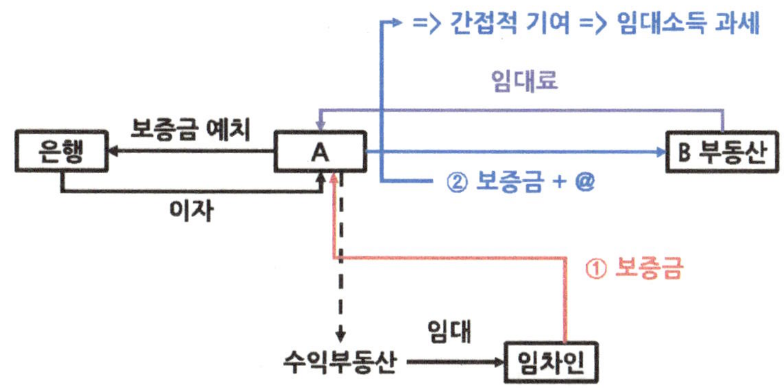

임대소득 과세 = (보증금적수 - 건설비적수) × 이자율 × 1/365 - 금융소득

정상적으로 금융기관에 예치할 경우 발생할 소득

→ 부동산임대업을 주업으로 하는 법인 + 차입금이 자기자본 2배 초과

314

익금 (7-1) - 특정유가증권 저가매입

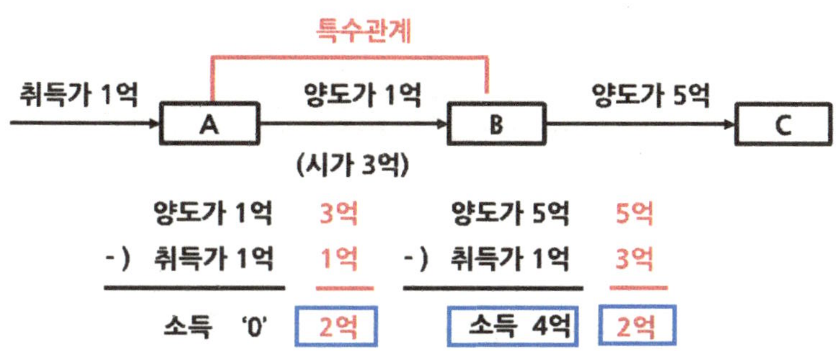

315

익금 (7-2) - 특정유가증권 저가매입

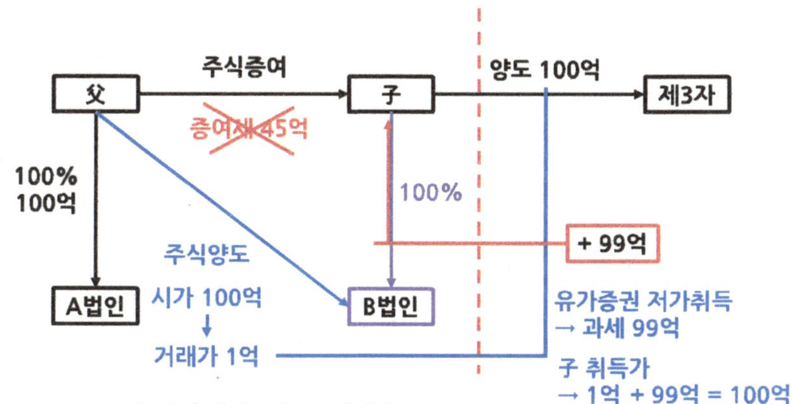

If) 채권 매매차익 : 과세대상 소득X

단, 환매조건 매매계약인 경우 이자소득 과세

316

익금 (8-1) - 주식의 포괄적 교환 · 이전(지주회사)

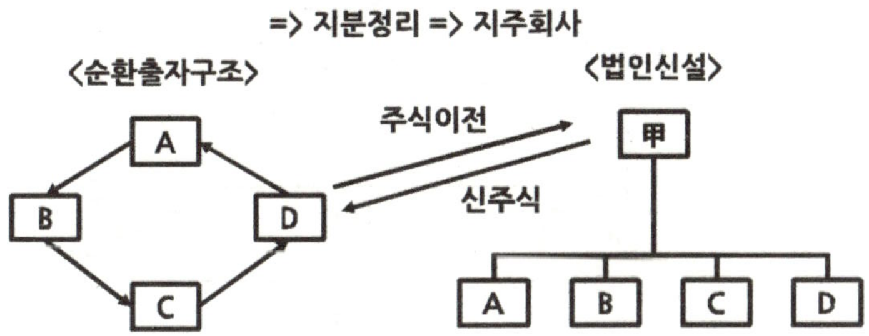

지주회사 설립
- ① 신규법인 설립 => 지주회사 => 주식의 포괄적 이전
- ② 기존 자회사 中 선택 => 지주회사 => 주식의 포괄적 교환

익금 (8-2) - 주식의 포괄적 교환 · 이전(지주회사)

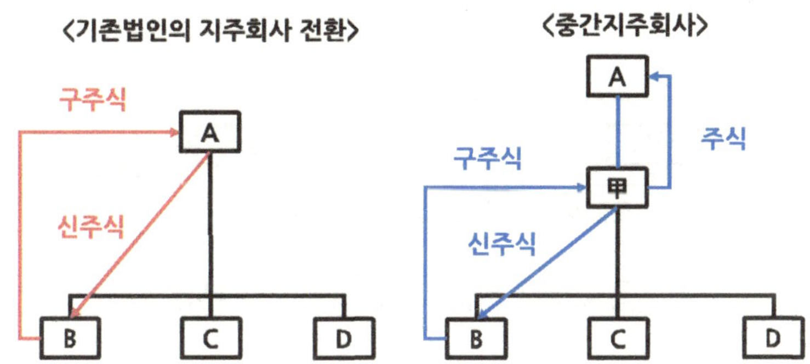

익금(9-1) - 채무의 출자전환 1

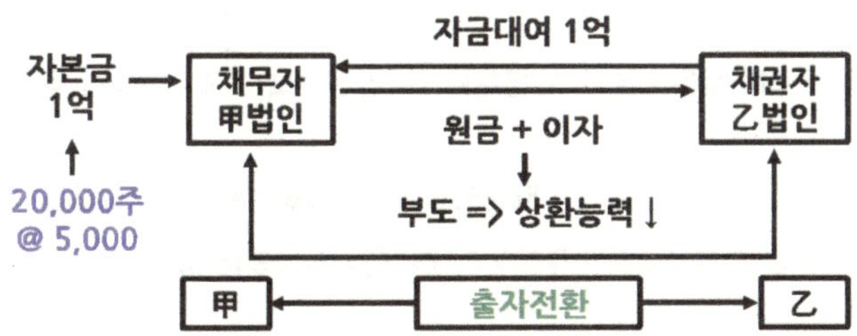

자본금 5천만원 증자
(10,000주, @5,000)

(원칙) 주주에게 균등배분

(출자전환) 채권자에게 배분

채권(1억) => 주식(5천)으로 전환

↓

5천 손실=> 차후 甲법인 정상화되면 주가상승차익으로 손실 보전

익금(9-2) - 채무의 출자전환 2

Case 1

발행가 @10,000
시 가 @7,000
액면가 @5,000

- 주·발·초(익 · 불)
  => 10,000주X(@7,000-@5,000) = 20,000,000
- 채무면제익(익 · 산)
  => 10,000주X(@10,000-@7,000) = 30,000,000

Case 2

발행가 @10,000
액면가 @5,000
시 가 @3,000

- 주·할·차(손 · 불)
  => 10,000주X(@5,000-@3,000) = 20,000,000
- 채무면제익(익 · 산)
  => 10,000주X(@10,000-@5,000) = 50,000,000

익금(10-1) - 익금불산입(이중과세조정)

법인과세소득의 이중과세조정 => 내국법인 · 거주자간 이중과세 조정

- 법인단계조정 => 배당금 => 소득공제
- 주주단계조정
  - 법인주주 => 배당금액 中 일정금액 익不(불완전조정)
  - 개인주주 => gross-up => 배당세액공제(완전조정 지향)

법인세를 소득에 가산 → 법인세 기납부공제

321

익금(10-2) - 익금불산입(내국법인과 외국법인 이중과세조정)

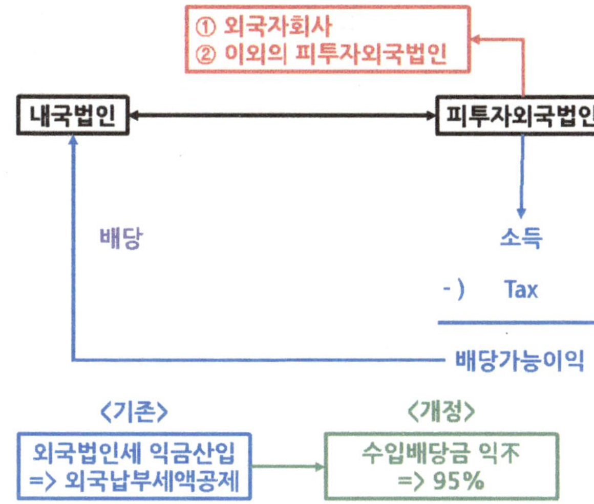

322

익금 (11-1) - 의제배당 (자본전입)

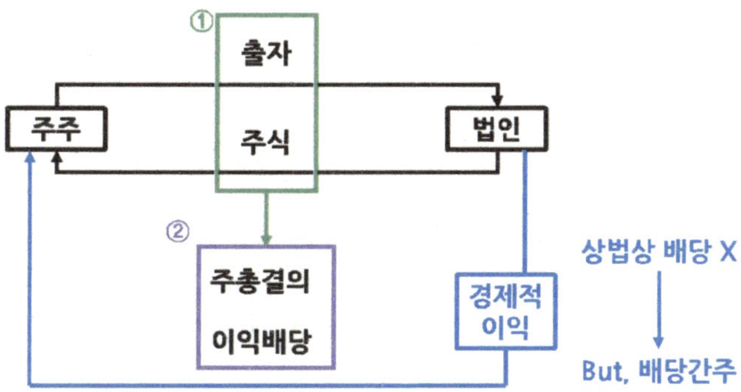

본래의미의 과세대상 = ① + ②

상법상 배당 => 지분율에 맞게 배당, 자기주식 → 배당제외

Cf) 의제배당 → ①은 충족 ②는 미충족 상태에서 법인 → 주주 이익분배

323

익금 (11-2) - 의제배당 (감자 등)

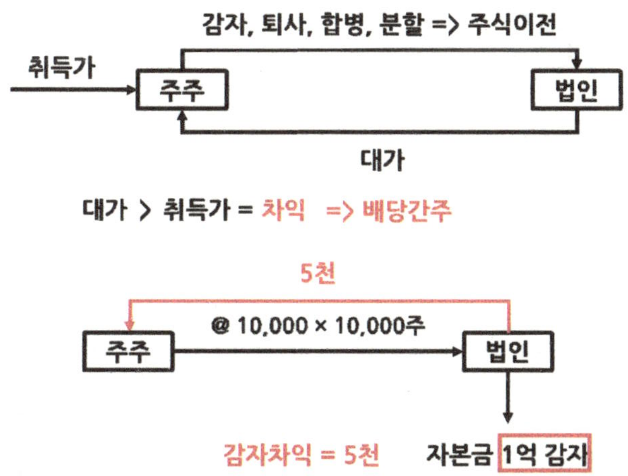

324

익금 (11-3) - 무상주배정

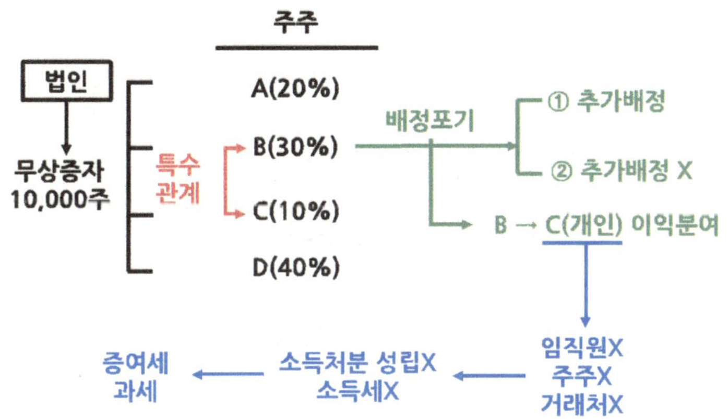

325

익금 (11-4) - 단기소각주식특례

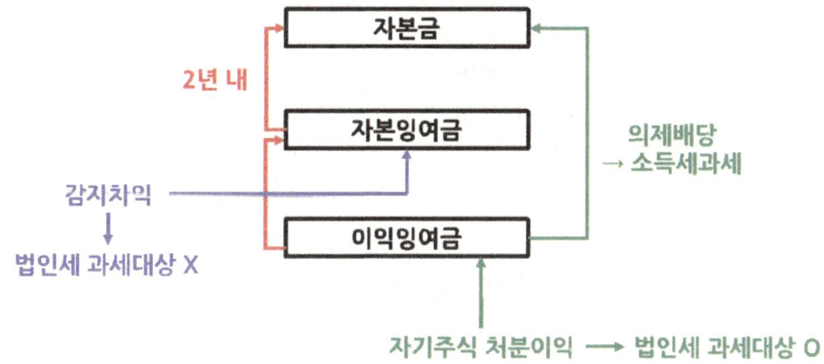

326

익금 (11-5) - 의제배당 과세재원

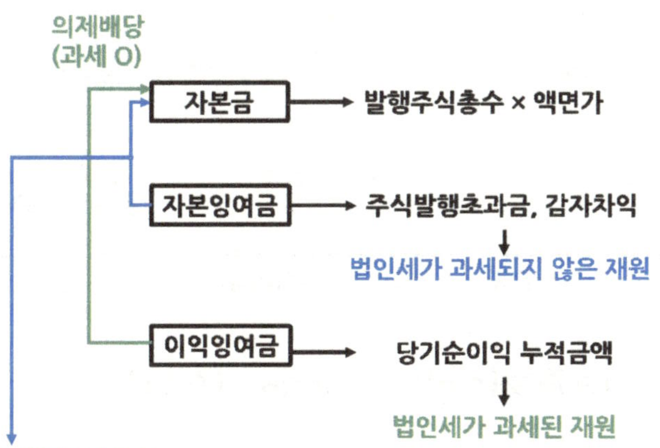

원칙) 의제배당 적용 X
예외) 수익거래와 관련된 자본잉여금, 조세회피목적 조성 자본잉여금 → 의제배당
단기소각주식특례

327

익금 (11-6) - 의제배당 과세재원

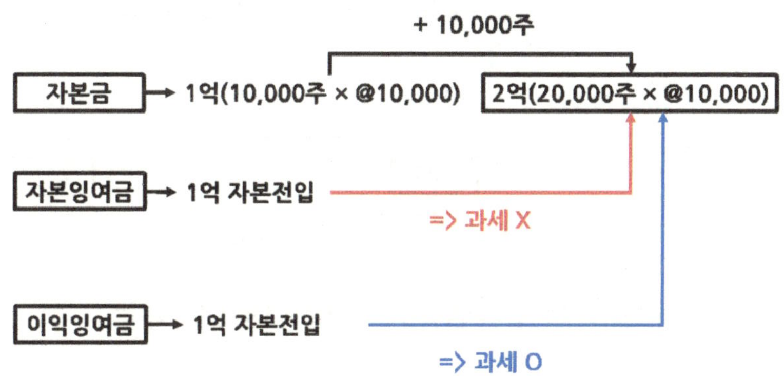

328

익금 (11-7) - 의제배당(재평가적립금)

구분	수입배당금 해당 여부	수입배당금 익금불산입
토지 재평가적립금 (1% 세율 적용 분)	자본전입 시 의제배당 O	적용 O
건물 재평가적립금 (3% 세율 적용 분)	자본전입 시 의제배당 X	해당 없음
	감액배당 시 수입배당금 O	적용 X

→ 「자산재평가법」을 위반한 감액배당

329

익금 (11-8) - 의제배당(무상주 배정포기)

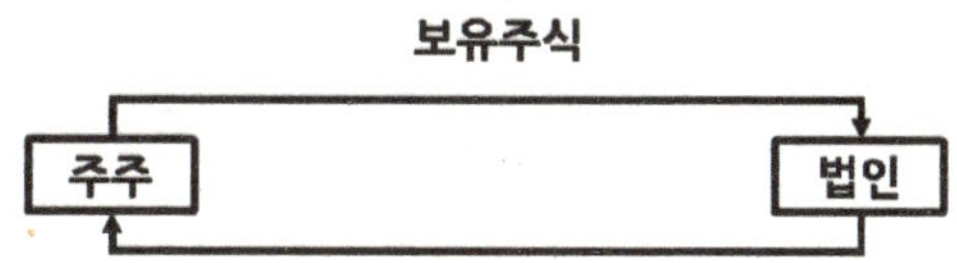

주식↓ 대가 자기주식 ┌ ① 의결권 제한
└ ② 배당수익권 x

법인 => 10,000주 × @10,000 => 자본금 1억

┌ 자본잉여금
└→ 자본금
↓
=> 증자 2배 (무상주)
=> 10,000주 × 10,000

주주 A	40%	4,000주	← 1,000주
주주 B	40%	4,000주	← 1,000주
법인	20%	~~2,000주~~	

330

손금 (1-1) - 개요

손금 => ┌ 순자산 감소 (-) ┌ 자본거래
└ 조세정책적목적 열거된 것
└ 사업관련성 有 (+) ┌ 통상성 ┐ 中 1 충족
└ 수익대응성 ┘

익금 - 손금 = 소득 => 회계상 잉여금

331

손금 (1-2) - 개요

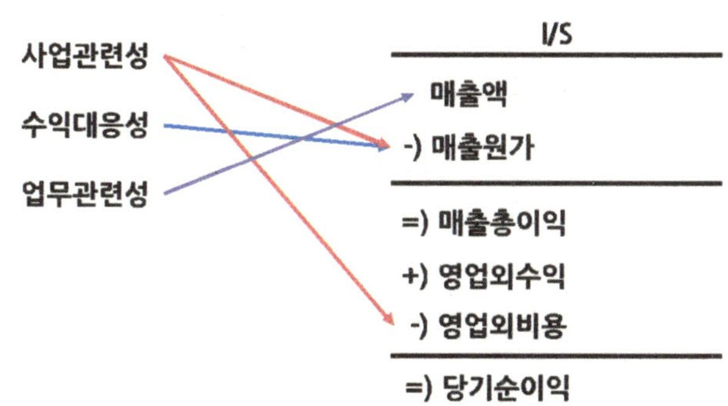

332

손금 (2) - 양도자산의 장부가액

- 회계상 취득가액 => 재무제표에 기재된 가액
- 세무상 취득가액 => 회계상 취득가액 ± 유보금액

유보금액 → 반대조정 => 잔액 '0'

333

손금 (3-1) - 인건비(해외파견 인건비)

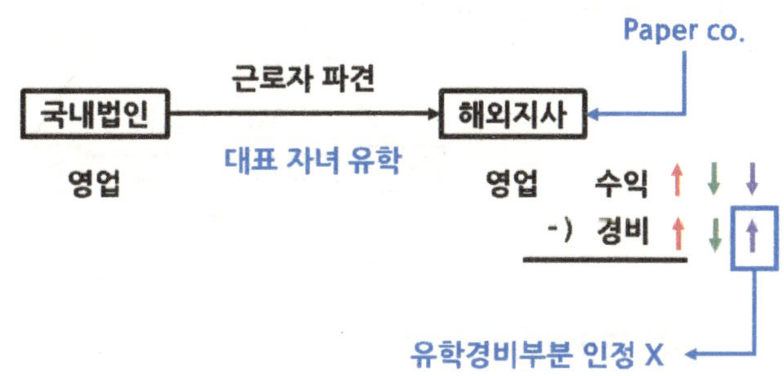

334

손금 (3-2) - 유형자산 또는 무형자산의 취득

<유형자산 취득 후 비용화 기간>

① 취득가액의 지출시점은
통상 취득 시 즉시 지출 => 지출 시점

② 취득 후 회사 내부에서 정한
일정 기간동안 사용계획 有 => 사용기간

(①과 ②의) 차이

일정 시점 자산 취득가 —비용화→ 사용기간

(1억) → (10년)

매년 일정금액 비용화 → Dep

335

손금 (3-3) - 유형자산 또는 무형자산의 취득

- 취득가액
- 자본적지출

=> 자산화 => 기간에 걸쳐 비용화

수익적지출 → 당기에 비용 인식

336

손금 (4-1) - 핵심인력성과보상기금

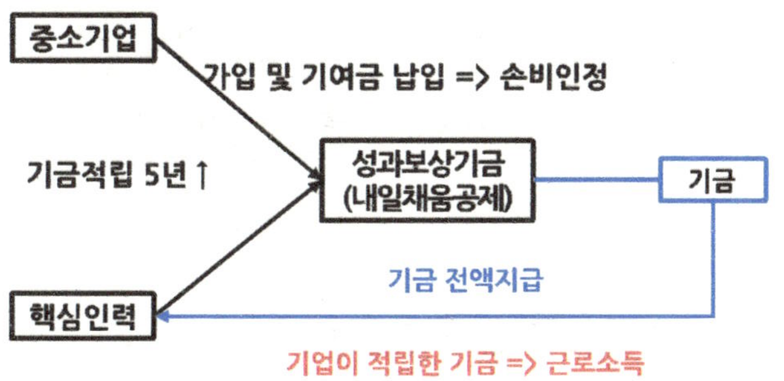

337

손금 (4-2) - 근로복지기금

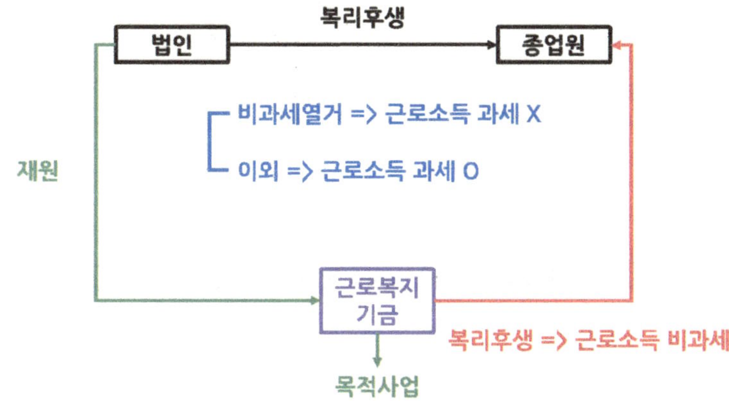

338

손금 (5-1) - 세금과 공과금(매입세액)

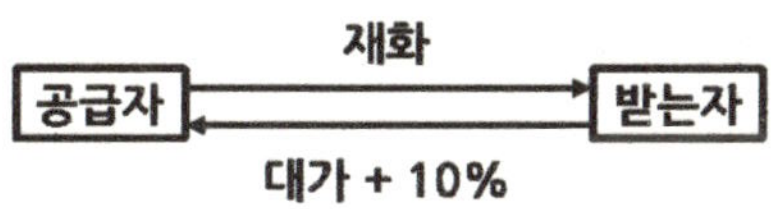

대가 + 10% 회수불능

- 대가 => 법인세, 소득세 신고 · 납부 — 대손상각비 (손비계상 → 법인세 감소)
- 10% = T/I 발행 => VAT 신고 · 납부 — 대손세액공제 (납부한 VAT 환급) → 손비 X

If) 대손세액공제 신고기한까지 대손세액공제 적용 X
=> 법인세법상 대손상각비에 포함

339

손금 (5-2) - 세금과 공과금(매입세액)

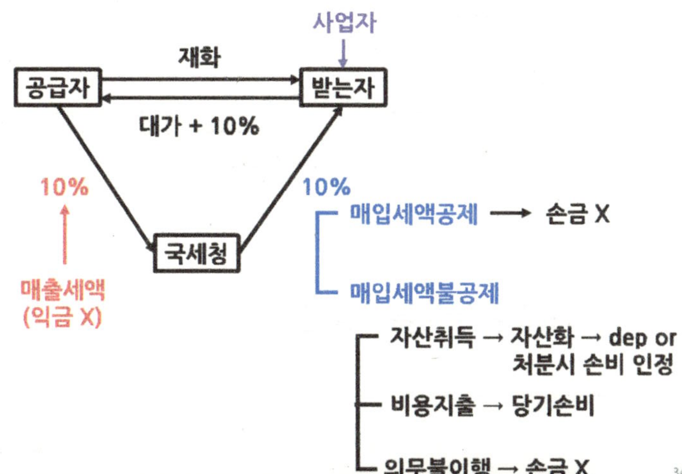

340

손금 (5-3) - 세금과 공과금(가산세와 가산금)

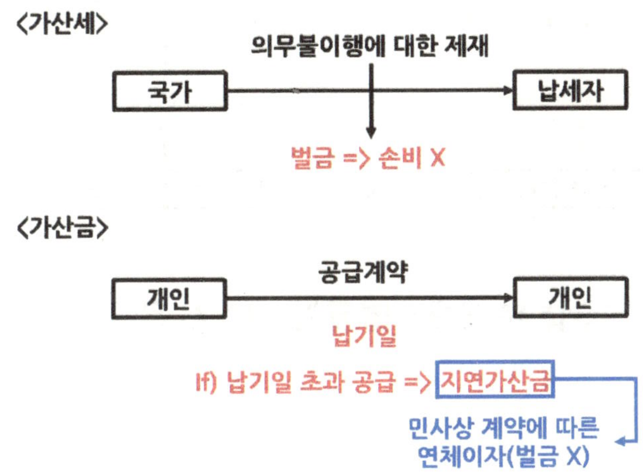

341

손금 (5-4) - 세금과 공과금(벌금)

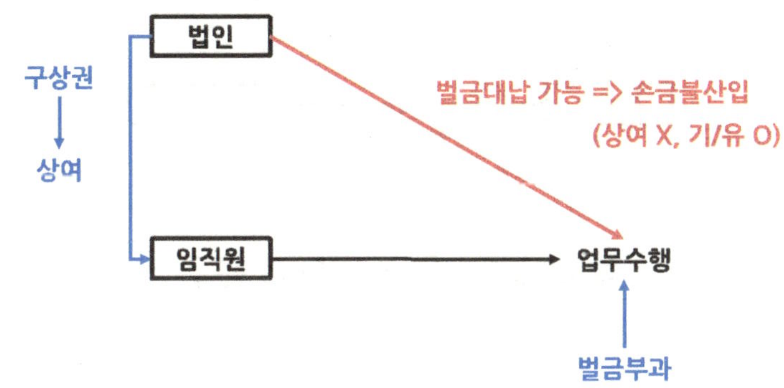

342

손금 (6-1) - 손비의 구분

특수관계 無

- 기업 업무추진비: ① 특정인 ② 업무관련 ③ 무상공급
- 기부금: ① 특정인 ② 업무무관 ③ 무상공급
- 광고선전비: ① 불특정다수 ② 업무관련 ③ 무상공급
- 복리후생비: ① 임직원 ② 복리후생목적 ③ 무상제공
- 부 · 계 · 부: ① 특수관계자 ② 이익분여 ③ 무상 · 유상 불문

원칙) 전액 손금인정

예외) 특정인에게 지급 => 소액인 경우 손금인정

343

손금 (6-2) - 손비의 구분

매입세액불공제 한도시부인

- 기업 업무추진비: ① 특정인 ② 업무관련 ③ 무상공급
- 기부금: ① 특정인 ② 업무무관 ③ 무상공급

매입세액공제 전액손금인정

- 광고선전비: ① 불특정다수 ② 업무관련 ③ 무상공급
- 복리후생비: ① 임직원 ② 복리후생목적 ③ 무상제공

VAT 과세 이중과세

- 부 · 계 · 부: ① 특수관계자 ② 이익분여 ③ 무상 · 유상 불문

344

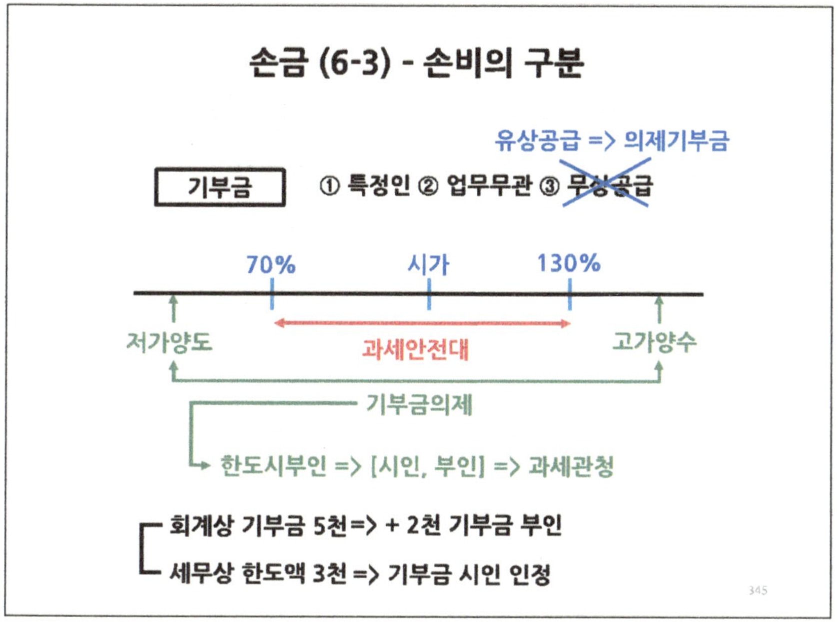
손금 (6-3) - 손비의 구분
기부금
① 특정인 ② 업무무관 ③ 무상공급
유상공급 => 의제기부금
70%
시가
130%
저가양도
과세안전대
고가양수
기부금의제
한도시부인 => [시인, 부인] => 과세관청
회계상 기부금 5천=> + 2천 기부금 부인
세무상 한도액 3천 => 기부금 시인 인정
345

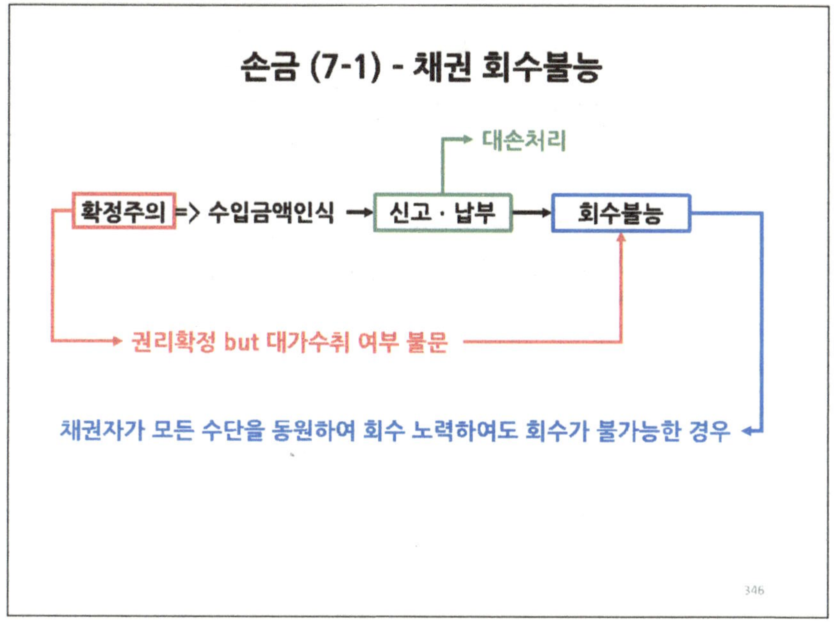
손금 (7-1) - 채권 회수불능
대손처리
확정주의 => 수입금액인식
신고 · 납부
회수불능
권리확정 but 대가수취 여부 불문
채권자가 모든 수단을 동원하여 회수 노력하여도 회수가 불가능한 경우
346

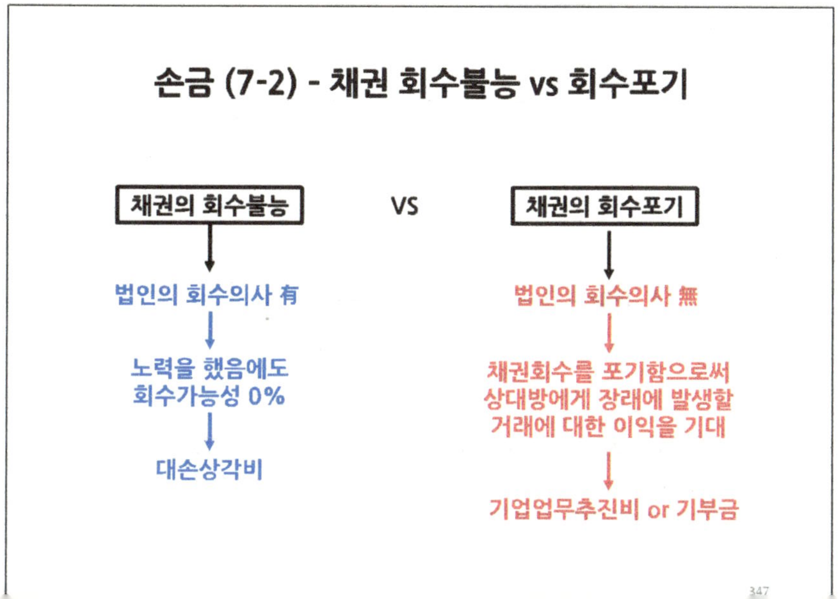
손금 (7-2) - 채권 회수불능 vs 회수포기
채권의 회수불능
VS
채권의 회수포기
법인의 회수의사 有
노력을 했음에도
회수가능성 0%
대손상각비
법인의 회수의사 無
채권회수를 포기함으로써
상대방에게 장래에 발생할
거래에 대한 이익을 기대
기업업무추진비 or 기부금
347

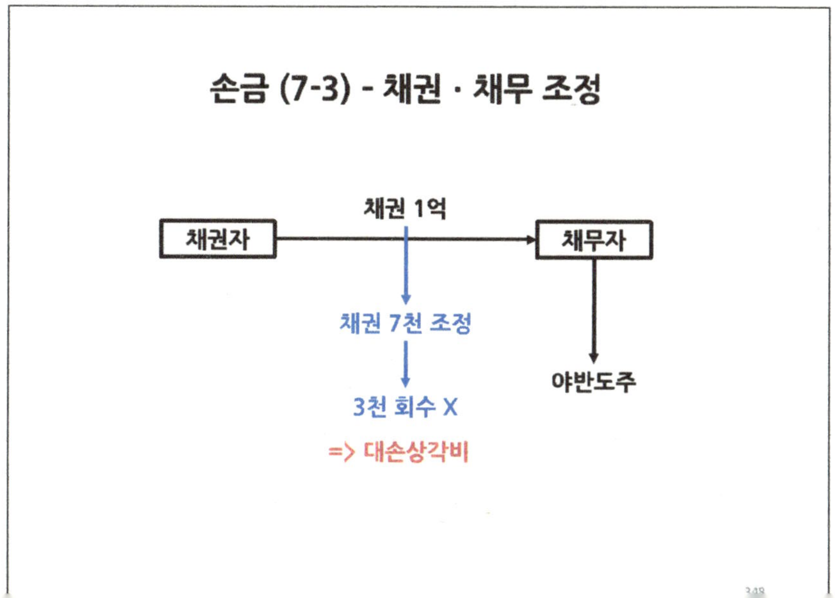
손금 (7-3) - 채권 · 채무 조정
채권 1억
채권자
채무자
채권 7천 조정
3천 회수 X
=> 대손상각비
야반도주

손금 (7-4) - 기부금

· 특정인
· 사업무관
· 무상제공

〈기부금〉

① 특례기부금 50%
② 우리사주조합기부금 30%
③ 일반기부금 10%(20%)

=> 국가의 공동선(공익)적 측면에서 국가가 해야 하는 사업을 민간영역에서 진행 => 지원(손금 일부 인정)

③ 비일반기부금(비지정기부금) → 직부인

기부금단체 => 국가가 기부금단체의 집행내역을 감시 가능 => 공제율 ↑

349

손금(7-5) - 기부금의 귀속시기

증여자 → 수증자

증여 약정	이행 2억	이행 2억	이행 2억	이행 2억	증여계약 취소 or 해지

10년간 매년 말일 2억씩 기부

증여계약 취소 or 해지
- 1) 서면계약
  - ① 증여자의 재산상태 악화
  - ② 수증자의 배신행위
  - ③ 합의해제 가능
- 2) 구두계약 : 언제든지 해지가능(∵입증불가)

350

손금 (8-1) - 기업업무추진비

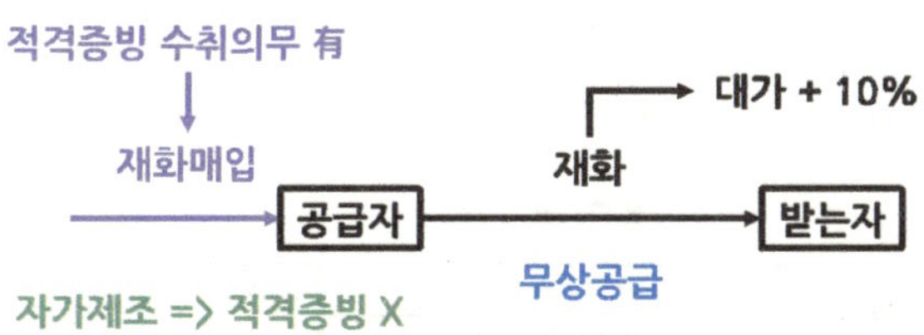

- 광고선전비, 견본품 => 매입세액공제, 손비처리
- 이외의 경우 => 사업상증여 => VAT과세 => 현물로 제공한 기업업무추진비(VAT 포함)

351

손금 (8-2) - 기업업무추진비 세무조정

1st) 직부인　　적격증빙 => 상호대사 가능한 모든 증빙

- 접대행위 X, 업무추진비 계상 => 〈손不〉 업무관련경비 XXX (상여)
- 접대행위 O, 적격증빙 미수취 => 〈손不〉 증빙불비업무추진비 XXX (기/유)
  (법인카드결제 X)
- 귀속시기 오류

2nd) 한도시부인

- 회사계상 업무추진비 = 전체업무추진비 - 직부인액
  (자산, 비용)
- 세법상 한도금액 = 기본한도 + 수입금액한도
  (기업회계상 매출액)

352

손금 (8-3) - 기업업무추진비 한도액

일반적인 경우 업무추진비 한도액 → 정부 20% 이상 출자 정부가 대주주 (× 70%) → 과점주주 존재 특정법인 (× 50%)

- 법인의 정상적 영업행위 → 영업비용 ↑ → 기업업무추진비 ↑
- 영업활동율 ↓ → 영업비용 ↓ → 기업업무추진비 ↓
- 과점주주 + 불로소득 → 임대업, 이자, 배당소득 → 영업행위 필요 X

업무추진비 한도 ↓
업무용승용차 ↓
성실신고의무 有

353

손금 (8-4) - 기업업무추진비(사례)

	<사례 1>	<사례 2>	<사례 3>	<사례 4>
회사계상액				
자산	6,500	3,500	6,000	10,500
비용	4,000	7,000	4,500	'0'
합계	10,500	10,500	10,500	10,500
세법상 한도	6,000	6,000	6,000	6,000
	<손不> 업무추진비 4,500 (기/유)	좌동	좌동	좌동
	<손入> 자산 500 (△유보)	N/A	N/A	<손入> 자산 4,500 (△유보)

354

손금(9-1) - 인건비(위임계약과 근로계약)

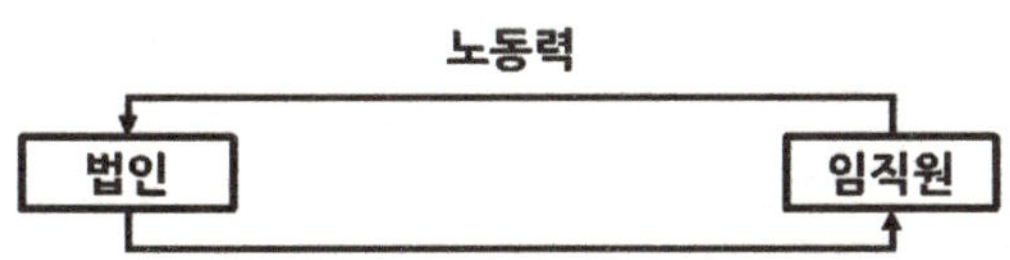

인건비 => 임금 + 상여 + 퇴직금

- 원칙) 손금산입
- 예외) 조세정책적목적 => 손금불산입

355

손금(9-2) - 인건비(위임계약과 근로계약)

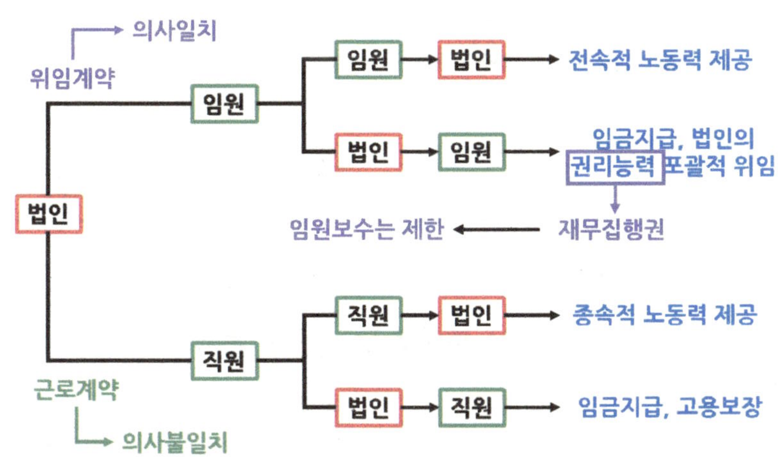

356

손금(9-3) - 인건비(손비인정범위)

인건비
- 임원 => 법인내부 지급약정 · 규정에 근거한 지급분만 손비인정
  - => 초과지급분 손비 X
- 직원 => 지급약정 금액 초과지급 손비인정
  - => 특수관계 X => 전액인정

357

손금(9-4) - 인건비(상여금)

- ① 급여에 포함된 상여금
  - => 연봉계약서 지급약정 => 전액 손비인정
- ② 회사 내규에 따라 지급하는 포상금 성격의 상여금
  - => 객관적 지급근거 명확 => 전액 손비인정 => 한도초과액 손비인정 X
- ③ 이익처분에 따라 지급하는 상여금
  - => 배당과 유사 => 손비인정 X
- ④ 소득처분에 따라 지급하는 상여금
  - => 통상적인 인건비에 해당 X => 손비인정 X

358

손금(9-5) - 인건비(퇴직금)

*퇴직금 => 현실적인 퇴직을 원인으로 집행하는 인건비
현실적인 퇴직 X => 지급 => 법인 → 임직원 자금대여

- 임원 =>원칙)
  - 회사내부 지급규정 有 => 규정 내 금액 손비인정
  - 회사내부 지급규정 無 => 세법상 한도 내 금액 손비인정
  - ↓ 초과지급분 => 손비인정 X
- 직원 =>
  - 원칙) 전액 손비인정
  - 예외) 특수관계 & 정상지급분 초과 => 손비인정 X

359

손금(9-6) - 인건비(퇴직금 한도초과액)

〈직원퇴직금 한도초과 지급액〉	법인	직원
직원 ─ 한도 내 금액 => 퇴직소득	손금산입	세부담 ↓
직원 ─ 한도 초과 금액 => 근로소득	손금산입	세부담 ↑

360

손금(9-7) - 인건비(임원퇴직금 한도)

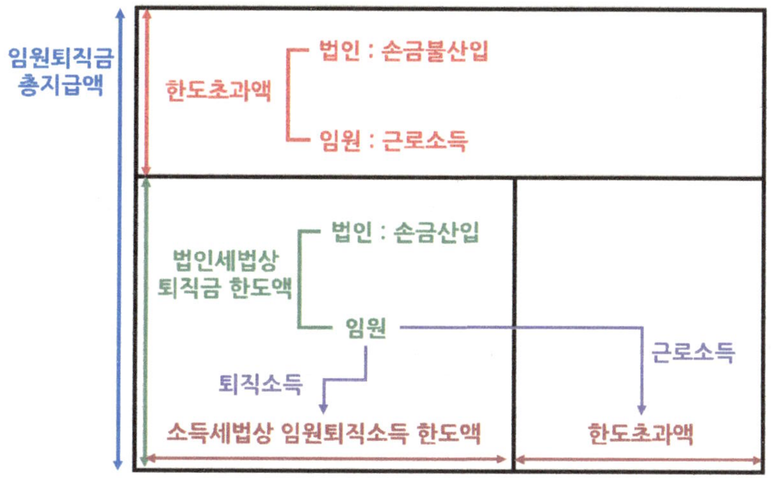

361

손금(9-8) - 복리후생비(파견근로자)

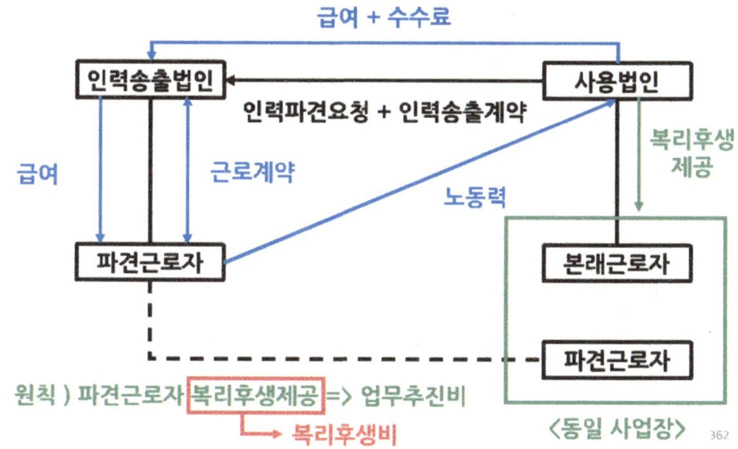

362

손금 (10-1) - 업무무관자산

- 손금 =>
  - 순자산 감소 (-)
    - 자본거래
    - 조세정책적목적 열거된 것
  - 사업관련성 有
    - 통상성
    - 수익대응성
    - 中 1 충족

- 통상성 =>
  - 동종업계 사회통념 고려
  - 반회사적 지출이 아닐 것

363

손금 (10-2) - 업무무관자산

- 토지 + 건물 => 리모델링기간 => 2년
- 토지 => 건물신축기간 => 5년

부동산취득 ← 유예기간 → 2년, 5년

- 취득목적
  - 사업용 => 업무용 판매장, 제조장 (유예기간 내 사업용으로 사용) — 업무사용 시작
  - 판매용 => 저가매입, 고가판매 => 판매기간 5년(유예기간)

364

손금 (11-1) - 업무용승용차 관련 비용

VAT 비영업용승용차 → 법법 업무용승용차

- 매입세액불공제
- 개별소비세 과세

법인차량을 업무용에 사용한 부분에 대하여 손금인정

업무용으로 사용하기 과도한 고가 승용차

↓

정상적인 취득가 기준 이익조절 방지

↓

감가상각 5년, 정액법, 800만원 한도 (신고조정)

365

손금 (11-2) - 업무용승용차 관련 비용

<소형승용차>	부가가치세법	법인세법
영업용	취득 · 유지관련 매입세액 => 공제	전액 손금인정
비영업용	취득 · 유지관련 매입세액 => 불공제	업무사용비율 부분만 손금인정

366

손금 (11-3) - 업무용승용차 관련 비용

<법인세법>

- 임직원전용보험가입 (법인임직원만 사용가능)
  - 미가입 → 전액 손不 (상여, 배당 등)
  - 가입 → 한도 내 손不(시부인계산)
- 차량운행일지 작성 (업무사용비율 객관적근거 제시)
  - 작성 → 업무사용비율에 대하여 손금인정
  - 미작성 → 1,500만원 인정
- 차량번호판 부착
  - 미부착 → 전액 손不 (상여, 배당 등)
  - 부착 → 한도 내 손入(시부인계산)

367

손금 (11-4) - 업무용승용차 관련 비용

Ex) 보험가입, 기록부 미작성 => 관련비용 3천만

=> 3천만원 × 1,500만원 / 3천만원

368

손금 (11-5) - 업무용승용차 감가상각비

Dep

- 일반적인 경우 => 결산조정 (내용연수, 상각방법 => 법인선택)
  - 회사 5천
  - 세법 7천
  - 차이 2천(시인부족액)
  - => 한도내 손비계상
  - => 전액인정
- 업무용승용차=> 신고조정 (내용연수, 상각방법 => 선택불가 + 한도액)
  - 회사 5천
  - 세법 7천
  - 차이 2천(시인부족액)
  - => 세법상 한도까지 강제 손금처리

〈손入〉 업무용승용차 감가상각비 2천만원 (△유보)

손금 (11-6) - 업무용승용차 관련 비용

〈감가상각비 한도초과액〉

Dep

- 일반적인 경우 => 회사계상액 VS 세법상 한도액
  => 한도초과액 => 손금불산입 (유보)
- 업무용승용차=>
  - 1st) 감가상각비 시부인(신고조정 정액법 5년)
  - 2nd) 총사용금액 中 업무무관비율 부인
  - 3rd) 업무관련 감가상각비 (한도 : 800만)

손금 (12-1) - 지급이자의 손금성

금전대여: A → ㈜ 甲, 원금 + 이자

사채업자 (미등록)→이자
대부업자 (등록) →사업

- 계속반복적 → 사업소득
- 일시우발적 → 이자소득
- 거주자

사업자금) 손금산입
사업무관) 손금불산입

지급시 원천징수 → 다음 달 10일 납부(소득의 종류, 지급액, 원천징수세액) → OK
↓
익년 2月 → 지급명세서 작성 및 제출(주체별 귀속소득금액 확정) → 가명, 차명 X

손금 (12-2) - 지급이자의 손금성

〈수입금액〉 A — 금전대여 → ㈜ 甲 〈비용〉

원금 + 이자

- 원칙) 손금(사업관련성 有)
- 예외)
  - 업무무관
  - 자산화 → 비용화
  - 지급자와 수령자 상호대사 X

손금 (12-3) - 지급이자(채권자불분명사채이자)

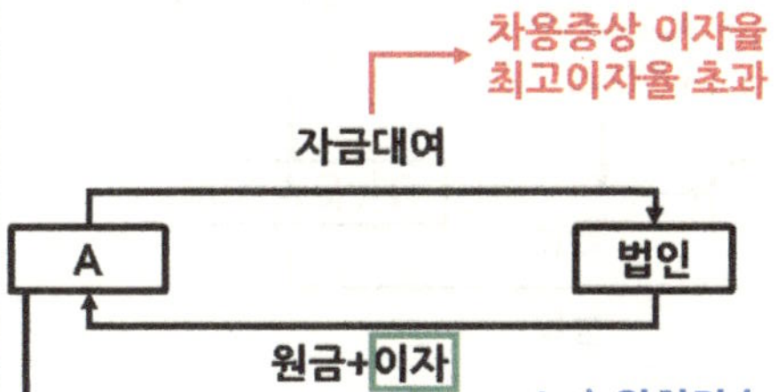

〈손不〉 채권자불분명 사채이자 → XXX (상여) XXX(기/유)

- 1st) 원천징수 → 익월 10日 납부 (지급소득종류, 금액, 원천세)
- 2nd) 지급조서 → 익년 2月(소득귀속자 확정)

- 대부업
  - 합법(최고이자율 준수) → 사업소득(필요경비 인정)
  - 불법(최고이자율 초과) → 사업소득(필요경비 인정), but 형사처벌
- 사채업 → 불법
  - 사업성有 → 사업소득=> 필요경비 인정
  - 이외 → 이자소득 => 필요경비 불인정

373

손금 (12-4) - 지급이자(지급받은자가 불분명한 경우)

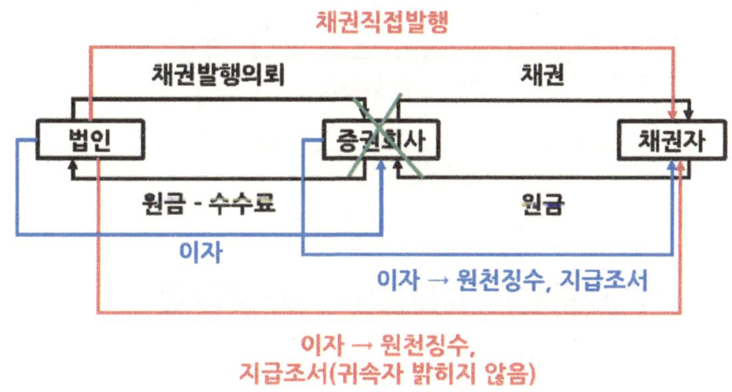

374

손금 (12-5) - 지급이자 자본화

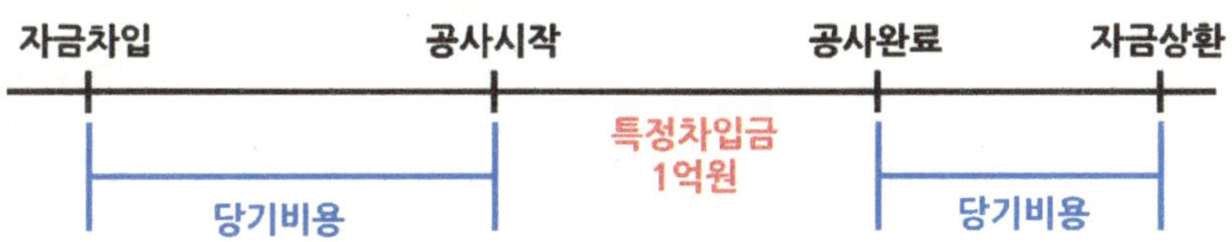

- K-IFRS → 강제자본화
- 일반기업회계기준 → 선택 → 비용
- 세법
  - 특정차입금 → 강제 → 자산
  - 일반차입금 → 선택

〈익入〉 건설자금이자 1억원 (유보)

375

손금 (12-6) - 지급이자 자본화

	IFRS	법인세법
〈적격자산〉	사업용 유 · 무형 고정자산 →	인정 O
	취득시까지 1년↑ 재고자산 →	인정 X
	투자자산 →	인정 X
〈자본화여부〉	특정차입금 → 강제	특정차입금 → 강제
	일반차입금 → 강제	일반차입금 → 선택

376

손금 (12-7) - 지급이자 자본화

건설자금이자
- 회사 => 비용
- 세법 => 자산

자산↑
- 자산화 대상 이자 과소 계상
- 비용화 대상 이자 과대 계상

- 비상각자산 => <손不> 자산 XXX (유보) => 처분 시 반대 조정(추인)
- 상각자산
  - 건설완료 => 비용계상이자 => Dep(해당연도 시부인 대상 포함)
    - 회사 계상 = 2천 + 1천
    - 세법 = 2천5백
    - <손不> Dep 한도초과 500 (유보)
  - 완료 X => 비용계상(1천) => <손不> 자산 1천 (유보)
    - 완공시 => 완공연도 Dep 시부인
    - 회사 계상 = 2천+1천
    - 세법 = 2천5백
    - <손入> 자산 500 (△유보)
    - 반대조정 (추인)

377

손금 (12-8) - 지급이자 자본화

<재고자산> => 1억원

*재고자산 취득기간 = 2년

*재고자산 취득기간 中 발생이자 = 3천만

3천만
- 회사 => 자산 => 재고자산가액 1.3억
- 세법 => 비용 => 재고자산가액 1억

<손금산입> 재고자산 3천만원 (△유보)

↓ 처분시

<익금산입> 재고자산 3천만원 (유보)

378

손금(12-9)-업무무관자산과 업무무관 가지급금

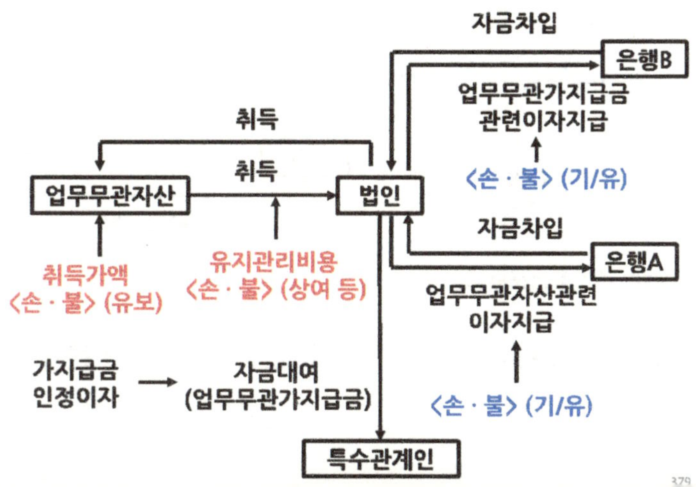

379

손금 (12-10) - 지급이자(원천세 대납)

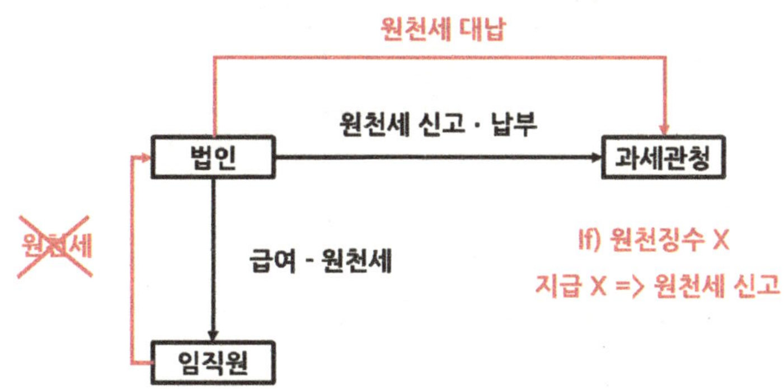

380

손금(12-11) - 업무무관 가지급금

업무무관 가지급금
- 인정이자 계산 : (부계부) 규정에 의하여 All자산 계산 대상
- 지급이자 부인 : 업무무관인 경우에 한하여 지급

주총 —— 3月 —— 미지급 상태

배당결의 —— 지급시기 의제

급여상여 → 12月말 미지급 시 → 2月말 지급시기 의제

381

감가상각비(1) - 개요

사업용 유형 · 무형고정자산 → 자산취득

수익창출활동 (자산취득 → 5년)

취득가 1억 | 매출 3억 | 매출 3억 | 매출 3억 | 매출 3억 | 잔존가치 '0'

매출 (수입금액)

취득가 1억 → 비용의 기간간 배분 => Dep

↓

회사내부사정 반영한 의사결정 존중 but, 이익조절 방지 => 한도시부인

↓

세법상 한도액 => 법령화
- ① 취득가 산정방식
- ② 내용연수
- ③ 상각방법
- ④ 잔존가치

382

감가상각비(2) - 연구 · 개발비

연구단계	개발단계
상업화 대상 제품 모색	상업화 결정 제품 상업화 단계
연구비 => 당기비용	↓

- 경상개발비 => 기업회계기준상 자산인식요건 충족 X => 당기비용
- 개발비 => 기업회계기준상 자산인식요건 충족 O
  => 결산시 자산계상 => 세법상 자산 Ok

383

감가상각비(3) - 자본적지출과 수익적지출

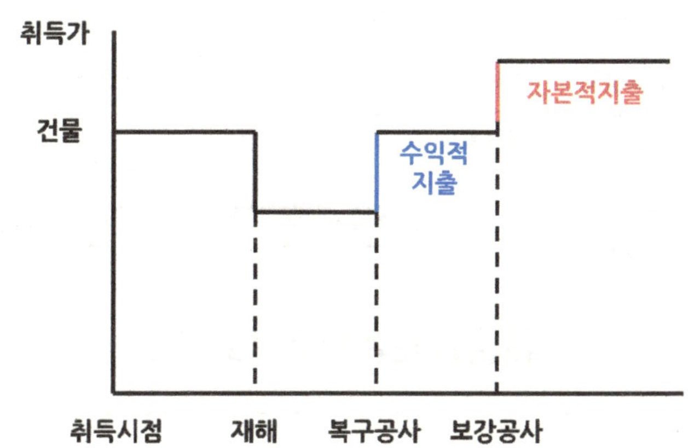

384

감가상각비(4) - 내용연수

원칙
- 시험 · 연구용자산, 무형고정자산 => 법정내용연수
  - 변동가능성 X, 경영진의 의사결정반영 X
- 이외의 고정자산 => 신고내용연수 => 기준내용연수 ± 25%
  - 6년 — 8년 — 10년 (선택 / 선택)

특례
- 경제환경 및 경영상 사유로 가속·감속상각이 필요한 경우
  => 내용연수 특례 => 기준내용연수 ± 50% 또는 25%
- 중고자산 매입 => 수정내용연수 => 기준내용연수 ± 50%

385

손금(5)-감가상각시부인

기계장치 취득원가 1억, n = 5년, m = 정액법

	X1년	X2년	X3년	X4년	X5년	X6년
회사	4,000	'0'	2,000	2,000	2,000	2,000
세법	2,000	2,000	2,000	2,000	2,000	0

- X1년: 한도초과 2,000 <손 · 불>(유보)
- X2년: 시인부족 2,000 → 자동손금추인
- X6년: 결산분개를 통한 손금산입 가능
- 이익조절 목적의 손금추인 방지

386

감가상각비(6-1) - 즉시상각의제

- 감가상각자산 취득 => 자산계상(원칙)
- 회사가 비용처리 => 세법 인정 X
  - 회사가 Dep 계상 의제 => 한도시부인
  - => 회사가 계상한 비용을 세법상 자산으로 전환

(특례) 회사가 계상한 비용을 세법에서 그대로 인정
=> 즉시상각특례 => ① 소액자산 ② 소모성자산

387

감가상각비(6-2) - 즉시상각의제

1.1 준공 => 건축비 100억, n = 40년, m = 정액법

건물 / 1년 임대수익 5억원
=> 정상임대수익 = 5억 - 2.5억 = 2.5억
=> (+) 2.5억

정상
- (차) 건물(자산) 100억 (대) 현금등 100억
- (차) Dep 2.5억 (대) Dep 누계 2.5억
- (차) 현금 5억 (대) 임대수익 5억

즉시상각의제 ↑

자산 비용화
- (차) 건물(비용) 100억 (대) 현금 등 100억
- (차) 현금 5억 (대) 임대수익 5억

=> (-) 95억

- 회사계상Dep 100억
- Tax 한도 2.5억

<손不> 상각부인액 97.5억 (유보)

388

감가상각비(7-1) - 감가상각의제

감가상각의제 => 기업의 이익조절방지

감가상각비 => 결산조정사항
↓
세법상 한도 내 손비인정(계상)
↓
과소계상 인정(원칙)
↓
이익조절목적 과소계상 인정 X

389

감가상각비(7-2) - 감가상각의제

기계장치 취득원가 1억, n = 5년, m = 정액법

조세특례제한법 법인세 100% 감면적용 (↓ X2년)

	X1년	X2년	X3년	X4년	X5년	X6년
회사	2,000	'0'	2,000	2,000	2,000	2,000
세법	2,000	2,000	2,000	2,000	2,000	

강제상각 2,000

X6년 2,000 → (원칙) 인정

X2년 '0' → 이익조절목적 → 인정X

390

충당금과 준비금 (1) - 개요

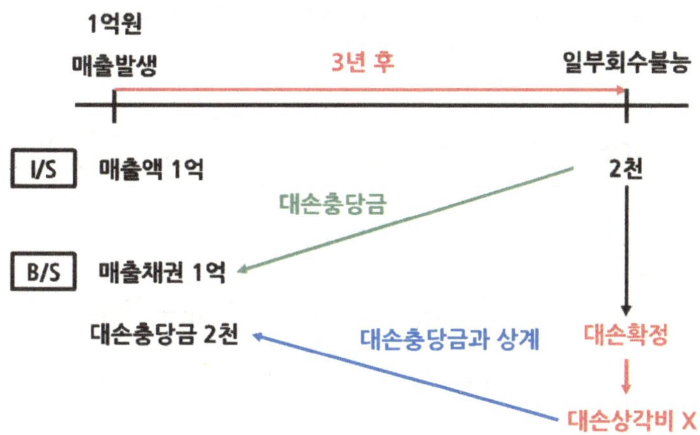

391

충당금과 준비금 (2) - 고유목적사업준비금

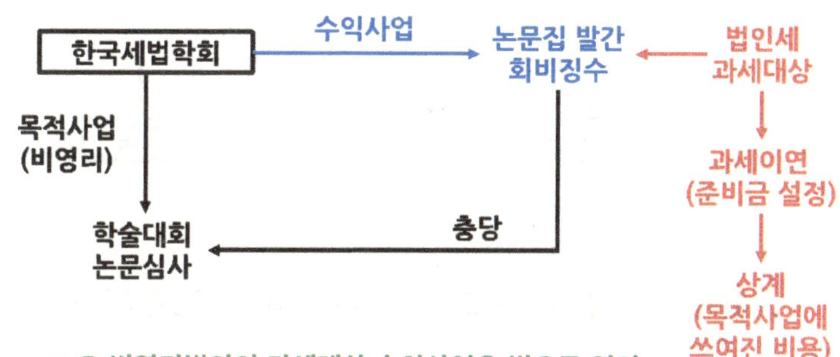

① 비영리법인의 과세대상 수익사업은 법으로 열거

② 과세대상 소득 中 요건충족 => 고유목적사업지출금과 상계

392

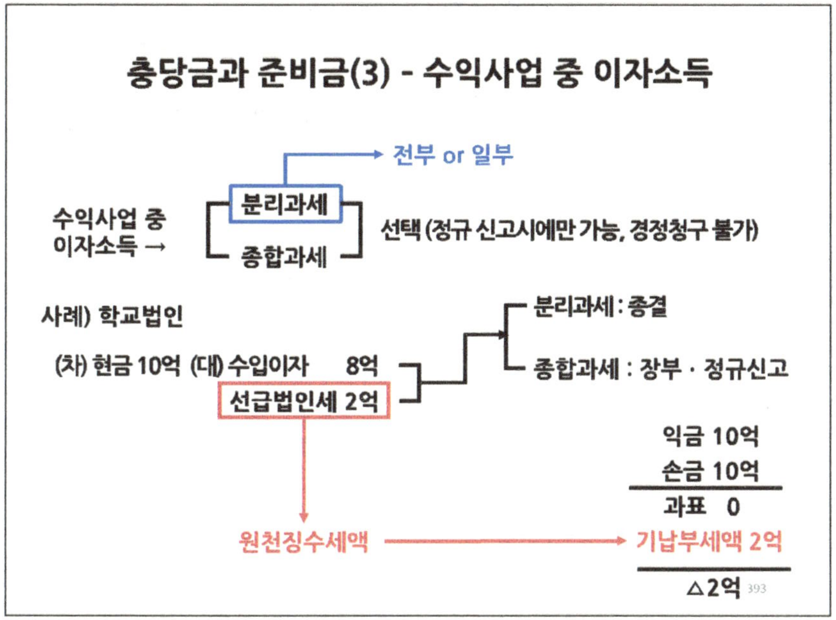
충당금과 준비금(3) - 수익사업 중 이자소득
전부 or 일부
수익사업 중 이자소득 →
분리과세
종합과세
선택 (정규 신고시에만 가능, 경정청구 불가)
사례) 학교법인
(차) 현금 10억 (대) 수입이자 8억
선급법인세 2억
분리과세 : 종결
종합과세 : 장부 · 정규신고
익금 10억
손금 10억
과표 0
원천징수세액
기납부세액 2억
△2억
393

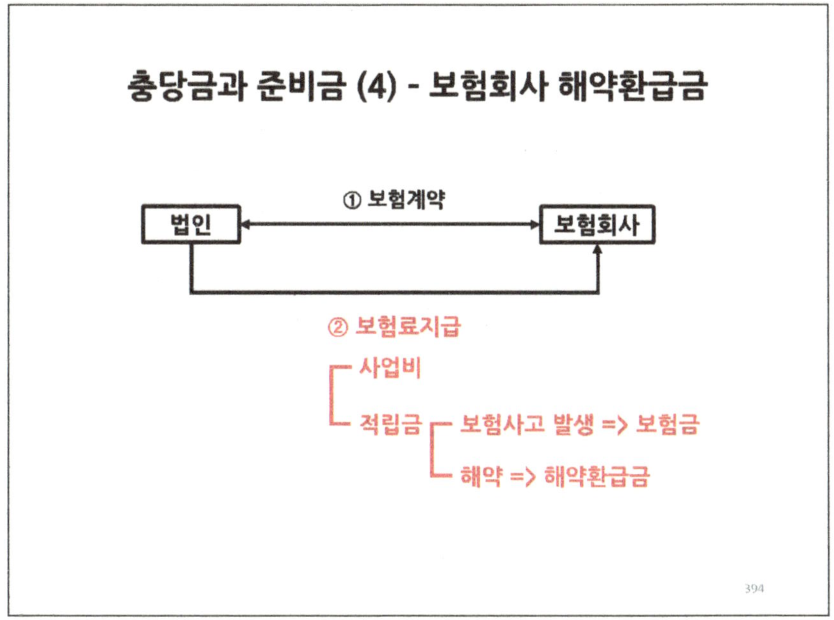
충당금과 준비금 (4) - 보험회사 해약환급금
① 보험계약
법인
보험회사
② 보험료지급
사업비
적립금
보험사고 발생 => 보험금
해약 => 해약환급금
394

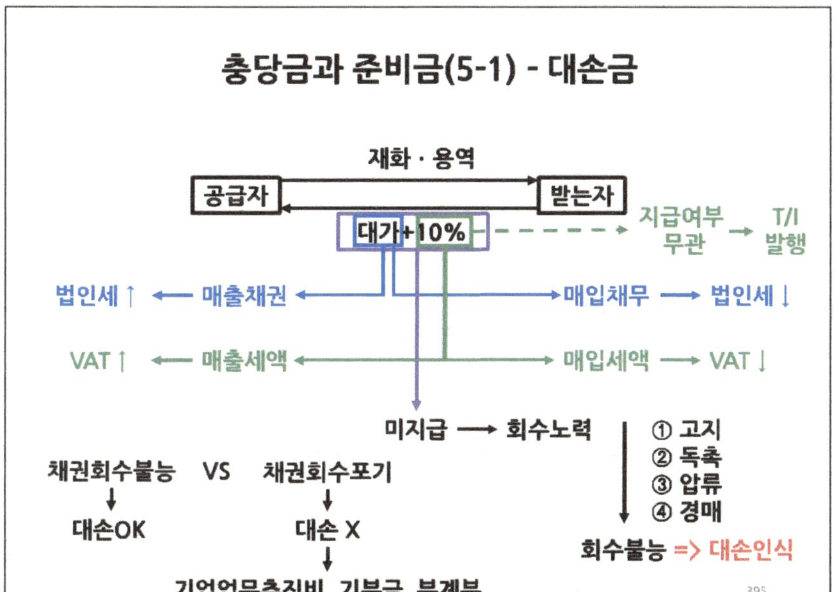
충당금과 준비금(5-1) - 대손금
재화 · 용역
공급자
받는자
대가+10%
지급여부 무관 → T/I 발행
법인세 ↑ ← 매출채권
매입채무 → 법인세 ↓
VAT ↑ ← 매출세액
매입세액 → VAT ↓
미지급 → 회수노력
① 고지
② 독촉
③ 압류
④ 경매
회수불능 => 대손인식
채권회수불능 VS 채권회수포기
대손OK
대손 X
395

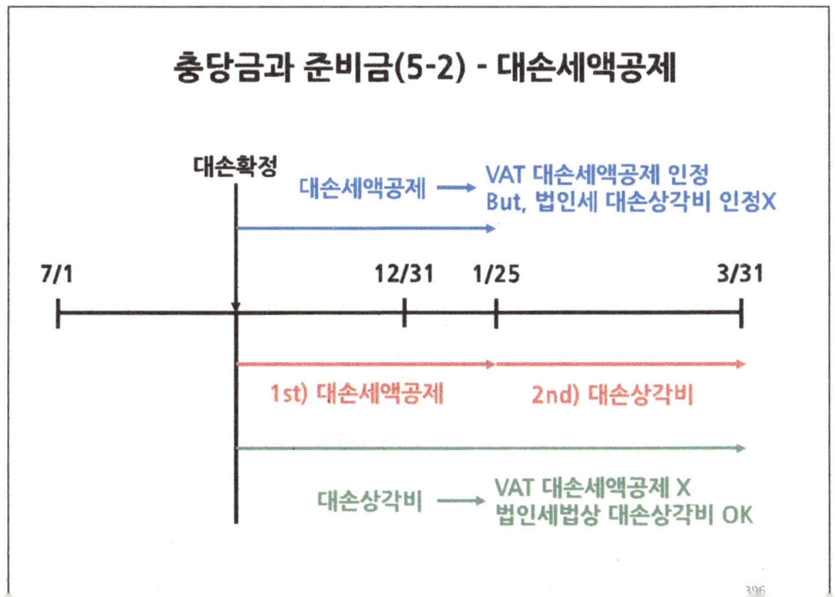
충당금과 준비금(5-2) - 대손세액공제
대손확정
대손세액공제 → VAT 대손세액공제 인정
But, 법인세 대손상각비 인정X
7/1
12/31
1/25
3/31
1st) 대손세액공제
2nd) 대손상각비
대손상각비 → VAT 대손세액공제 X
법인세법상 대손상각비 OK
396

충당금과 준비금 (5-3) - 대손(구상채권)

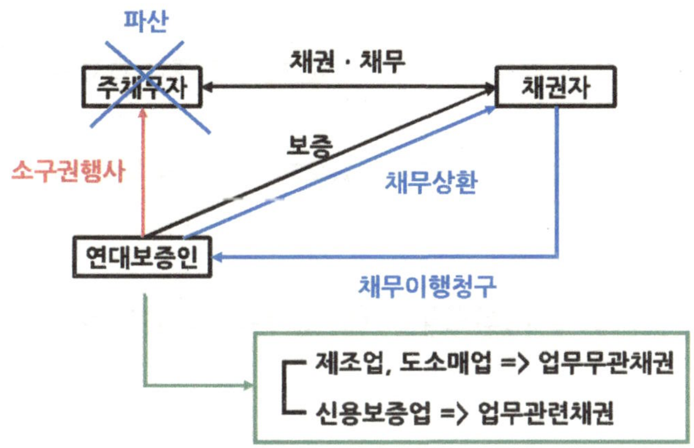

397

충당금과 준비금 (5-4) - 대손금

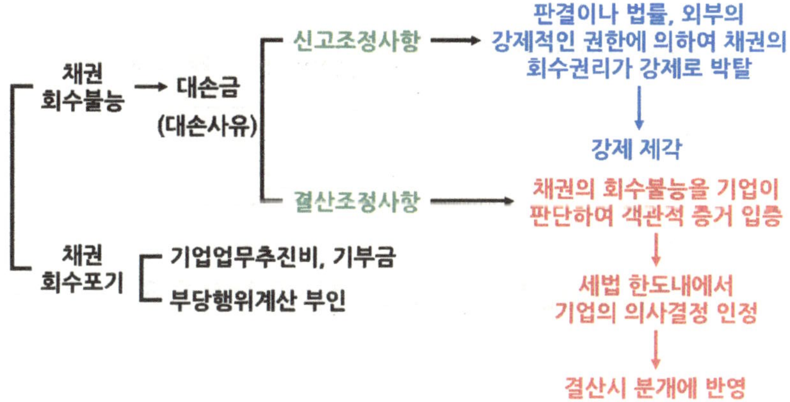

398

충당금과 준비금 (5-5) - 대손사유

신고조정사유 => 기업의 의사와 무관하게 법률에 의하여 기업의 채권회수 권한이 강제로 소멸되는 조정

- 원칙) 기업이 결산 시 대손인식
- 결산 시 미계상) 강제로 채권잔액 제각

결산조정사유 => 세법이 기업의 의사를 존중하여 기업이 계상한 대손상각비를 세법상 한도 내에서 인식

- 원칙) 회사가 결산조정을 통하여 대손인식 => 세법상 한도내 인정
- 결산시 미계상) 대손상각비 X

399

충당금과 준비금 (5-6) - 소멸시효

시효 => 권리가 존속하는 기간

시효기간 내 권리 미행사 => 국가는 더 이상 권리보호 X

채권시효기간의 완성 => 법에서 정한 기한내 법인이 채권에 대한 회수권한 행사 X => 행사 가능하나 행사 X

If) 회수의사 X => 보호 X => 법인의 의사와 무관하게 채권잔액 '0'

400

충당금과 준비금(5-7)- 채무자 재산에 대한 경매 취소 압류채권

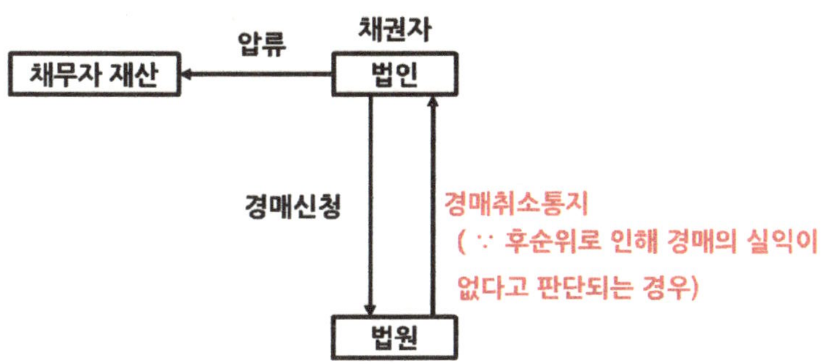

401

충당금과 준비금 (5-8) - 대손(어음)

대금결제 X
=>부도발생
(대손기산)

- 소멸시효 완성 => 신고조정에 의한 대손사유
- 부도~6月경과 => 결산조정에 의한 대손사유

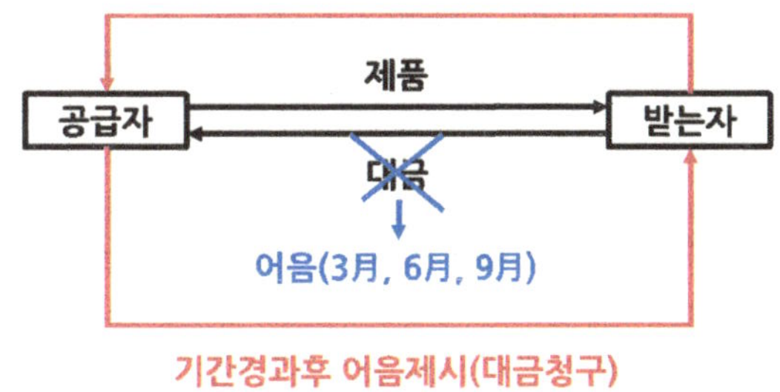

402

충당금과 준비금 (5-9) - 대손충당금 세무조정

1st) 전기말(당기초) 유보잔액 세무조정

2nd) 당기 대손금 세무조정

3rd) 당기 대손충당금 세무조정 당기말 세무상 채권가액산정

403

충당금과 준비금 (6-1) - 퇴직급여충당금

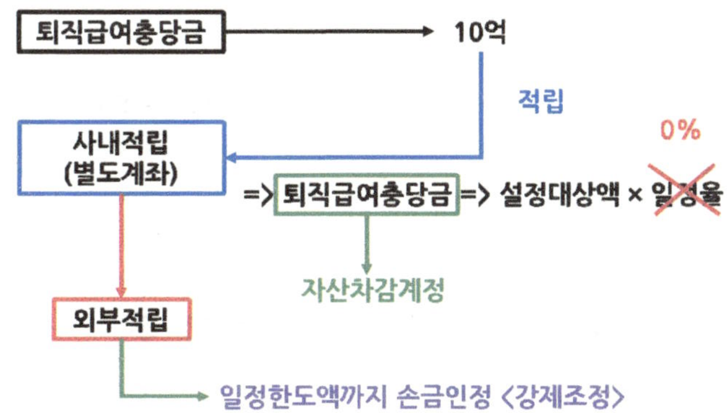

404

충당금과 준비금 (6-2) - 비현실퇴직자에게 지급하는 퇴직금

① 퇴사의사표시

법인 ⇄ 직원

② 수리 + 급여 + 퇴직금

퇴직금 → 임직원의 퇴사를 이유로 지급하는 금액

If) 퇴사 X => 퇴직금 지급 => 인정 X
↓
세무상처리 => 법인 → 직원 자금대여

If) 회사가 자금대여액 비용처리

회사 => 비용
세법 => 비용 X
→ 비용 ↓

<손入> 업무무관 가지급금 (△유보) ←—— <손不> 업무무관 가지급금 (유보)

405

충당금과 준비금 (6-3) - 비현실퇴직자에게 지급하는 퇴직금

퇴직급여충당금 =>
최초 : 자산의 차감 ↑
상계 : 자산의 차감 ↓
부인 : 자산의 차감 ↑

<손不> 업무무관 가지급금 (유보) —실제지급→ <손入> 업무무관 가지급금 (△유보)

<손入> 퇴충 (△유보) —실제지급→ <손不> 퇴충 (유보)

406

충당금과 준비금 (6-4) - 퇴직연금충당금

일정한도액까지 손금인정 <강제조정>

<퇴직연금충당금>

- DC형 => 적립후 운용책임 => 종업원 => 회사입장 : 비용처리(인건비)
- DB형 => 적립후 운용책임 => 회사 => 회사입장 : 내부 회계일부 → 세무조정대상

407

충당금과 준비금 (6-5) - 확정기여형과 확정급여형

- DC형 => 확정기여형 => 비용처리(인건비의 일부)
  - 임원 => 한도액까지만 손금인정
  - 직원 => 전액손금인정
- DB형 => 확정급여형 => 세무조정대상 => 한도까지 일정금액 손금산입

408

충당금과 준비금 (7) - 국고보조금

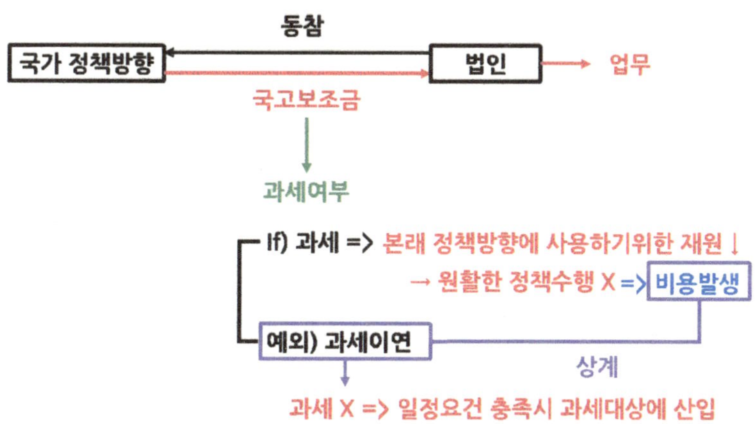

409

충당금과 준비금 (8) - 보험차익

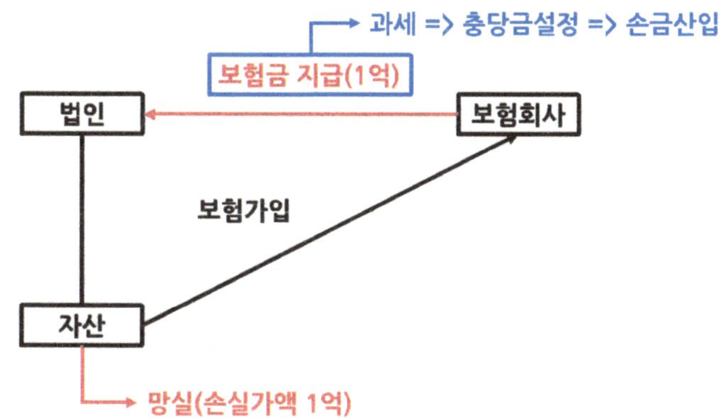

410

손익의 귀속시기 (1) - 개요

1) 원칙 : 권리 · 의무 확정주의 → GAAP상 실현주의, 발생주의의 모호한 개념보다 법률적 판단이 가능한 기준
   ↓ 익금 · 손금
2) 구체적 거래 형태별 손익귀속시기 별도로 규정 → 발생빈도 많은 거래
3) 2)에 없는 거래 : 1)을 적용
4) 1)~3) 적용 불가 → GAAP 적용가능 → 세법에 특별한 규정X → 계속 적용하던 GAAP 적용 가능

411

손익의 귀속시기 (2) - 위탁판매

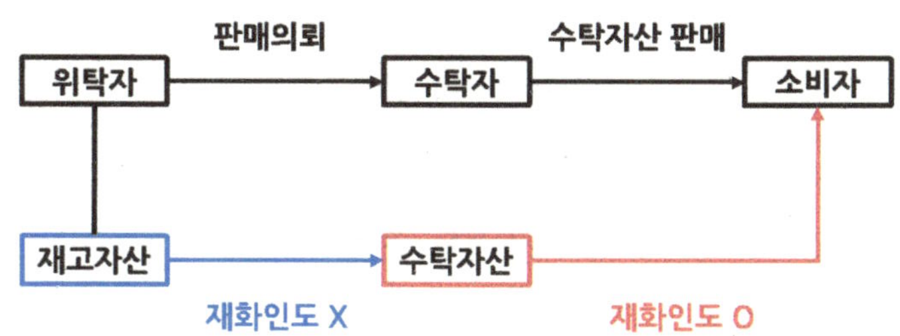

412

손익의 귀속시기(3) - 상품권 판매

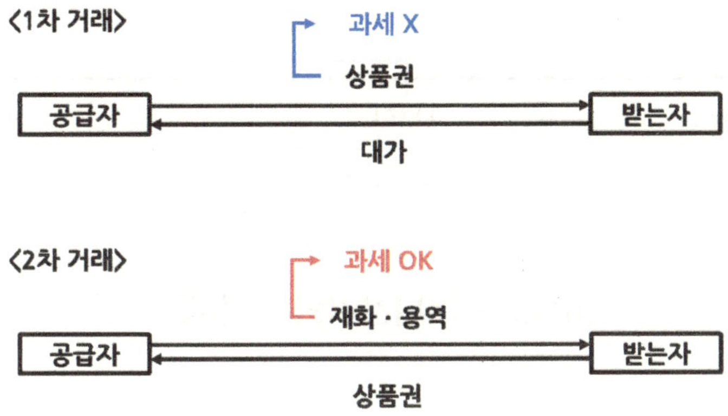

413

손익의 귀속시기(4-1) - 장기할부판매

- 장기 => 계약일 ~ 잔금지급일 기간 1년↑
- 할부 => 대가를 2회 이상 분할하여 지급

414

손익의 귀속시기(4-2) - 인도 VS 회수기일

매매가 1억 (원가율 80%), 매 분기말 2,500만원씩 회수

		(인도) 7/1	(회수기일) 9/30	12/31	3/31	6/30	
<Case.1> 1.1 인도	매출 1억						
	원가 0.8억						
<Case.2> 회수기일 도래기준	매출		2,500	2,500	2,500	2,500	1억
	원가		(2,000)	(2,000)	(2,000)	(2,000)	8천

- 원칙) 결산 시 장부에 계상 => 인정 O
- 예외) 중소기업 => 결산시 장부누락 => 신고조정 인정 O

415

손익의 귀속시기(5) - 용역의 제공

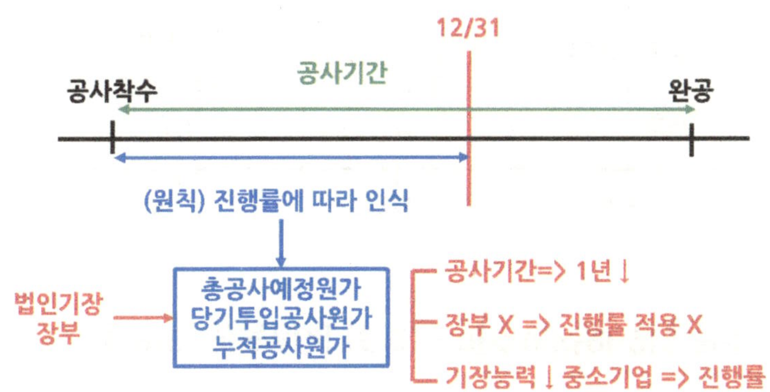

- 공사기간=> 1년↓
- 장부 X => 진행률 적용 X
- 기장능력↓중소기업 => 진행률 적용 X

=> 인도기준 적용

416

손익의 귀속시기(6-1) - 수입이자

=> 발생주의 => 기업회계 인정

수입이자 => 결산확정 시 경과한 기간에 대응하는 이자는 계상한 사업연도에 익금으로 한다.

=> 원천징수액은 제외

원천징수
- 대상 => 국내에서 대가를 지급하는 자(원칙)
- 제외 => 법에서 열거한 일정 사업자, 단체

원천징수대상 소득의 경우 세법에서 인정 X => 세무조정

<손불> 미수이자 (△유보)

417

손익의 귀속시기 (6-2) - 미수이자와 원천징수

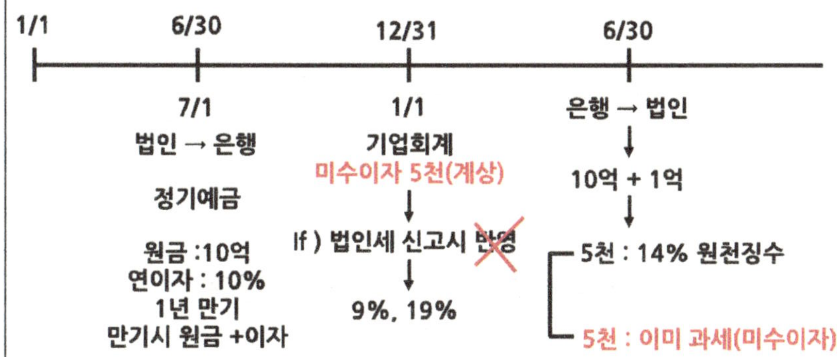

418

손익의 귀속시기 (7) - 개발비

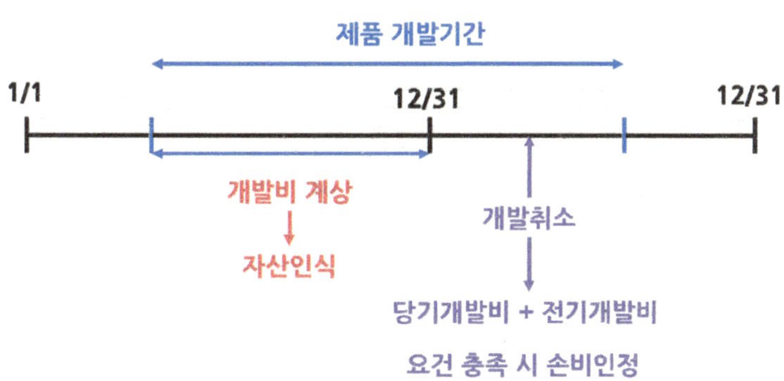

419

자산 · 부채평가(1) - 저가매입

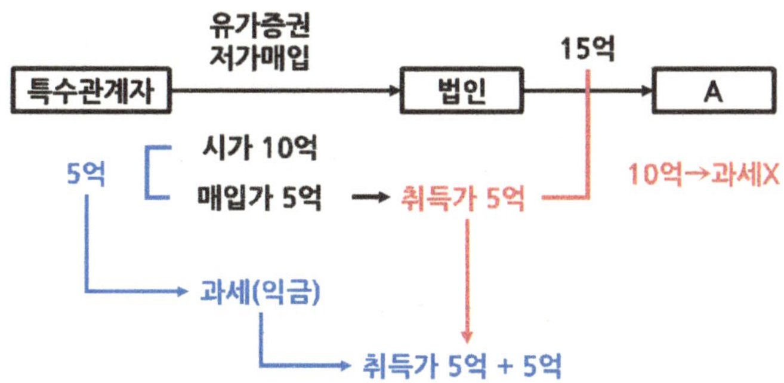

420

자산 · 부채평가(2-1) - 재고자산평가

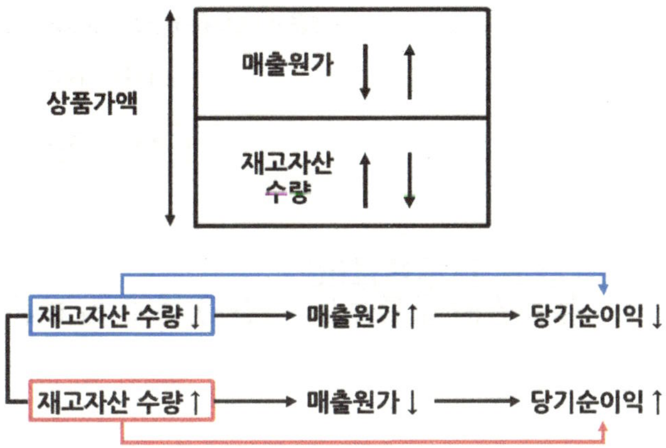

421

자산 · 부채평가(2-2) - 재고자산평가

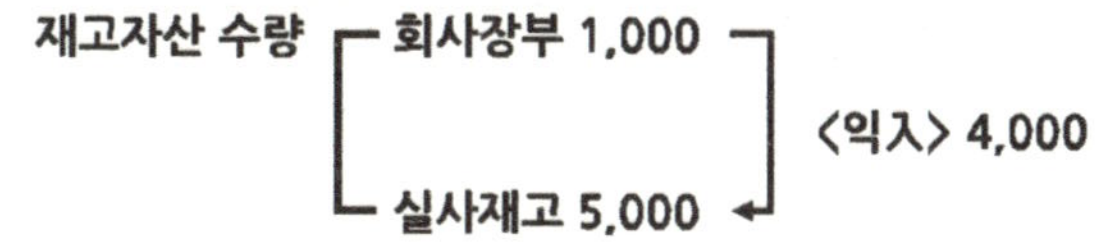

422

합병 및 분할 (1) - 합병절차

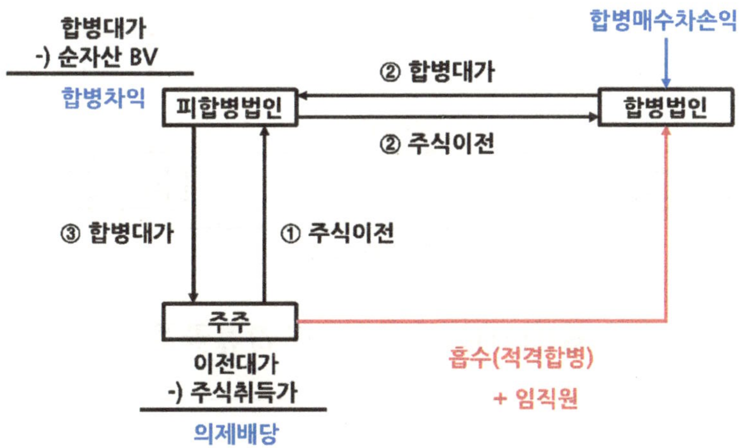

423

합병 및 분할 (2-1) - 적격합병(인격합일설)

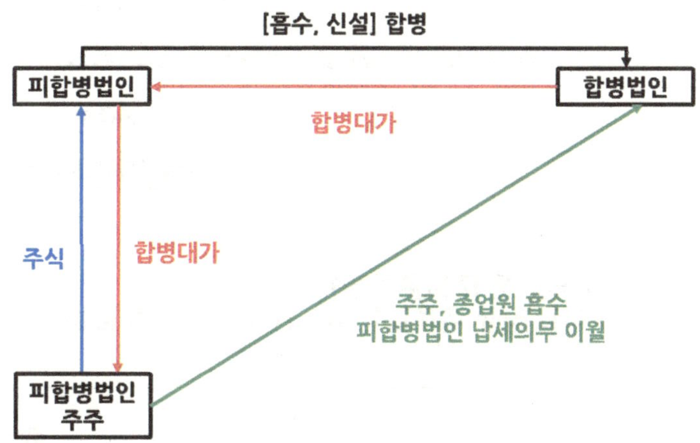

424

합병 및 분할 (2-2) - 비적격합병 (현물출자설)

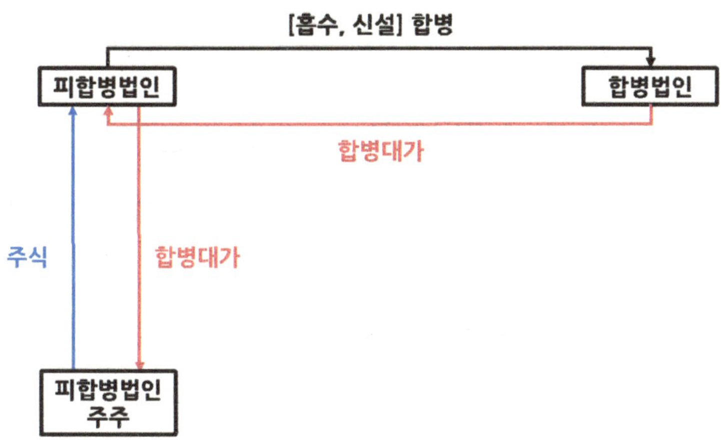

425

합병 및 분할 (3-1) - 비적격합병 세무처리 (피합병법인 및 주주)

피합병법인과 주주

Ⅰ. 피합병법인

1) 양도차익 : 익금산입(합병대가 - T.순자산가액)

2) 청산소득 과세제외

Ⅱ. 주주

의제배당 과세

426

합병 및 분할 (3-2) - 적격합병 세무처리 (피합병법인 및 주주)

피합병법인과 주주

Ⅰ. 피합병법인

(합병대가 - T.순자산가액) = 양도차익 → 합병법인으로 이월과세

Ⅱ. 주주

의제배당 과세이연

427

합병 및 분할 (4-1) - 합병대가 및 포합주식

양도가액 (합병대가)
- 합병교부주식 + 교부금
- 합병포합주식가액 → **합병포합주식**
- 대납 법인세

428

합병 및 분할 (4-2) - 합병포합주식

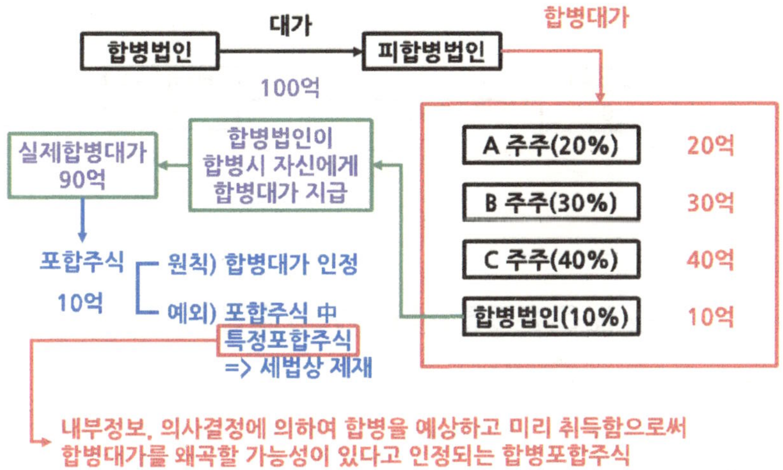

429

합병 및 분할 (4-3) - 합병포합주식

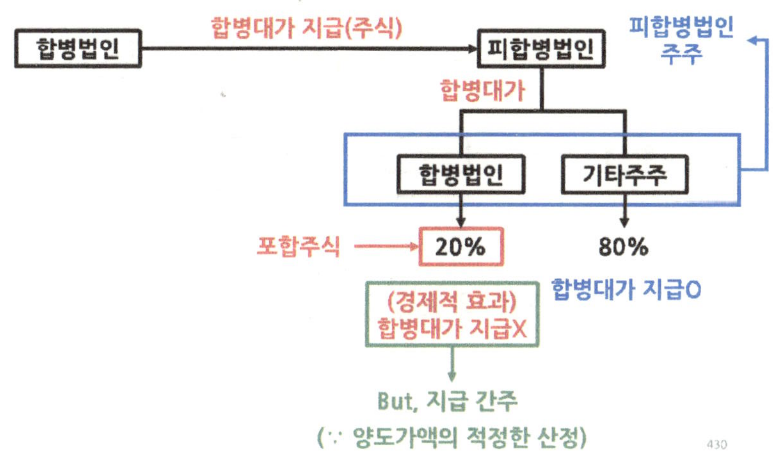

430

합병 및 분할 (4-4) - 지분의 연속성 및 포합주식

지분의 연속성 요건

$$\frac{\text{합병법인 교부주식 가액} - \text{특정포합주식}}{\text{총합병대가}} \geq 80\%$$

① 기간 요건	② 합병법인 요건	③ 금전지급 의제
2년 이내 취득	㉠ 피합병법인의 지배주주X	합병포합주식 > 피합병법인 출자총액×20% → 합병포합주식 - 출자총액 × 20%
		합병포합주식 < 피합병법인 출자총액×20% → N/A
	㉡ 피합병법인의 지배주주O	→ 합병 포합주식 등에 교부 · 간주한 합병교부주식

431

합병 및 분할 (5-1) - 비적격합병 세무처리 (합병법인)

합병법인

적격합병 : 자산조정계정 =>이월과세

1) 합병매수차손익 : 시가로 매수, 합병대가 vs 시가
   - ① 합병대가 < 시가 : 합병매수차익 (5년간 균등 익금산입)
   - ② 합병대가 > 시가 : 합병매수차손 (5년간 균등 손금산입)
     → 영업권 성격인 경우에만 인정

2) 이월결손금 및 세무조정 사항의 승계
   - ① 피합병법인 이월결손금 승계 불가
   - ② 피합병법인 세무조정 사항 승계 불가(원칙) → 퇴충, 대충은 승계 가능

3) 최종 사업연도 소득금액 계산
   - ① 유보 → 손금, ② △유보 → 익금

432

합병 및 분할 (5-2) - 비적격합병 세무처리 (합병법인)

합병법인

합병대가 = 130억 ⟶ 실제 합병법인이 지급한 합병대가

피합병법인 순자산시가 = 100억 ⟶ 합병법인이 정상적으로 지급하여야 할 합병대가

30억 → 합병매수차손
- 원칙) 당기손비
- 예외) 자산(영업권, 기술)의 대가성 입증
  - => 자산처리 후 Dep
  - => 계상 결산분개

433

합병 및 분할 (5-3) - 적격합병 세무처리

합병법인

1) 자산조정계정 (자산 vs 부채)

BV로 매수 자산조정계정을 세법상 인정 → [익금, 손금] 으로 처리

2) 이월결손금 및 세무조정 사항의 승계

① 피합병법인의 이월결손금 승계 가능 다만, 승계 받은 사업에서 발생한 소득금액 범위 내 공제 가능

② 피합병법인의 모든 세무조정사항 승계

3) 자산처분손실 제한

승계 받은 사업에서 발생한 소득금액 범위내에서 공제 가능

434

합병 및 분할 (5-4) - 이월결손금 승계 제한

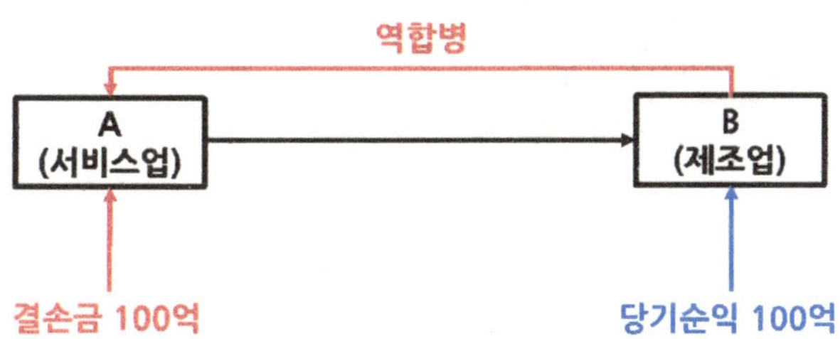

435

합병 및 분할 (6-1) - 완전분할, 분완전분할

〈불완전분할〉

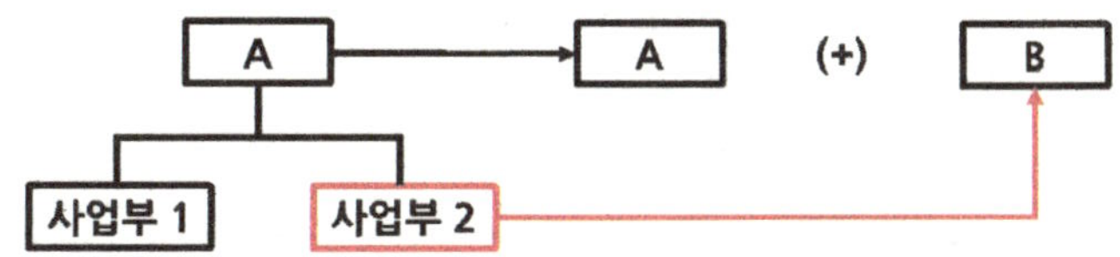

〈완전분할〉

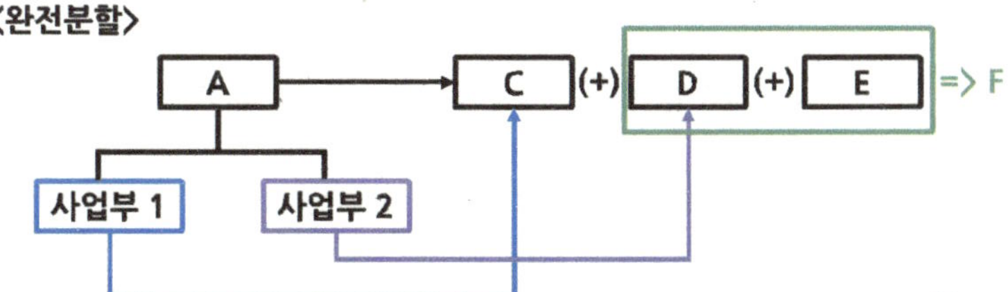

436

합병 및 분할 (6-2) - 인적분할과 물적분할

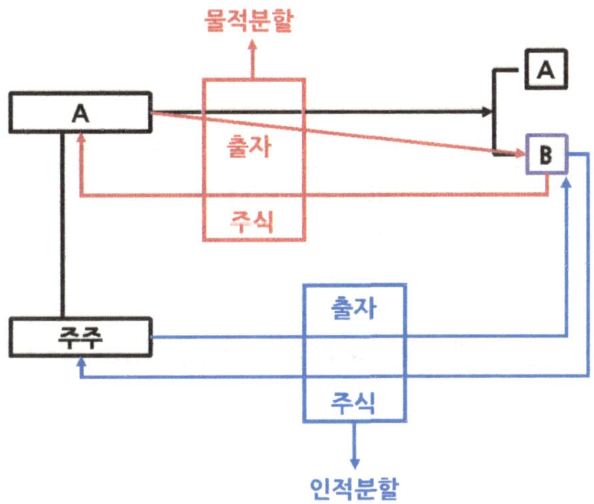

437

합병 및 분할 (6-3) - 지주회사

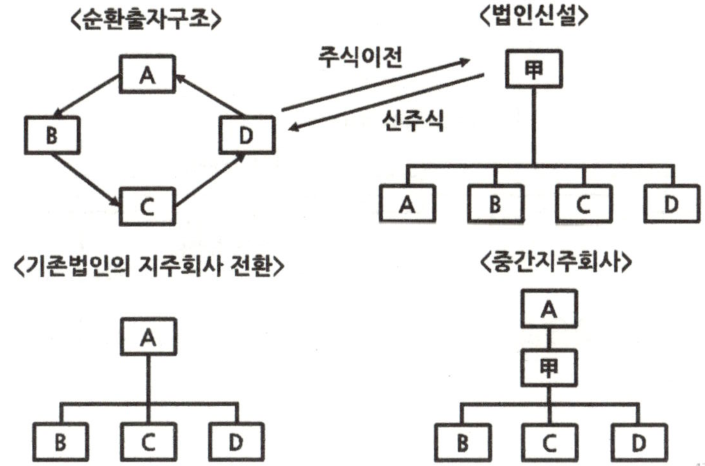

438

합병 및 분할 (7) - 현물출자

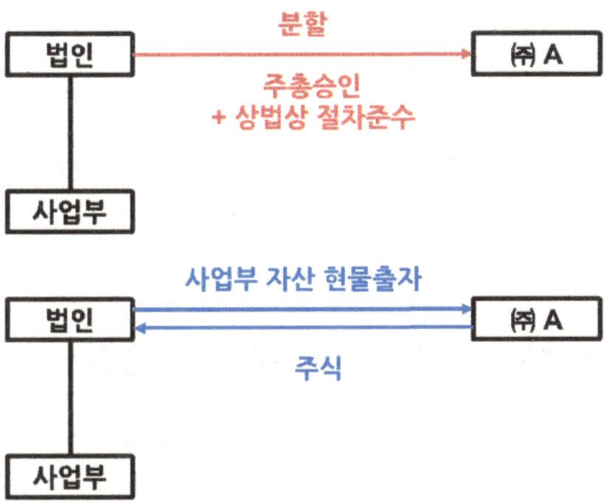

439

부당행위계산 부인 (1-1) - 개관

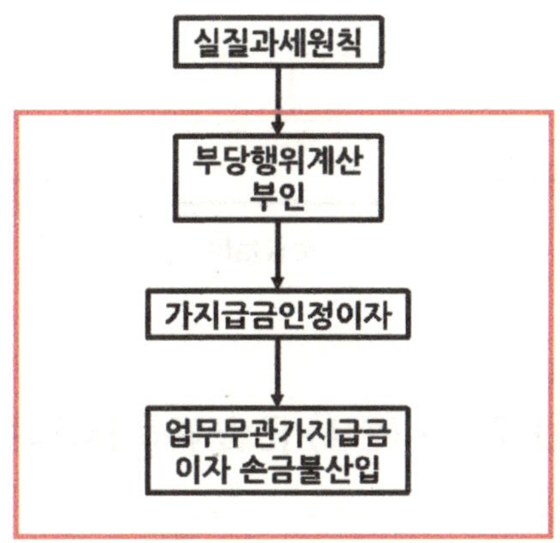

440

부당행위 계산 부인(1-2) - 자산의 이전

- 무상이전 =>
  - 생전이전 => 증여세 => 수증자에게 증여세 과세
  - 사후이전 => 상속세 => 상속인에게 상속세 과세
- 유상이전 => 양도차익에 대하여 양도자에게 양도세 과세

441

부당행위계산 부인 (1-3) - 이중과세

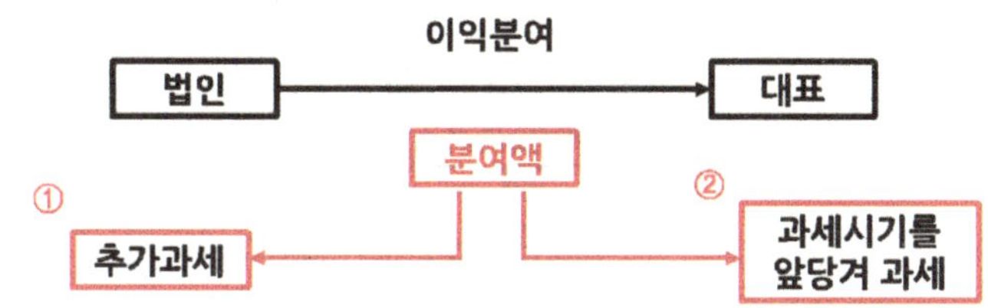

442

부당행위계산 부인 (2-1) - 실질과세원칙과 부당행위계산 부인

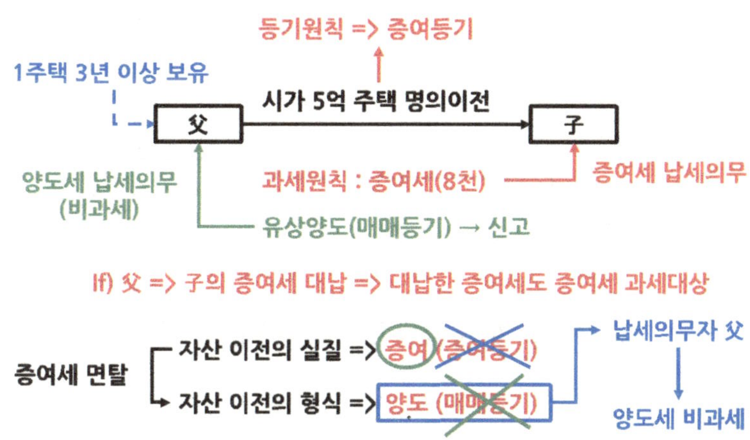

443

부당행위계산 부인 (2-2) - 실질과세원칙과 부당행위계산 부인

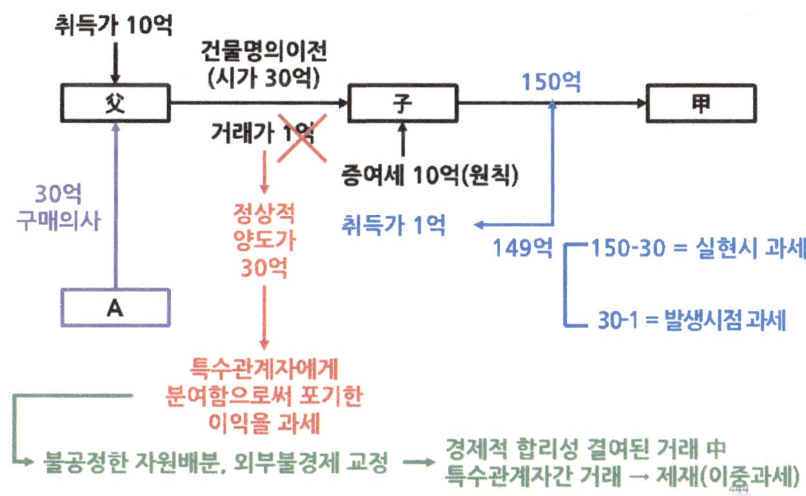

444

부당행위계산 부인 (2-3) -부당행위계산 부인 과세구조

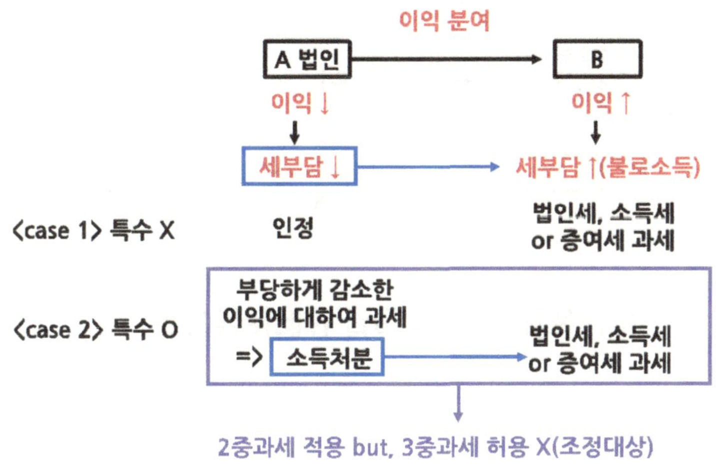

445

부당행위 계산 부인(3-1) - 적용요건(대법원 판례 확립)

1)특수관계자와의 거래일 것

2)일방이 타방에게 이익 분여 + 분여자의 조세부담 감소

3)거래 형태의 합리성 결여(이상성)

4)사법상 유효한 거래일 것 → if) 무효인 거래 → 사기 · 기타 부정한 행위 — 조세범 처벌 대상

5)조세회피목적 유무와 무관

→ 이중과세 사법상 거래효력 유지

446

부당행위계산 부인 (3-2) - 이익의 분여

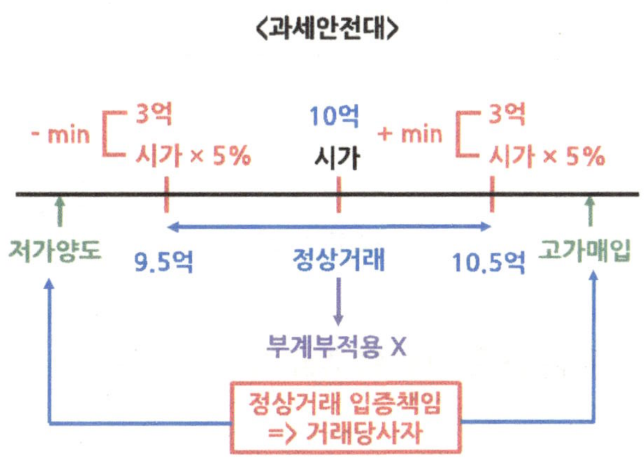

447

부당행위계산 부인(3-3) - 입증책임

I/S	과세관청	납세의무자
매출액	↑	↓
-) 매출원가	↓	↑
=) 매출총이익		
+) 영업외수익	↑	↓
-) 영업외비용	↓	↑
=) 당기순이익		

448

부당행위계산 부인(3-4) - 입증책임

부계부 입증책임
- 원칙) 과세관청에게 입증책임 有
- 예외) 입증책임의 전가
  - 과세행정 실무상 비공개상태의 거래를 포착하여 과세하는 것이 불가능
  - 과세안전대를 통하여 입증책임을 납세자에게 전가

449

부당행위 계산 부인(3-5) - 경제적 합리성

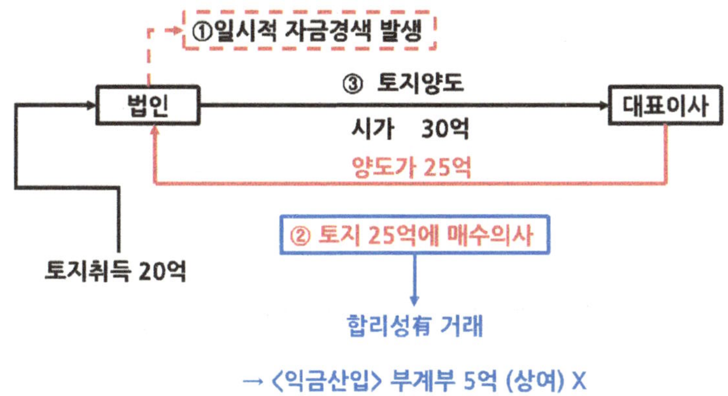

450

부당행위계산 부인 (3-6) - 판정시기

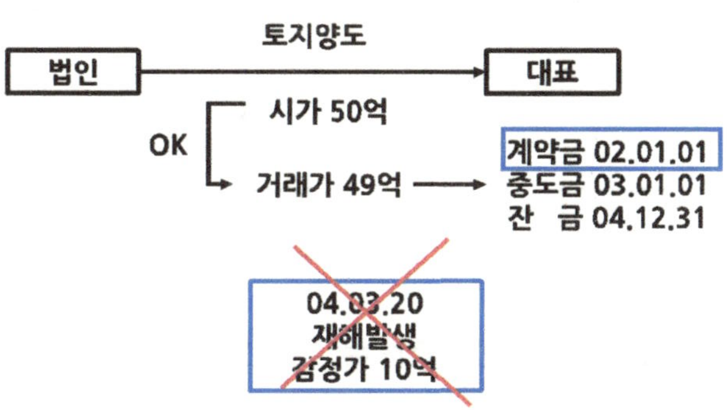

451

부당행위계산 부인 (4) - 시가의 범위

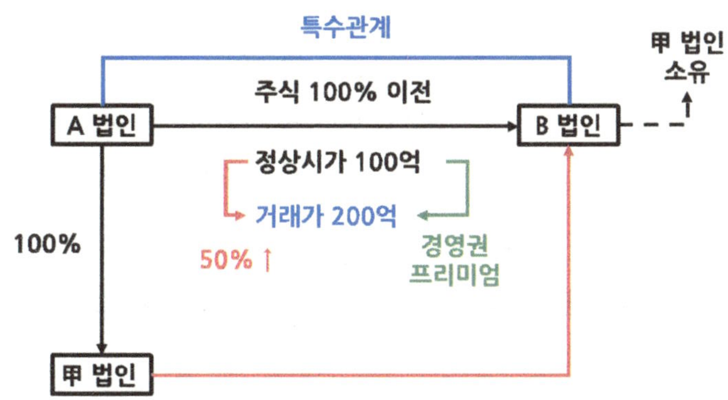

452

부당행위계산 부인 (5) - 세무조정

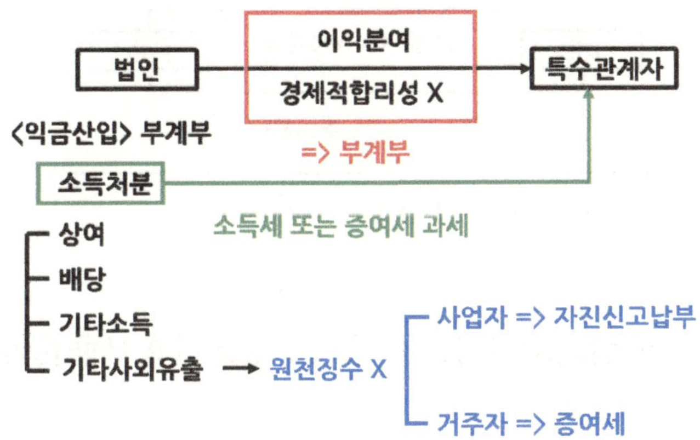

453

부당행위계산 부인 (6-1) - 고가매입

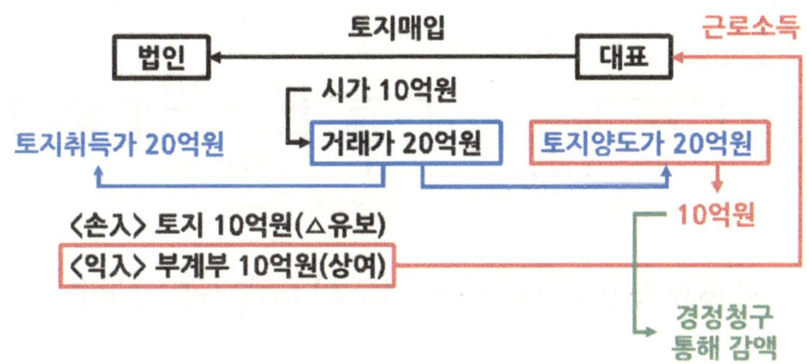

454

부당행위계산 부인 (6-2) - 저가양도

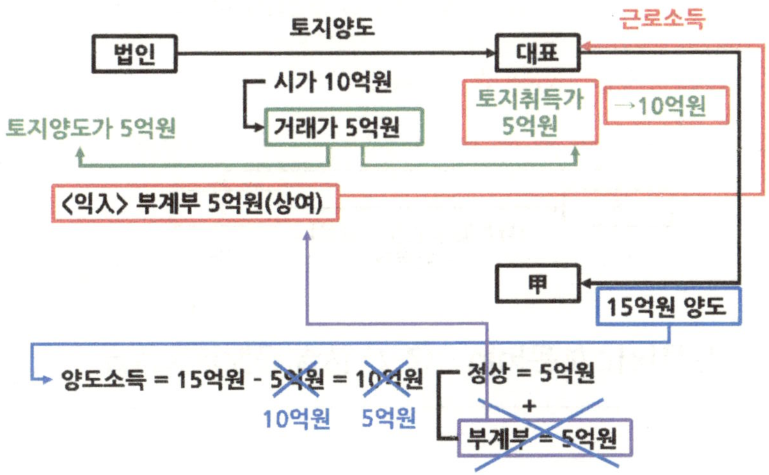

455

부당행위 계산 부인(7-1) - 가지급금 인정이자

가지급금

- 특수관계자에 대한 자금 대여금액
- 특수관계자에 대한 채권 지연회수

→ 가지급금에 해당

456

부당행위계산 부인 (7-2) - 대여금과 가지급금

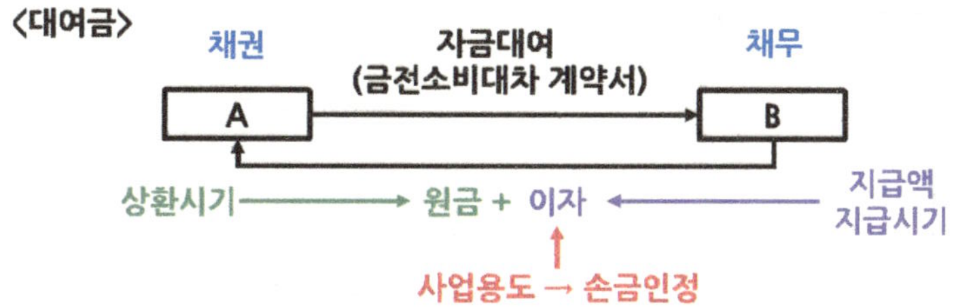

- A =>
  - 사업관련 => 사업소득(매출액)
  - 사업무관 => 이자소득
- B =>
  - 사업관련 => 손금
  - 사업무관 => 손금불산입

457

부당행위계산 부인 (7-3) - 대여금과 가지급금

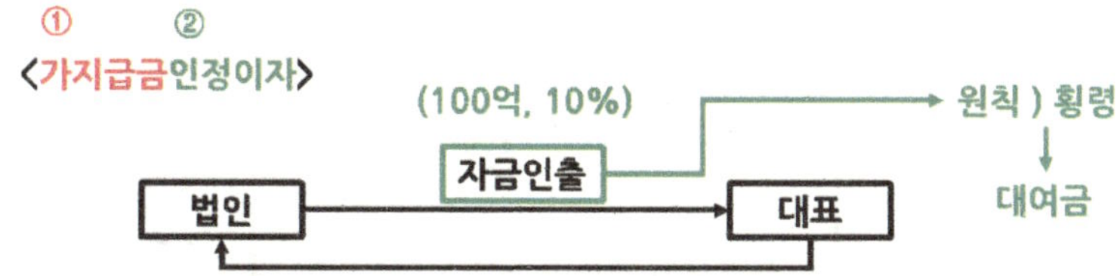

- 원금상환시기 ⟶ 특수관계소멸시까지
- 이자
  - 지급금액 => 가중평균차입이자율, 당좌대출이자율
  - 지급시기 => 일수(적수)

가지급금인정이자

- 실제수령이자 => '0'
- 정상이자 => 10억 => 이자로 인정 => 과세

〈익금산입〉 인정이자 10억 (상여)

458

부당행위계산 부인 (7-4) - 가지급금인정이자

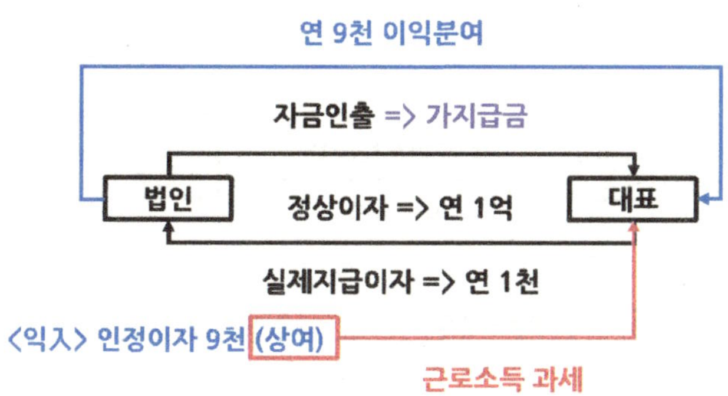

459

부당행위계산 부인 (7-5) - 지급이자손금불산입과의 관계

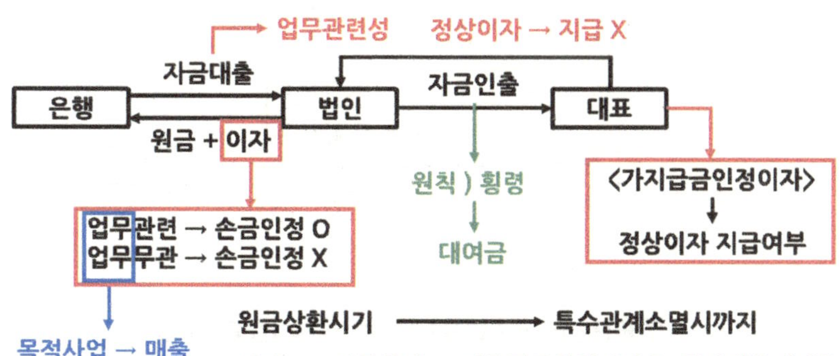

- 금융 · 대부업 => 업무관련
- 이외=> 업무무관

- 원금상환시기 ⟶ 특수관계소멸시까지
- 이자
  - 지급금액 → 가중평균차입이자율, 당좌대출이자율
  - 지급시기 → 일수

460

부당행위계산 부인 (7-6) - 지급이자손금불산입과의 관계

<업무관련성 여부> => 수입금액관련

① 법인의 등기부상 목적사업

② 사업자등록상 업종 · 업태관련

③ 특별법에 따라 설립된 법인 => 법령에 명시된 목적사업

461

부당행위계산 부인 (7-7) - 지급이자손금불산입과의 관계

법인의 자금대출단계 → 대표의 자금인출단계

법인이 대부업 영위 ↓ 업무관련 O ↓ 지급이자 => 손금 O

- 적정이자수령 O => 인정이자 X
- 적정이자수령 X => 인정이자 O

법인이 제조업 영위 ↓ 업무관련 X ↓ 지급이자 => 손금 X

- 적정이자수령 O => 인정이자 X
- 적정이자수령 X => 인정이자 O

462

부당행위계산 부인(7-8) - 가지급금 3중과세 위헌여부

① 가지급금 지급이자 부인
② 가지급금 인정이자 익금
③ 귀속자의 소득세 과세

→ 3중과세 여부 위헌 vs 합헌

- ① 가지급금 : 규제 목적
- ② 지급이자 부인 : 차입금의 존재
- ③ 가지급금 : 부당행위계산부인 규정

∴ 가지급금은 기업활동에 필수적 요소가 아니고 선택적 문제이므로 → 합헌!

463

부당행위계산 부인 (7-9) - 가수금

자금인출 => 가지급금

법인 → 대표

대표 → 법인

자금투입 => 가수금

가지급금, 가수금 → 상계 후 잔액만 표시 But, 상환기일, 이자율 별도 명시 => 상계 X

가지급금
- 법인 => 회수하여야 할 채권
- 대표 => 상환하여야 할 채무

가수금
- 법인 => 상환하여야 할 채무
- 대표 => 회수하여야 할 채권

464

부당행위계산 부인 (7-10) - 미수이자의 처리

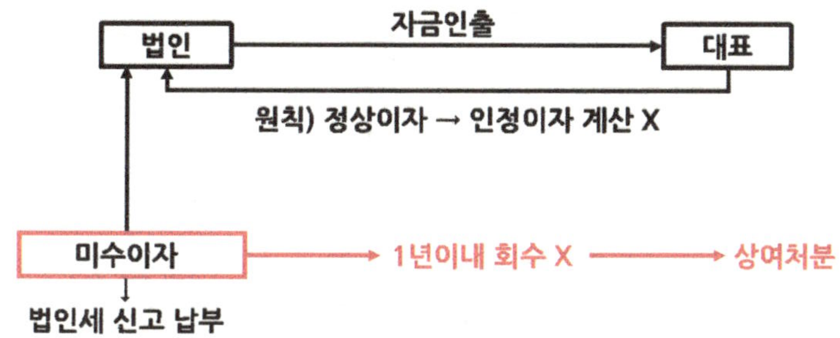

465

부당행위계산 부인 (7-11) - 법인계상 미수이자

- 사전약정 有
  - 원칙) 대여금으로 처리(법인세만 과세 소득처분 X)
  - 특수관계자) 회수기간 1년
    - => 회수기간 내 미회수 => 부계부 적용
- 사전약정 無 => 부계부 적용

466

부당행위계산 부인 (7-12) - 특수관계 소멸 시 가지급금

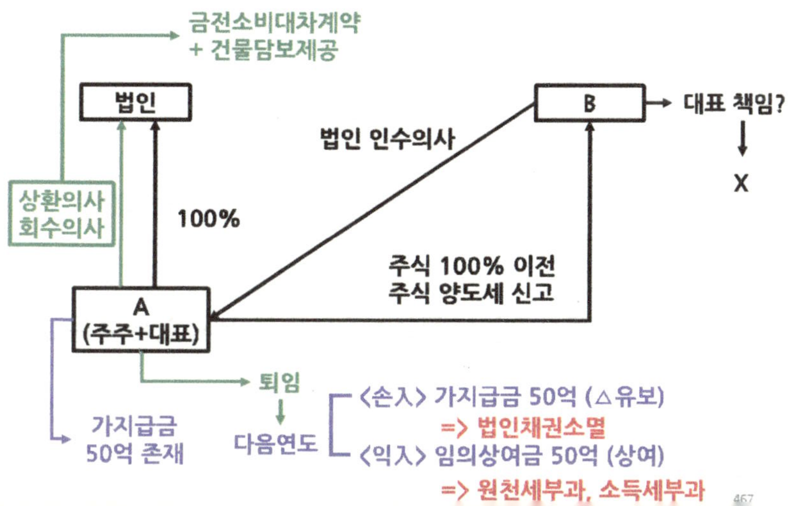

467

부당행위계산 부인 (7-13) - 특수관계 소멸 시 가지급금

A 가지급금 50억 *법기통 - 특수관계 소멸 시 회수 불분명 → 익入(상여)

↓ 세무조사

- ㈜甲 소득금액변동통지
- 익入 부계부 50억 (상여) A 귀속
- 손入 가지급금 50억 (△유보)

불복

(주장)

① ㈜甲 입장에서는 특관 소멸 되었더라도 회수 예정 채권임

② 법령 규정에 의한 과세라면 인정하나 기본통칙에 의한 과세는 인정X

→ 대법원 승소 → 09년 말 법법 시행령에서 익금 산입

468

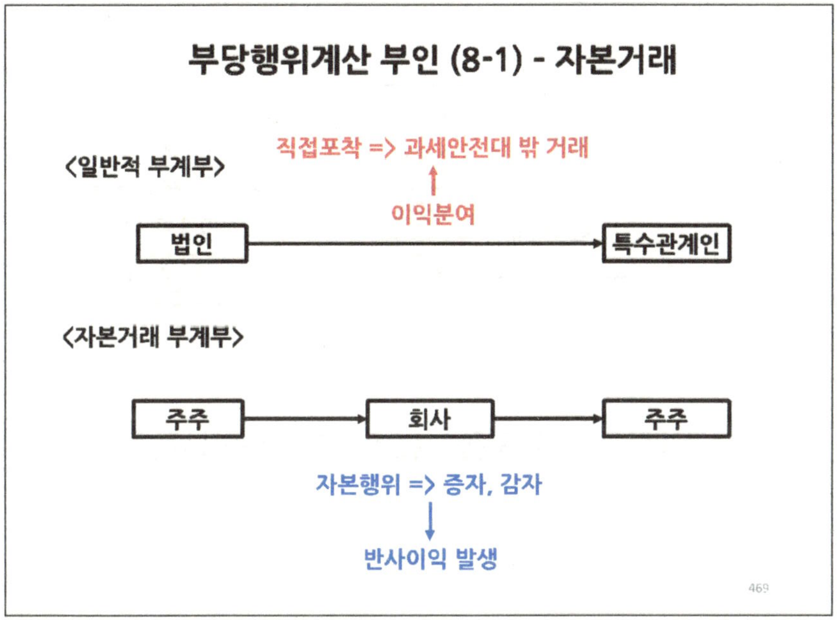
부당행위계산 부인 (8-1) - 자본거래
〈일반적 부계부〉
직접포착 => 과세안전대 밖 거래
이익분여
법인
특수관계인
〈자본거래 부계부〉
주주
회사
주주
자본행위 => 증자, 감자
반사이익 발생
469

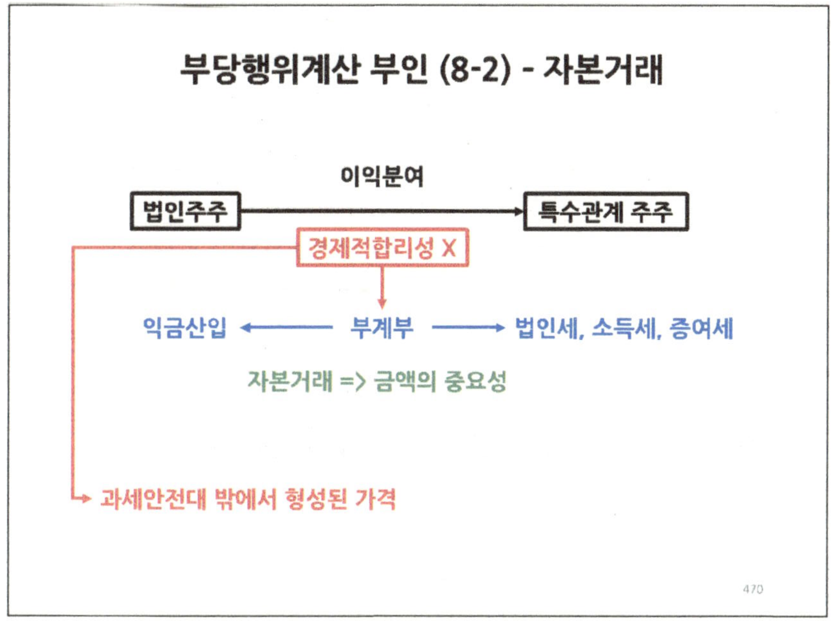
부당행위계산 부인 (8-2) - 자본거래
이익분여
법인주주
특수관계 주주
경제적합리성 X
익금산입
부계부
법인세, 소득세, 증여세
자본거래 => 금액의 중요성
과세안전대 밖에서 형성된 가격
470

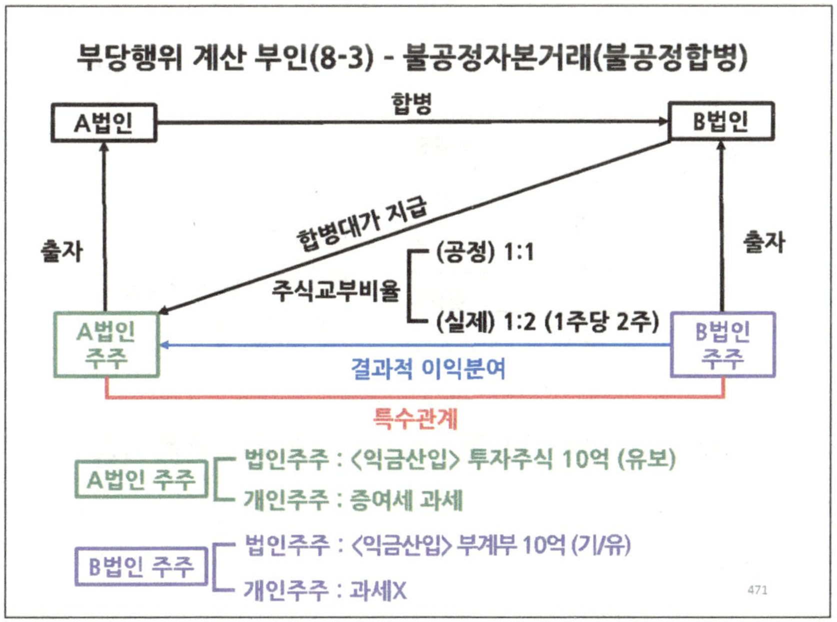
부당행위 계산 부인(8-3) - 불공정자본거래(불공정합병)
A법인
합병
B법인
출자
합병대가 지급
출자
(공정) 1:1
주식교부비율
(실제) 1:2 (1주당 2주)
A법인 주주
B법인 주주
결과적 이익분여
특수관계
A법인 주주
법인주주 : 〈익금산입〉 투자주식 10억 (유보)
개인주주 : 증여세 과세
B법인 주주
법인주주 : 〈익금산입〉 부계부 10억 (기/유)
개인주주 : 과세X
471

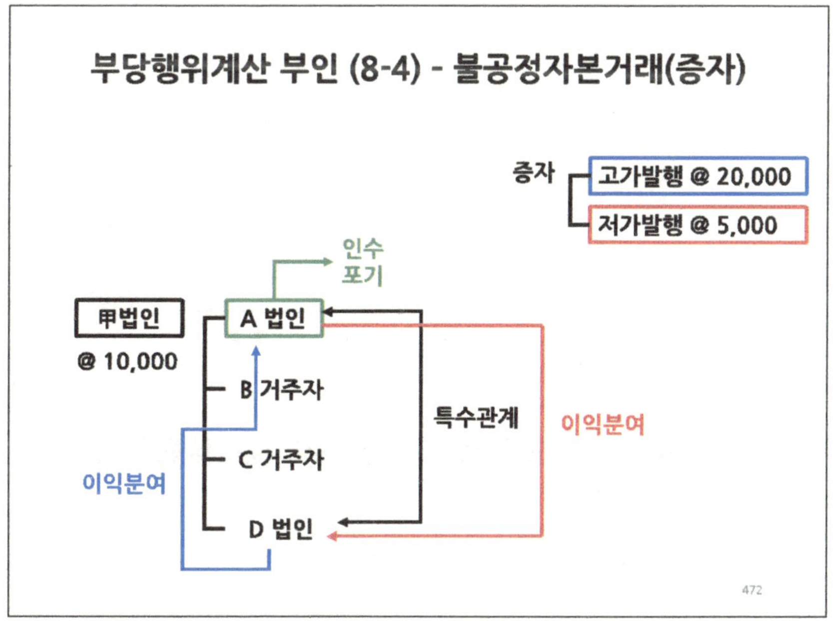
부당행위계산 부인 (8-4) - 불공정자본거래(증자)
증자
고가발행 @ 20,000
저가발행 @ 5,000
인수
포기
甲법인
@ 10,000
A 법인
B 거주자
C 거주자
D 법인
특수관계
이익분여
이익분여
472

부당행위계산 부인 (8-5) - 불공정자본거래(증자)

법인
〈증자〉
시가 @ 10,000
발행가 @ 5,000
20,000주
=> 저가발행

주주
4천주 → A (20%)
2천주 → B (10%)
6천주 → C (30%)
8천주 → D (40%)
C, D: 특수관계

모든주주에게 주식인수기회 부여(선택)
원칙) 균등증자
인수포기 => 재배정 or 무효화

473

부당행위계산 부인 (8-6) - 불공정자본거래(증자)

주주
4천주 → A (20%)
2천주 → B (10%)
6천주 → C (30%) → 인수포기
8천주 → D (40%)
=> 특수관계

① 재배정 O
- A = 6,000 주 × 2/7
- B = 6,000 주 × 1/7
- D = 6,000 주 × 4/7 (부계부)

② 재배정 X
- C = 지분율 ↓
- A, B, D = 지분율 ↑

(부계부)

474

부당행위계산 부인 (8-7) - 불공정자본거래(증자)

법인
시가 @ 5,000
발행가 @ 10,000
20,000주
=> 고가발행

주주
4천주 → A (20%)
2천주 → B (10%)
6천주 → C (30%)
8천주 → D (40%)
C, D: 특수관계

475

부당행위계산 부인 (8-8) - 불공정자본거래(증자)

주주
4천주 → A (20%) → 인수포기
2천주 → B (10%) → 인수포기
6천주 → C (30%) → 주식인수 => 반사이익 분여
8천주 → D (40%) → 인수포기
=> 특수관계

476

부당행위계산 부인 (8-9) - 불공정자본거래(감자)

법인

5,000주 감자

액면가 @ 10,000
인수가 @ 5,000

액면가 @ 5,000
인수가 @ 10,000

주주	
A (20%)	2,000주
B (10%)	1,000주
특수 C (30%)	3,000주
특수 D (40%)	4,000주

477

과세표준 및 세액 계산(1-1) - 과세표준

각 사업연도 소득금액
-) 이월결손금
-) 비과세소득
-) 소득공제
=) 과 세 표 준
×) 세 율
=) 산 출 세 액

(비과세소득·소득공제) → 과세표준 계산시 공제
비과세 이월X

Cf) 개인 비과세 소득
→ 총수입금액에서
공제 (항상적용)

478

과세표준 및 세액계산(1-2) - 과세표준

각 사업연도 소득금액 => 포괄주의 => 비과세소득 가산
-) 이월결손금 => (원칙) 80%, (중소기업, 회생계획 中) 100%
-) 비과세소득
-) 소득공제 => (원칙) 과세대상 (예외) 조세정책적목적 요건 충족시 과세 X
=) 과 세 표 준
×) 세 율
=) 산 출 세 액
-) 세액공제 · 감면

479

과세표준 및 세액계산(2-1) - 이중과세 조정

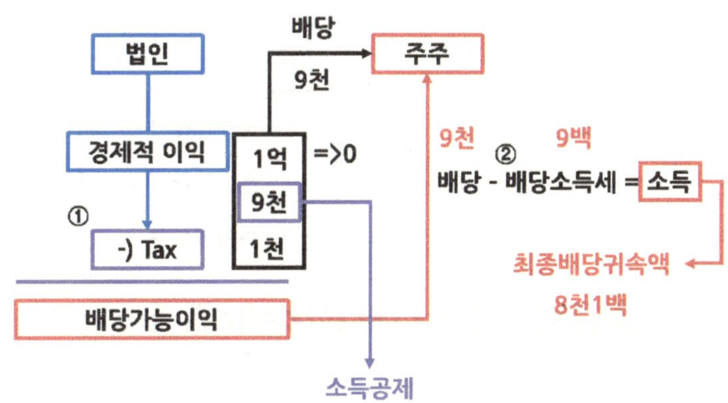

480

과세표준 및 세액계산(2-2)- 법인 원천소득에 대한 이중과세 조정

- 법인단계조정 => 법인 => 세부담 X => 배당시 주주에게 법인세, 소득세 과세
- 주주단계조정 => 법인 => 세부담 O => 배당시 주주가 부담하는 Tax 中 법인단계에서 납부한 Tax를 기납부세액으로 보아 공제

- 법인주주 =>
  - 국내법인 => 수입배당금 익금불산입
  - 외국법인 =>
    - 원칙) 외국납부세액공제(국내 개인주주 동일)
    - 외국자회사 등) 수입배당금 익금불산입
- 개인주주 => Gross - up 후 세액공제 적용

481

과세표준 및 세액계산 (3) - 직접법과 간접법

당기순이익

세무조정
- (+) 가산조정
- (-) 차감조정

① 간접법

=) 각 사업연도 소득

=> 장부의 작성

② 직접법 => T. 익금 - T. 손금 = 각 사업연도 소득

- T. 익금 > T. 손금 = 소득
- T. 익금 < T. 손금 = 결손금

추계소득과 결손금 상계 X

482

과세표준 및 세액계산 (4-1) - 외국납부세액공제

법인세 => 속인주의 => 국내외 모든 소득 과세

국제적 이중과세

조정 → 기납부세액공제

실제 외국에서 납부한 법인세는 국내에서 과세권 有

이중과세 조정을 위하여 세액공제 적용

483

과세표준 및 세액계산 (4-2) - 외국납부세액공제

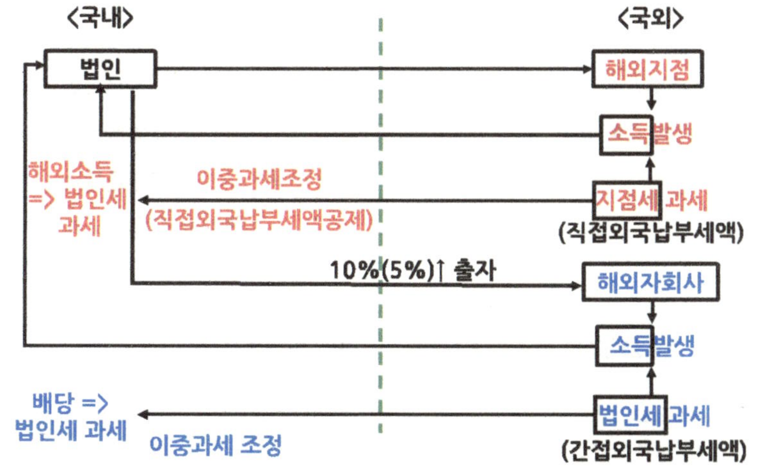

(원칙) 수입배당금 익불 (예외) 수입금액 가산 => 간접외국납부세액공제

과세표준 및 세액계산 (4-3) - 외국납부세액공제

국내법인
- 원칙) 국내 개인주주와 동일한 방식으로 이중과세 조정
  => Gross - up => 배당세액공제
- 외국자회사 등) 수입배당금 익금불산입 적용
  But, 익금불산입 배제대상은 간접외국납부세액공제 적용

485

과세표준 및 세액계산 (4-4) - 외국납부세액공제

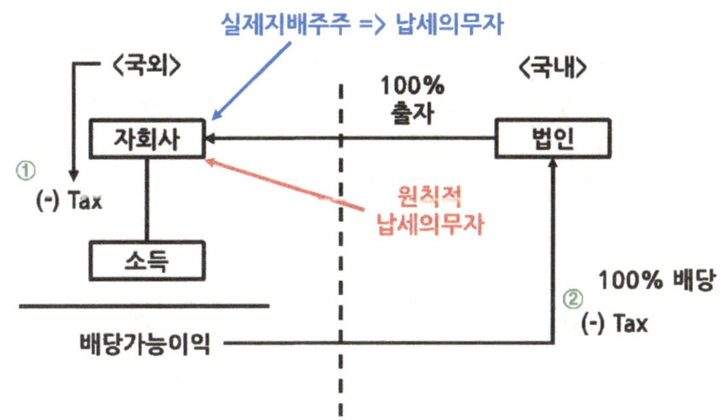

486

과세표준 및 세액 계산(5) - 탈세와 분식

탈세 => 정상적인 세부담 보다 부담세액 ↓
(매출누락, 가공경비)
적출 => 본세, 가산세 + 조세범처벌법
사기 · 부정한 행위

분식 => 정상적인 세부담보다 부담세액 ↑ (가공자산, 가공채권)
적출 => 감사인징계 + 금감원 재무제표 수정지시
(가공자산, 가공채권 ↓)
기납부세액 환급

- 일반적 환급 => 환급기한 내 즉시 환급
- 사실과 다른 회계처리로 인한 환급
  => 5년 ↑ 분할환급

487

신고, 납부(1-1) - 조세부담 평준화

중간예납 / 원천징수 / 수시부과 →
- 과세관청 → 탈세방지, 재정수입 평준화
- 납세자 → 조세부담의 평준화

488

신고, 납부(1-2) - 조세부담 평준화

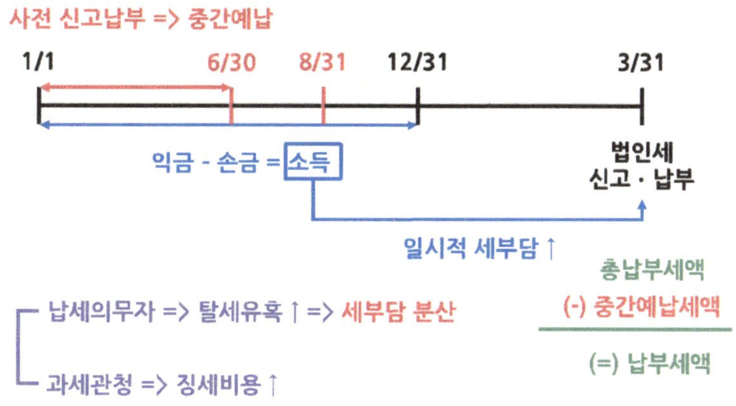

489

신고, 납부(2-1) - 원천징수

<이자> => 금전사용 대가로 받는 수수료

- 사업목적 => 사업소득(매출액)
- 일시우발적 => 이자소득

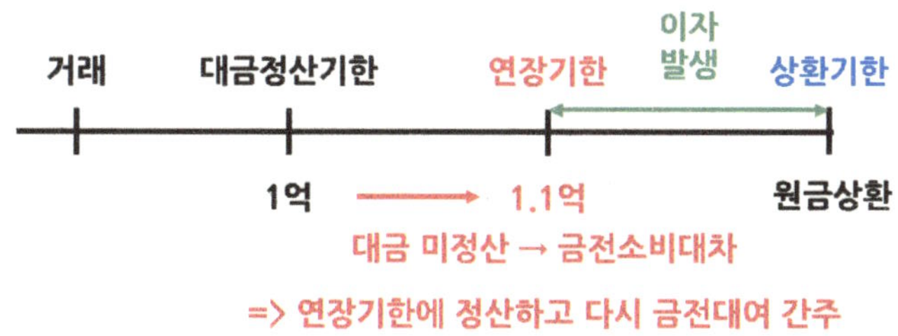

490

신고, 납부(2-2) - 원천징수

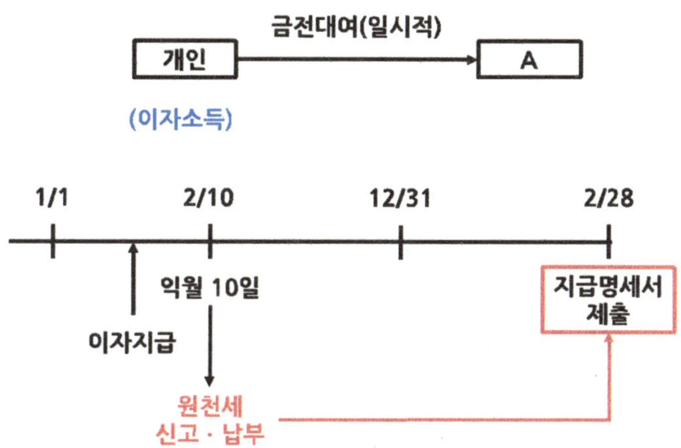

491

신고, 납부(3) - 원천징수(핀테크)

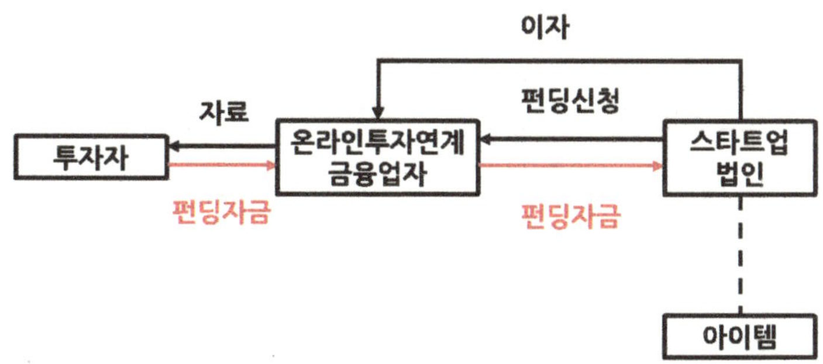

492

신고 · 납부(4-1) - 채권매각

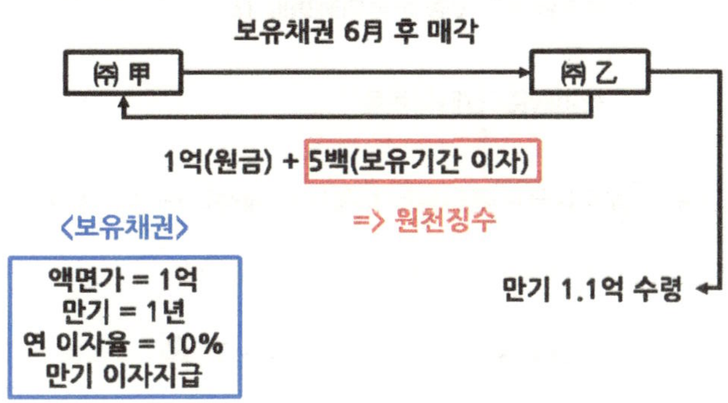

493

신고 · 납부(4-2) - 선이자지급방식 채권의 중도매각

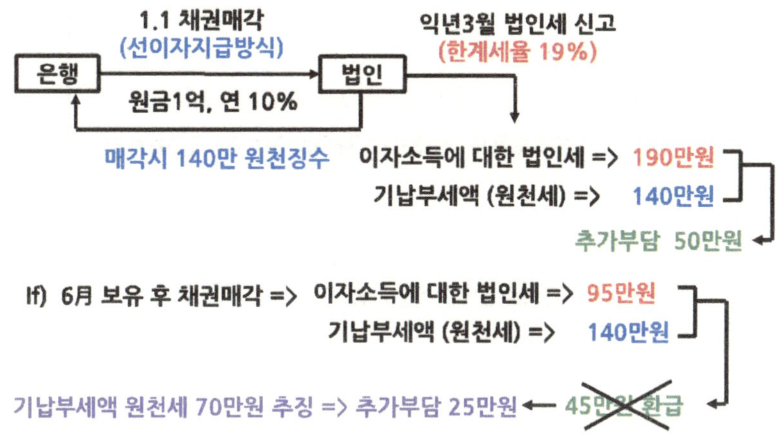

494

신고, 납부(5) - 성실신고

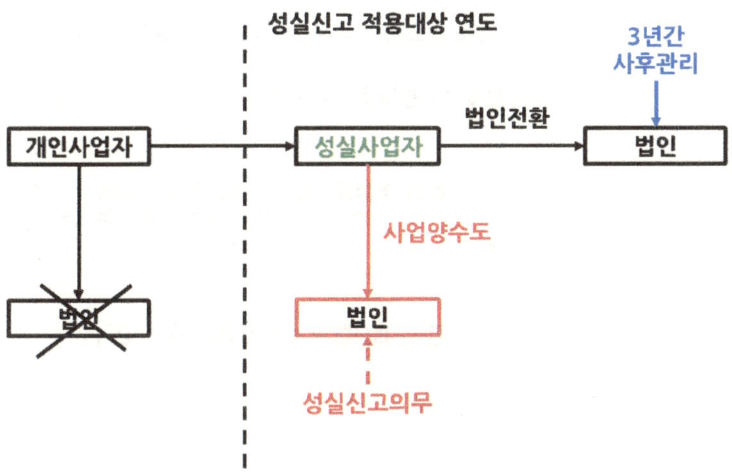

495

신고, 납부(6-1) - 결정 · 경정

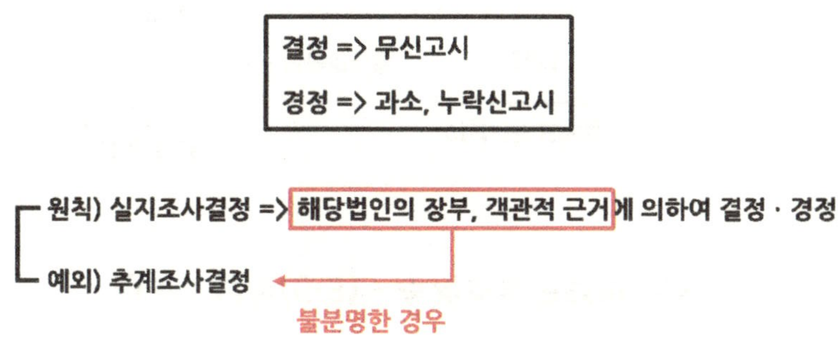

496

신고 · 납부(6-2) - 추계소득금액의 계산

*경비율 => 법인의 수입금액을 기준으로
일정비율을 증빙 없이도 경비로 인정

계산방식 => 수입금액 - 수입금액 × 경비율 => 소득금액

- 단순경비율 => (개인만 적용)
  - 법인의 장부나 자료가 전무
  - 세무능력 無 영세 개인사업자
- 기준경비율 => (개인, 법인 적용)
  - 주요경비에 대한 증빙은 존재하나 일반경비에 대한 증빙이 존재 X

497

신고 · 납부(6-3) - 추계소득금액의 계산

수입금액 1억
주요경비 3천

경비율	여성의류 도매업
단순경비율	90%
기준경비율	30%

- 단순경비율 90% => 1억 - 1억 × 90% = 1천(소득)
- 기준경비율 30% => 1억 - 1억 × 30% - 3천 = 4천(소득)

498

신고 · 납부 (7-1) - 가산세

무신고, 신고불성실 ⟵ 신고의무, 납부의무 ⟶ 납부지연

- 국기법상 가산세 ⟶ 납세의무자들이 지켜야할 기본적인 의무불이행시
  - ↓ 행정과태료, 연체이자
- 개별세법상 가산세 ⟶ 각 개별세법을 효율적으로 운용하기 위하여 납세자들에게 부여한 납세협력의무 해태 → 행정상 제재
  - 법인세 → 장부작성, 주주명부, 주식이동내역, 계산서
  - 소득세 → 공동사업자 관련, 계산서
  - VAT → T/I 작성, T/I 합계표 제출
  - \+ 사업자등록

499

신고 · 납부 (7-2) - 지출증빙

- ① 적격증빙 => T/I, 계산서, 카드전표, 현금영수증
  - => 거래의 상호대사가 가능한 증빙 => 공급자, 받는자 명시
- ② ① 이외 증빙 => 간이영수증
  - => 상호대사기능 X => 공급자 정보만 명시

500

신고 · 납부 (7-3) - 가산세(주주명부)

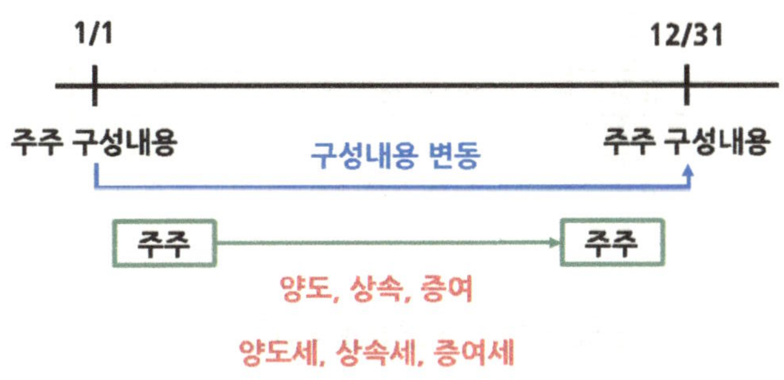

501

신고 · 납부 (7-4) - 가산세(기부금영수증)

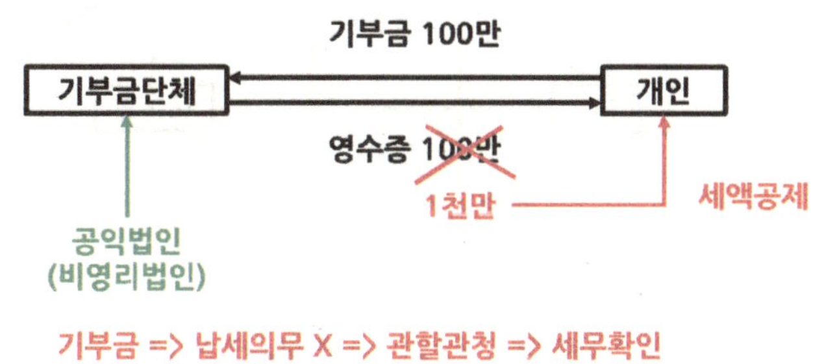

502

법인과세신탁재산의 법인세 과세특례(1-1) - 개요

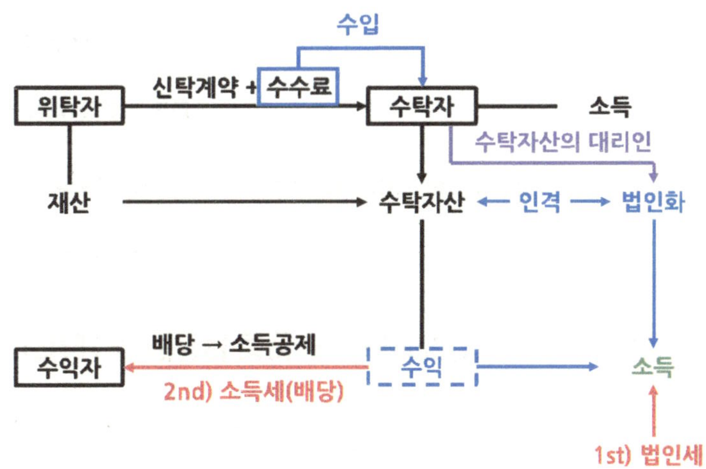

503

법인과세신탁재산의 법인세 과세특례(1-2) - 개요

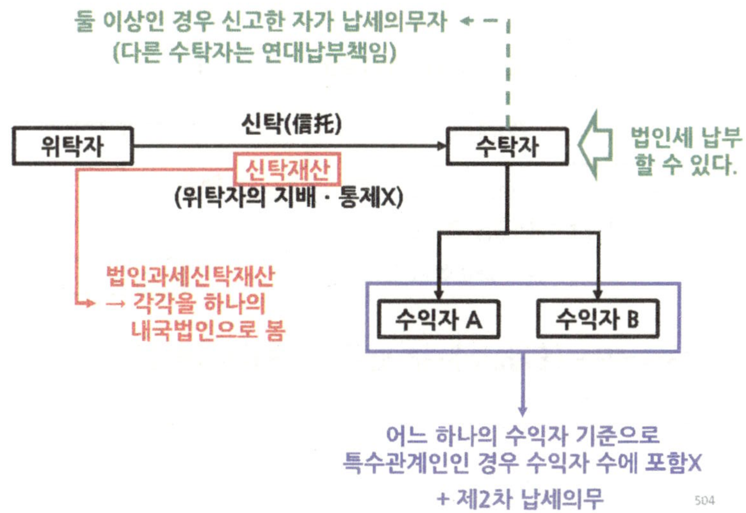

504

법인과세신탁재산의 법인세 과세특례(2) - 설립 및 해산

1) 법인과세신탁재산

법인세법 총칙(3-3) - 신탁 소득 납세 의무자(2) 에 따른 신탁재산

2) 법인과세신탁재산 설립

신탁 설정일에 설립 간주

3) 법인과세신탁재산 해산

신탁 종료일에 해산 간주 → 불분명한 경우 부가가치세법상 폐업일

505

법인과세신탁재산의 법인세 과세특례(3) - 소득공제

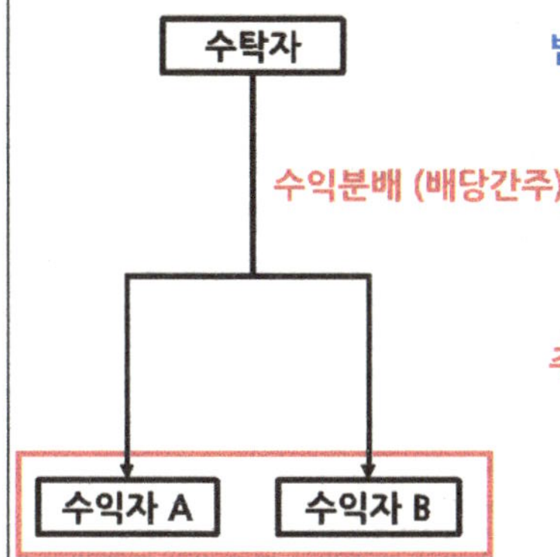

법인단계 이중과세 조정

잉여금 처분대상 소득금액
- 소득공제(비과세 대상 아닌 경우 적용)

= 과세표준

주주단계 이중과세 조정

- 법인 수익자 : 수입배당금 익不 적용 배제
- 개인 수익자 : G-up 적용 배제

506

연결납세제도(1-1) - 개요

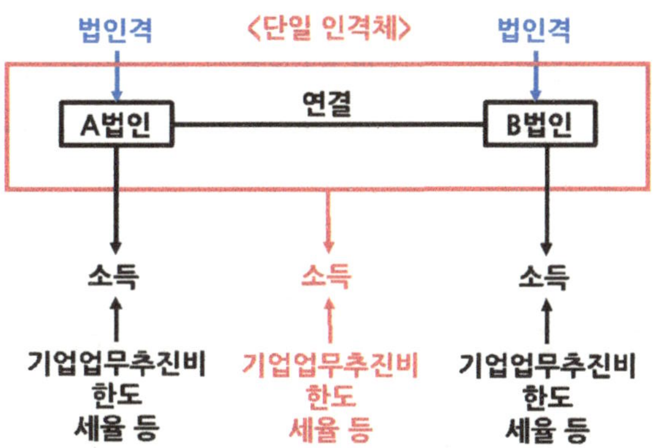

507

연결납세제도(1-2) - 연결지배

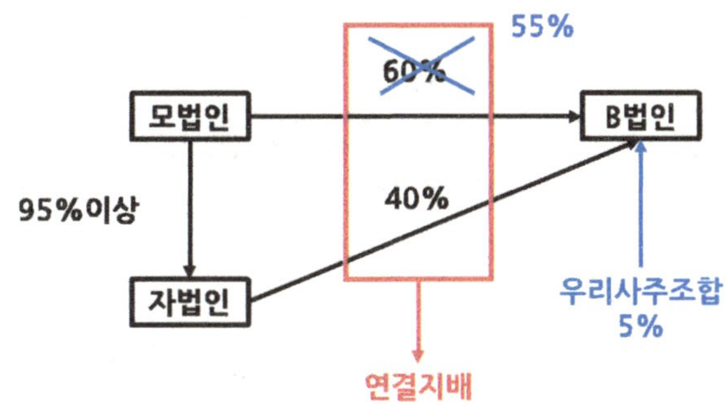

508

연결납세제도(2-1)

Ⅰ. 의의

경제적 실질에 따라 모회사와 자회사를 하나의 과세 단위로 보아 소득을 통산 · 신고 · 납부

Ⅱ. 효과

① 조세 중립성 보장 → 경영 환경에 탄력적 대응
② 경제적 실질에 맞게 과세 → 세부담 수평적 형평성 제고

Ⅲ. 적용 대상

[연결가능모법인, 연결가능자법인] ← 관할 지방국세청장 승인

Ⅳ. 연결사업연도 및 납세지

① 사업연도 : 개별 법인 사업연도(연결 사업연도와 일치) → 1년 이내
② 납세지 : 연결 모법인의 납세지

Ⅴ. 적용 신청 · 승인

① 신청 : 최초 연결사업연도 개시일부터 10일 이내
② 승인 : 최초 연결사업연도 개시일부터 2月 이내

509

연결납세제도(2-2)

Ⅵ. 연결납세 방식의 취소 및 포기

- 취소
  - 사유 : ① 연결사업연도 불일치 ② 불완전 자회사에 대한 연결납세 방식 적용 ③ 연결자법인에 대한 연결납세 미적용 ④ 추계 결정 · 경정 ⑤ 수시부과 사유 ⑥ 다른 내국법인의 연결 모법인 연결지배
  - 효과 : ① 해당 사업연도 + 이후 4개 사업연도간 연결납세 적용 불가
    ② 연결 이월결손금 및 연결 중간예납세액 승계
    ③ 사업연도 의제
- 포기
  - 신고 - 미적용 사업연도 개시 3月 전까지
  - 효과
    - ① 해당 사업연도 + 4개 사업연도간 연결납세 적용 배제
    - ② 연결 이월결손금 승계 ③ 사업연도 의제

510

연결납세제도(2-3)

Ⅶ. 연결 자법인 추가 및 배제

- 추가 - 연결 모법인이 내국법인을 연결 지배하게 된 경우 → 1月이내 신고
- 배제 - ① 불완전 자법인 ② 해산한 연결자법인

511

청산소득에 대한 법인세

투기거래(부동산)
→ 제재목적 중과세
토지 등 양도소득 법인세

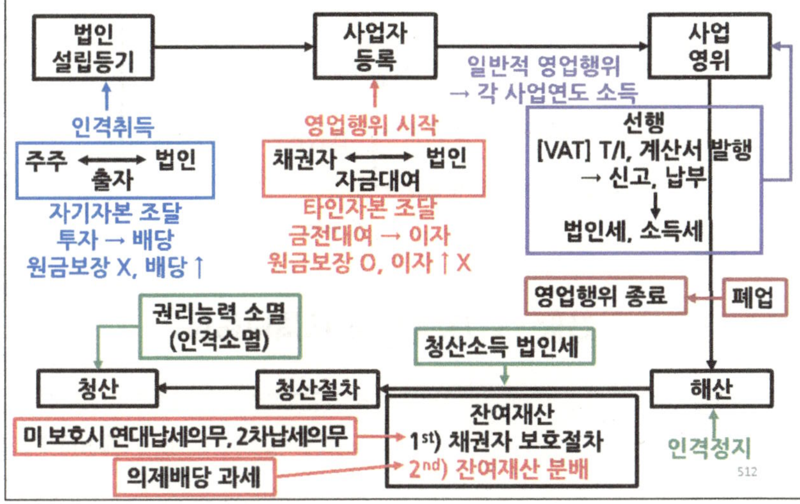

512

토지 등 양도소득에 대한 법인세

부동산 처분시 양도차익 1억

- 투기적 성격 => + @
- 법인 => 9% ~ 24%
- 역선택 방지
- ~~개인~~ => 6% ~ 45%

중과세율 => 40%, 50%, 60%, 70%

* 토지등 양도소득 = 양도가액 - 취득가액 - ~~양도비용~~

투기행위에 대한 제재목적

513

비영리법인 과세특례(1) - 개요

법인격 취득 X

비영리법인 수익사업
- 거주자 과세 => 소득세
- 법인 과세 => 법인세

과세형평문제 => 과세

=>(원칙) 장부작성(수수료) => 세무조정(수수료)
=> 법인세 신고납부

=>(예외) 과세대상 수입금액 ↓ or 일시우발적 성격
=>기장의무 X => 특례규정에 따라 법인세 신고 · 납부

고유목적사업 운영목적 획득소득 => 과세이연

514

비영리법인 과세특례(2) - 고유목적사업준비금

비영리법인

- 고유목적사업 (필요재원 1억)
  - 과세 X
  - 소득
  - 환입(익금) 1억 ← 준비금전입 1억
  - 필요경비 1억
  - '0'
- 수익사업
  - 소득 1억
  - 준비금전입 1억
  - 과표 '0'
  - 소득 1억
  - (-) Tax 1천(법인세)
  - → 고유목적사업준비금

515

비영리법인 과세특례(3) - 신고 및 과세특례

- 과세대상 수입금액 ↓ => 이자소득에 대한 과표신고특례 (원천징수)
- 일시우발적성격 소득 => 기장의무 X => 자산양도소득에 대한 과세특례 (양도소득세 계산방식)

516

외국법인(1) - 유가증권 양도소득 신고 납부 특례 (2회 이상 양도한 경우)

조세 조약상 외국법인 유가증권 양도소득
- (원칙) 거주지국 과세원칙 (해당 나라에서 과세, 국적주의)
- (예외)원천지국 과세원칙 (재산 소재 국가에서 과세)
  - ① 법인 재산이 부동산으로 구성되어 있는 경우
  - ② 피투자 회사의 이윤에 대하여 일정비율 이상 참가권을 가지는 주식
  - ③ 조세조약에서 별도로 규정한 경우

→ OECD 조세조약 모델 / UN 조세조약 모델

예시) 한 · 독 조세조약 →
지분율 25% 이상인 과점주주가 동일 과세연도 중 총 발행주식의 5% 이상을 양도하는 경우 원천지국에서 과세할 수 있다.

517

외국법인(2) - 유가증권 양도소득 구분

- Ⅰ.주식 · 출자지분
  - 상장 — 장내거래 - (원칙) 비과세, (예외) 5년, 25% 요건 충족시 유가증권 양도소득 과세
    장외거래 - 유가증권 양도소득 과세
  - 비상장 — 유가증권 양도소득 과세
- Ⅱ. 부동산 과다보유 법인 주식
  - 상장 - 유가증권 양도소득 과세
  - 비상장 - 부동산 양도소득 과세
- Ⅲ. 위 외의 유가증권
  - 국내사업장이 있는 경우 - 유가증권 양도소득 과세
  - 국내사업장이 없는 경우 - 양수자가 거주자, 내국법인, 국내사업장인 경우 유가증권 양도소득 과세

518

소득세법

소득세법

세무사 원용대

519

소득세법 총칙(1) - 개요

개인 → 자아실현 + 수익행위

- 이자
- 배당
- 사업
- 근로
- 연금
- 기타

합산 → 익년 5月 합산신고 (종합합산과세대상 소득)

계속반복적, 경상적 소득단위↓

- 퇴직
- 양도

일시우발적, 비경상적 소득단위↑

분류과세대상 소득

*원천징수대상 소득 => 양도소득을 제외한 모든 소득

520

소득세법 총칙(2-1) - 거주자의 소득구분(소득의 성격)

종합과세(소득발생의 연속성) → 계속반복적, 경상적, 소득단위↓

- ① 이자 · 배당소득 : 불로소득으로서 상대적 중과세 (필요경비 인정X)
- ② 사업소득 : 수익 · 비용대응 (사업관련성 파악 객관적 과세)
- ③ 근로소득 : 과세형평 상대적 경과세 (근로소득공제)
- ④ 연금소득 : 노후 대비를 위한 상대적 경과세(연금소득공제)
- ⑤ 기타소득 : 열거소득 외의 소득에 대한 과세보완

분류과세(장기간 소득형성) → 일시우발적, 비경상적, 소득단위↑

- ① 퇴직소득 : 기간 누적 중과세 방지 연분연승법 적용
- ② 양도소득
  - 실사용자 → 비과세
  - 투기목적소유자 → 중과세
  - → 물가상승분 : 장특공

521

소득세법 총칙(2-2) - 거주자의 소득구분(소득금액 산정)

종합과세(소득발생의 연속성) → 계속반복적, 경상적, 소득단위↓

- ① 이자 · 배당소득 :
  - 이자소득금액 = 총수입금액 - ~~필요경비~~
  - 배당소득금액 = 총수입금액 - ~~필요경비~~ + gross-up → 이중과세 조정
- ② 사업소득 : 사업소득금액 = 총수입금액
  - 원칙) 필요경비
  - 예외) 총수입금액 × 경비율 → 추계
- ③ 근로소득 : 근로소득금액 = 총수입금액 - 근로소득공제
  - => 타소득과 근로소득 경합 => 근로소득 우선적용
- ④ 연금소득 : 연금소득금액 = 총수입금액 - 연금소득공제
  - => 근로소득공제와 유사
- ⑤ 기타소득 : 기타소득금액 = 사업소득금액 계산방식 준용
  - => 타소득과 기타소득 경합 => 타소득 우선적용

522

소득세법 총칙(2-3) - 거주자의 소득구분(소득공제)

종합소득금액 - 소득공제 = 과세표준

- 인적공제 => 본인을 기준으로 일정요건을 충족하는 자는 1인당 일정 금액을 소득에서 공제
  - → 평등원칙에 대한 예외규정
  - 기본공제 ——→ 추가공제
- 물적공제(지출공제) => 실제 지출한 금액 中 일정요건을 충족한 금액을 소득금액에서 차감
  - → 실질과세 원칙 => 실제로 향유하는 소득에 과세
  - 실제 지출부분에 대해서만 공제
  - => 타인이 대신 부담한 부분은 적용 X

523

소득세법 총칙(2-4) - 거주자의 소득구분 (분류과세 소득금액)

분류과세(장기간 소득형성) → 일시우발적, 비경상적, 소득단위↑

- ① 퇴직소득 : 퇴직소득금액 = 총수입금액 - ~~필요경비~~
  - => 과세표준 = 퇴직소득 - 퇴직소득공제, 세액계산특례
- ② 양도소득 : 양도소득금액 = 양도가액 - 취득가액 - 양도비용 - 장특공
  - => 자산의 가치증가분 => 과세원칙(자연증가분은 과세제외)
  - 장특공 → 양도소득세 과세대상자산 中 실물자산

524

소득세법 총칙(3-1) - 납세의무자

개인

- 거주자 : 국내에 주소 또는 183일 이상 거소 → 납세의무 O
- 비거주자
  - 국내원천소득 有 → 납세의무 O
  - 국내원천소득 無 → 납세의무 X
- 원천징수의무자
- 법인아닌 단체
  - 이익 분배 방법 or 분배 비율X → 1거주자
  - 이익 분배 방법 or 분배 비율 or 사실상 분배 → 공동사업

525

소득세법 총칙(3-2) - 거주자 비거주자의 구분

과세대상

- 거주자 ——→ 국내외 모든 소득
- 비거주자 ——→ 국내원천소득

1st) 주소요건 — 2nd) 거소요건 ——→ 주소보다는 밀접성↓ 생활의 사실상 근거가 되는 장소

1st) 주소요건 → 민법상주소 + 사실상 반영구적 거주장소

=> 사실상 생활근거가 국내에 있으면 형식상 비거주자를 거주자로 의제

526

소득세법 총칙(3-3) - 거주자와 비거주자의 과세소득

1년에 183일 이상 국외 거주 → A

주소지 : 솔로몬군도 (조세피난처) → 법인세율 : 1% / 소득세율 : 0.1%

과세

	거주자	비거주자
국내 : 10억	O	O
국외 : 400억	O	X
	410억	10억

527

소득세법 총칙(3-4) - 법인으로 보는 단체

법인
- 영리법인 => 등기필수 (등기 → 사업자등록)
- 비영리법인 => 등기선택 (공익 X) → 재산취득, 수익사업영위 => 등기필수
  - ex) 산악회 =>
    - 원칙) 등기필수 X
    - 예외) 등산복판매 → 수익사업 => 등기필수

If) 미등기법인 상태로 수익사업 영위 => 실질과세 원칙에 따라 과세 (미등기법인 → 과세인격?)

528

소득세법 총칙(3-5) - 법인으로 보는 단체

<법인으로 보는 단체>

- ① 과세관청에 등록, 허가 => 등기행위 간주 — 법인세 과세
- ② 사실상 법인의 실체 구성 => 법인과세 신청 => 법인으로 인정 — 법인세 과세
- ③ ①, ②에 해당하지 않는 단체 => 소득세 과세
  - 이익분배 => 공동사업자
  - 이익분배 X => 거주자

529

소득세법 총칙(3-6) - 공동사업장

父 A — 70% → 공동사업장

子 B — 30% → 공동사업장

10살 (가공의 공동사업자) => 소득세 누진세율 회피

수입금액 10억원
-) 필요경비 7억원
소득금액 3억원 → 분배

	공동사업장 소득	실제입금	
A	2.1억원	3억원	3억과세
B	0.9억원	'0'	

=> A의 납세의무에 대한 연대납세의무

530

소득세법 총칙(3-7) - 단기외국인거주자

- 10년 中 5년 초과 국내거주 외국인 → 과세관청이 외국인 거주자의 해외소득 파악정도↑
  ↓
  내국인 거주자와 동일 납세의무
- 10년 中 5년 이하 국내거주 외국인 → 과세관청이 외국인 거주자의 해외소득 파악정도↓
  ↓
  해외소득 中 국내에서 포착이 가능한 소득만 과세

531

소득세법 총칙(4) - 중도퇴사

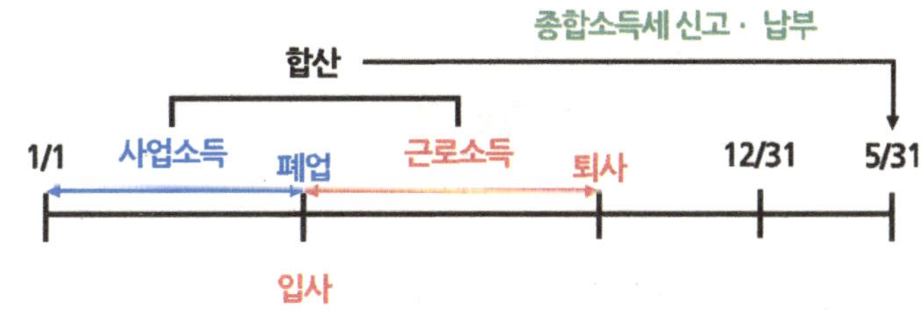

532

소득세법 총칙(5) - 과세관할

=> 통합 원천세신고

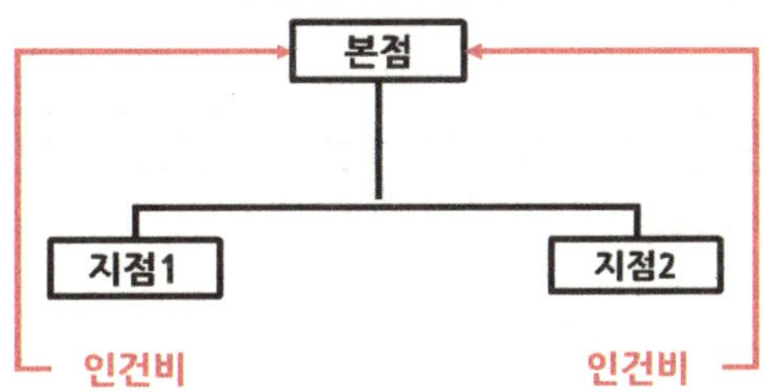

But, 독립채산제에 따라 각 지점에 수익이 귀속
=> 지점별 원천징수 가능

533

이자소득 (1-1) - 유가증권

- 지분증권 => 출자행위 → 주식배정 → 이익배분(배당) => 배당소득
- 채권증권 => 채권발행 → 채권인수 → 이자지급 => 이자소득

534

이자소득 (1-2) - 환매조건부 매매차익

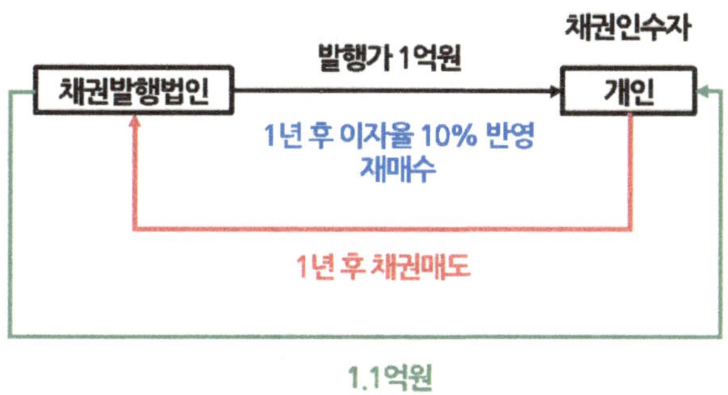

이자소득 (1-3) - 보험차익

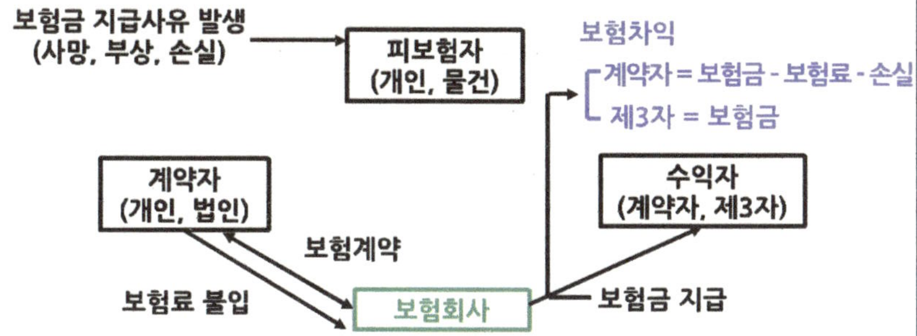

수령 보험료 ┌ 보험금 지급 예정 분 => 자산처리
└ 운영경비 => 비용처리

<보험차익 과세여부>

계약자 = 수익자 ┌ 법인 : 과세(포괄주의)
└ 개인 ┌ 위험거래 = 과세제외 => 지출공제
└ 이자소득, 사업소득성격 = 과세

계약자 ≠ 수익자
=> 수익자에게 과세
(불로소득 성격)

이자소득 (1-4) - 보험차익 과세여부

┌ 법인 => 과세 => 순자산 증가설에 따라 보험차익이 과세제외 대상 X

└ 개인 => ┌ 원칙) 과세 X => 위험을 매개체로 거래하여 얻는 이익은 과세대상에 열거 X
=> 개인 본인의 위험

└ 예외) 보험(금융상품)을 통해서 이익발생 => 이자소득 과세
=> 일정요건을 충족하는 보험차익 => 과세대상 제외

이자소득 (1-5) - 직장공제회 초과반환금

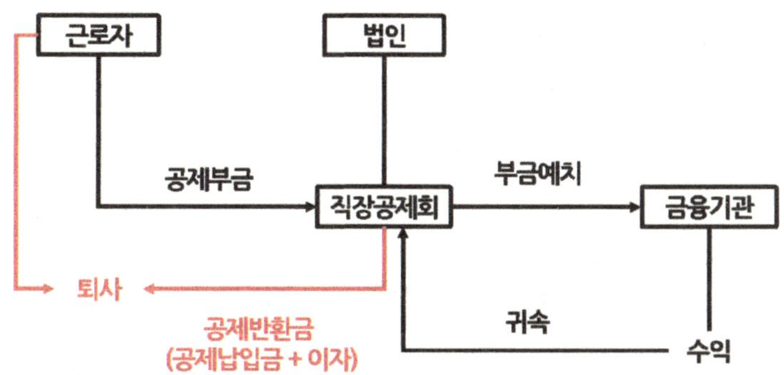

이자소득 (1-6) - 유형별 포괄주의

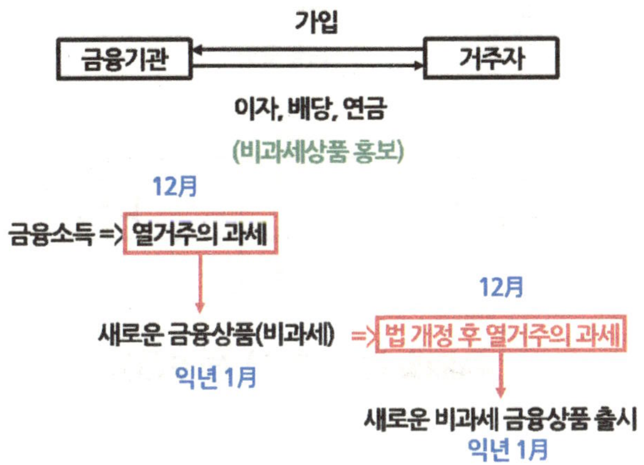

539

이자소득(2-1) - 소득구분(금전소비대차)

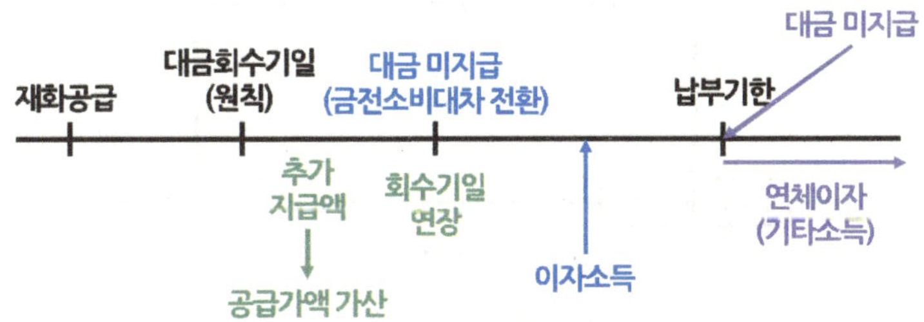

대금 미정산 → 금전소비대차

=> 연장기한에 정산하고 다시 금전대여 간주

540

이자소득(2-2) - 소득구분(금전소비대차 약정이자)

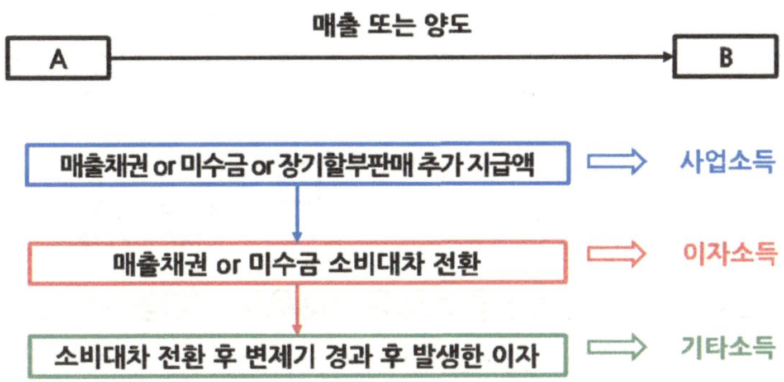

541

이자소득(2-3) - 소득구분(손해배상금 법정이자)

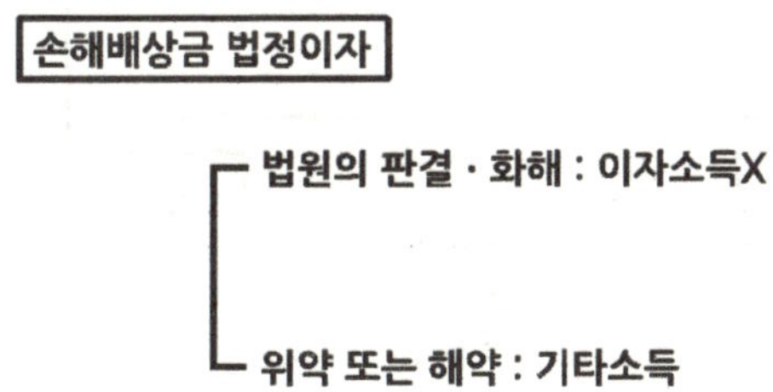

542

이자소득(3) - 비영업대금이익 총수입금액 계산 특례

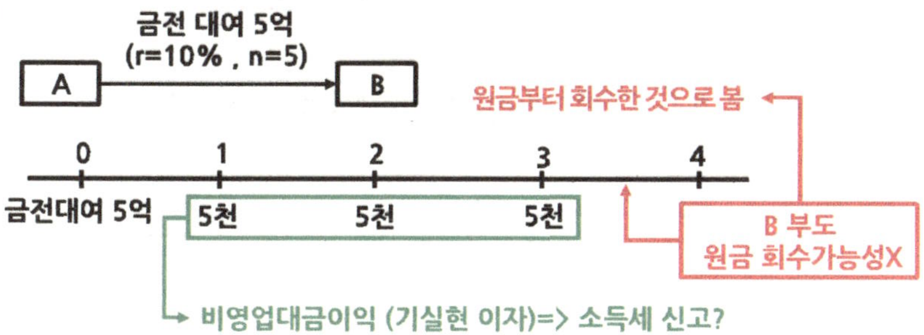

기실현 이자소득
- 과세 가능
  - ① 소득세는 기간과세 세목임
  - ② 이자소득 신고 당시에는 회수불능 사유無 → 이자소득 실현O
- 과세 불가
  - 취지) 결손발생시 이자소득 차감항목 반영할 수 없는 부당한 결과 위해 도입
  - 문언상) 과표 및 세액결정 전 회복불능사유 발생시까지 회수한 전체금액이 원금에 미달하는 경우를 적용대상으로 하며, 특별한 예외 규정 無

배당소득 (1-1) - 개요

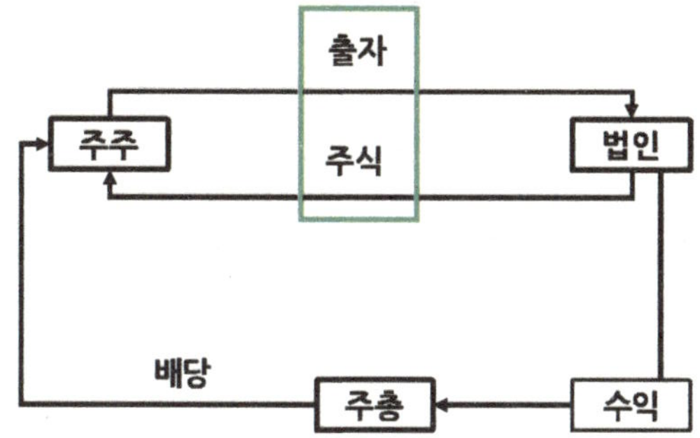

- 절차하자 => 주총결의 무효 => 배당결의 무효
  => 배당금 반환
- 절차적법 => 주주 배당수령권 포기 => 임의포기 인정 X
  => 정상적 배당금 임의포기 => 배당소득 과세

544

배당소득 (1-2) - 의제배당

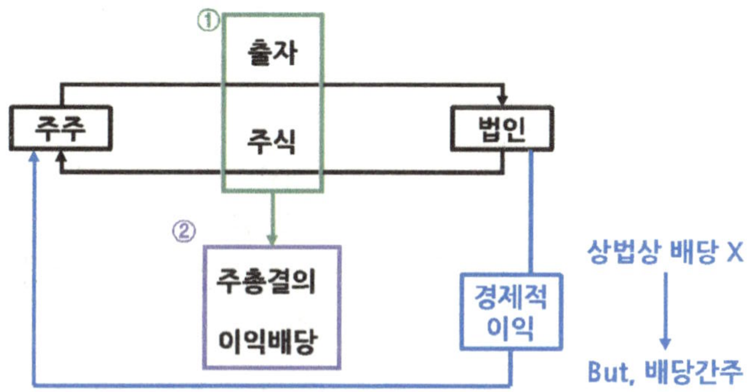

본래의미의 과세대상 = ① + ②

상법상 배당 => 지분율에 맞게 배당, 자기주식 → 배당제외

Cf) 의제배당 → ①은 충족 ②는 미충족 상태에서 법인 → 주주 이익분배

배당소득(2-1) - 집합투자기구

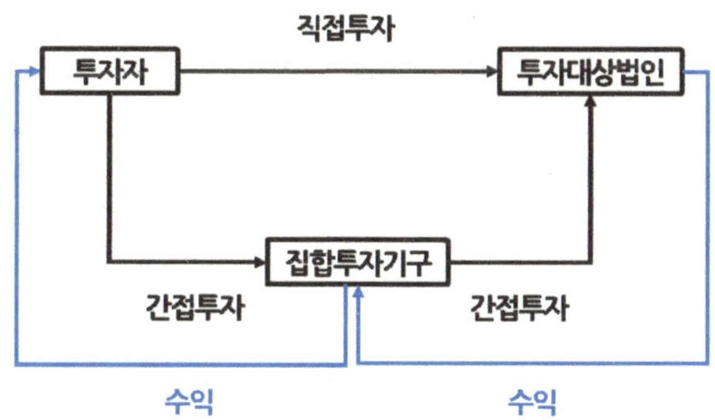

- 이자소득
- 배당소득

배당소득(2-2) - 출자공동사업자의 배당

〈출자공동사업자〉

공동사업장에 관한 업무, 영업행위, 간접적 업무지원행위에서
배제되는 사업자(법인의 일반주주와 유사)

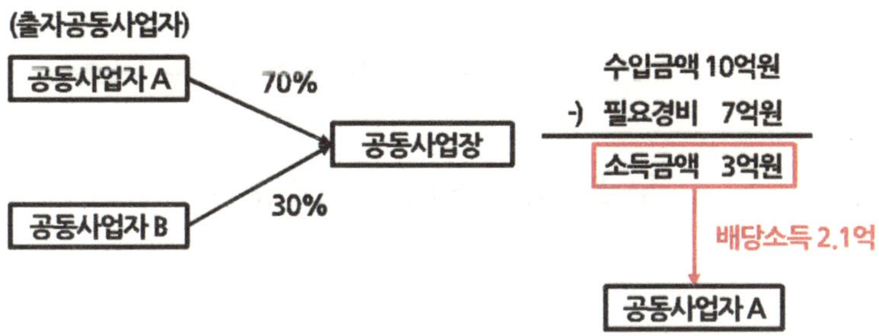

547

사업소득(1) - 개요

- 영리목적 : Not 비영리
- 독립된 지위 : Not 종속적 지위(고용관계) → 근로소득, 퇴직소득
- 계속 반복적 : Not 일시 · 우발적 → 기타소득, 양도소득

548

사업소득(2-1) - 소득구분

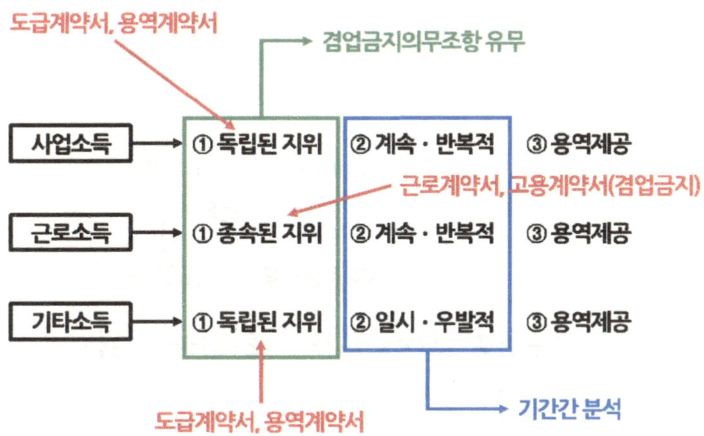

549

사업소득(2-2) - 공장재단, 광업재단

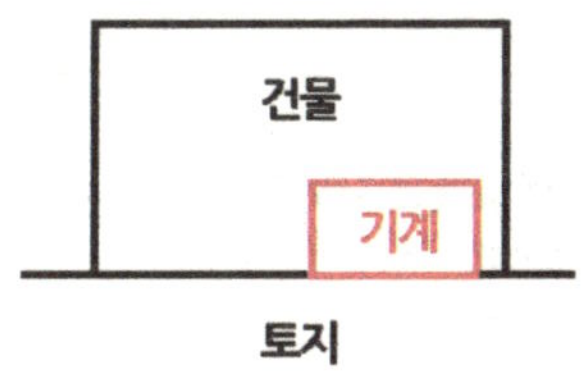

토지 + 건물 = 부동산

토지 + 건물 + 기계 + 비품 = 공장재단

550

사업소득(2-3) - 광업권자와 조광권자

광업권자 => 광물채굴권 소유자

↕ 계약

조광권자 => 광물 채굴에 대한 물적, 인적설비 보유자

↕

덕대 => 채굴권의 일부를 외주받는자

<채굴지>

80% 조광권자 => 80% 中 80% 덕대 => 80% 中 20%	20% 광업권자

551

사업소득(2-4) - 전속계약금

개정 전 기타소득에 규정 (일시우발적인 경우)

연예인
- CF 전속계약금 → 40억원
- TV 출연료 → 5억원

실질) 사업소득

원칙) 수입금액 45억원
필요경비 0원
소득금액 45억원
↓
산출세액 20억원

기타소득전환) 수입금액 45억원
필요경비 24억원
소득금액 21억원
↓
산출세액 7.4억원

552

사업소득(2-5) - 다가구주택

다세대 => 연립주택 => 각각의 개별주택으로 인식

다가구 =>

3층 : B
2층 : B
지층 : A

구분등기시 => 각 개별주택

단일등기시 => 1주택

553

사업소득(2-6) - 전대

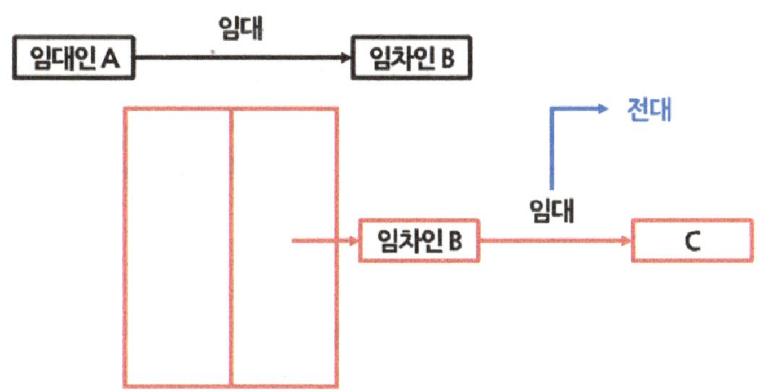

554

사업소득(2-7) - 부동산양도

- 사업성 有 (재고자산) → 사업소득 → 익년 5月 종합소득 확정신고, 일반세율, 필요경비 인정범위↑
- 사업성 無 (주택) → 양도소득
  - 양도일의 말일 + 2月 이내 예정신고
  - 2회 이상 양도시 익년 5月 확정신고(합산)
  - 비과세, 중과세, 일반세율, 필요경비 → 열거주의

555

사업소득 (2-8) - 임대보증금에 대한 간주익금

<간주임대료>

부동산 임대보증금을 금융기관에 예치 X

보증금을 타 부동산 취득에 사용 or 별도 자금운용을 통해 수익창출

556

사업소득 (2-9) - 임대보증금에 대한 간주익금

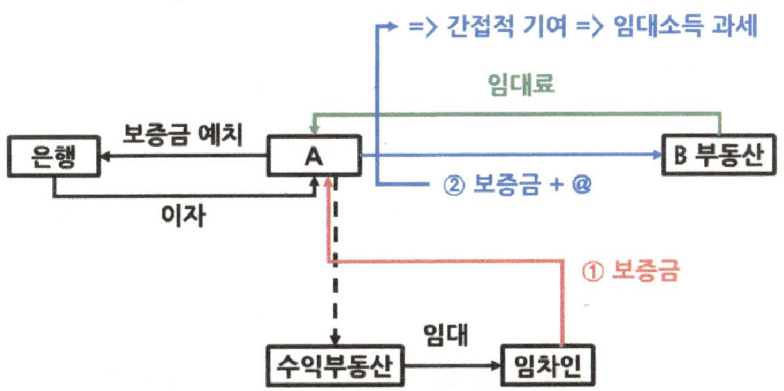

임대소득 과세 = (보증금적수 - 건설비적수) × 이자율 × 1/365 - 금융소득

정상적으로 금융기관에 예치할 경우 발생할 소득

557

사업소득 (2-10) - 임대보증금에 대한 간주익금

<임대보증금>

원칙) 자산 · 부채 => 과세 X

예외) 해당 보증금이 간접적으로 수익을 창출 => 과세

- VAT => 보증금이 창출하는 VA 과세
  (보증금적수 × 이자율 × 1/365)
- 법인세 => 보증금이 창출하는 간접적인 임대소득에 과세
  원칙) 부동산 과다보유법인 적용
  추계) 모든법인에 적용
  (보증금적수 - 건설비적수) × 이자율 × 1/365 - 금융소득
  보증금에 대한 추정소득 / 실제발생
- 소득세 => 법인세와 동일 => 주택 임대에 대하여 세부담↓

558

사업소득(3-1) - 이자비용 필요경비산입

- 사업용 고정자산 취득
  - 취득일 까지 → 취득원가 산입
  - 취득일 이후 → 필요경비 산입
- 공동사업 출자관련 → 필요경비 인정X (∵ 사업장과 직접 관련X)
  - 사업관련 자산 취득 구분 경리 시 필요경비O → 출자 · 차입 구분경리
- 자기자본을 차입금으로 대체하여 인출 → 초과인출금이 없다면 필요경비 산입

559

사업소득(3-2) - 이자비용 필요경비산입

<사업용 고정자산 취득>

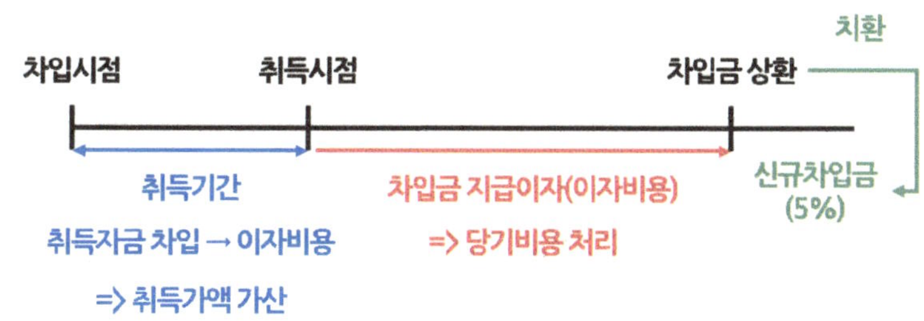

560

사업소득(4) - VAT 면세대상 사업소득

사업성 有 => 사업소득 과세

- VAT 과세대상 사업소득(인적설비, 물적설비 有)
  - => T/I 발행 => 합계표작성 => VAT 신고 => 사업소득 과세
- VAT 면세대상 사업소득(인적설비, 물적설비 無)
  - => 사업소득 원천징수(3.3%) ⟶ 사업소득 과세
  - 지급명세서 제출
  - => 지급금액이 소액 or 근로소득과 유사한 성격의 인적용역소득
  - ↓
  - 2月 연말정산으로 갈음

561

사업소득(5) - 법인과의 비교

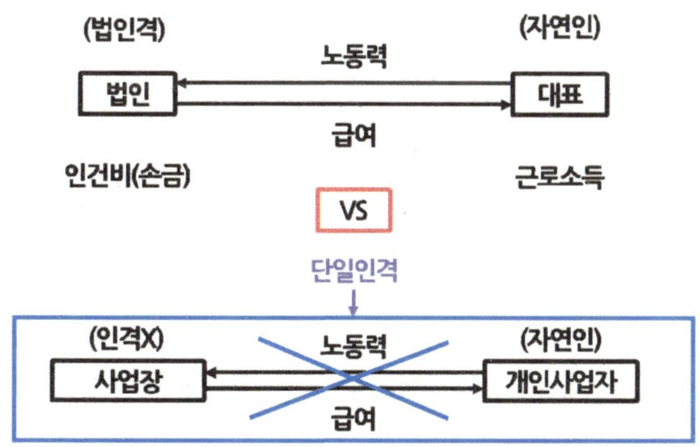

개인사업자는 사업장의 자금을 인출 => 가지급금 X

사업장의 재무 충실화 => 초과인출금 지급이자 필요경비불산입

562

근로소득(1) - 개요

- 종속성 : Not 독립성 → 사업소득
- 근로제공에 대한 반대급부 : Not 일시적인 급부 → 기타소득

563

근로소득(2) - 위임계약과 근로계약

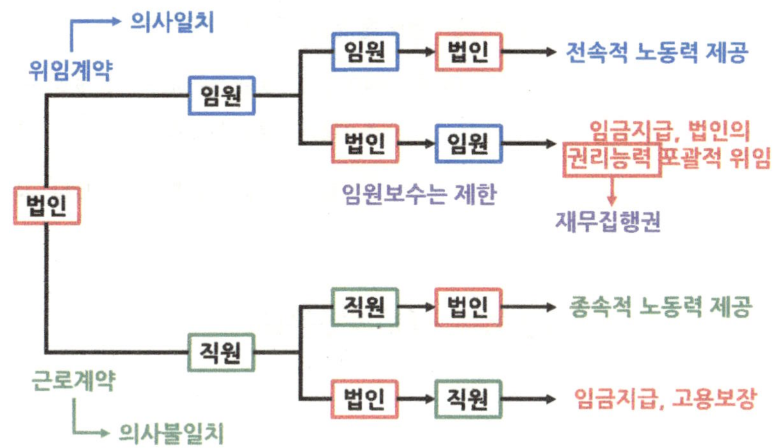

564

근로소득(3) - 인건비(손비인정 및 근로소득의 범위)

인건비

- 임원 => 법인내부 지급약정 · 규정에 근거한 지급분만 손비인정
  => 초과지급분 손비 X, 근로소득
- 직원 => 지급약정 금액 초과지급 손비인정
  => 특수관계 X => 전액인정, 근로소득

565

근로소득(4) - 인적공제와 기타공제

근로소득 총수입금액
-) 근로소득공제 → 대략적인 경비추계 → 인정
-) **소득공제**

- 인적공제 → 수평적평등원칙의 예외적 규정 → 소득자 기준으로 부양가족↑ → 1인당 가용소득↓ → 실질적 가용소득을 기준으로 과세 → 인적공제 적용
- 지출공제 → ① 실질과세원칙 구현
  ② 수입금액과 직접 대응이 불가능한 소득금액 특성상 근로자가 종속적 노동력 제공을 위하여 지출하는 부분을 공제

566

근로소득 (5) - 저축성보험 및 보장성보험

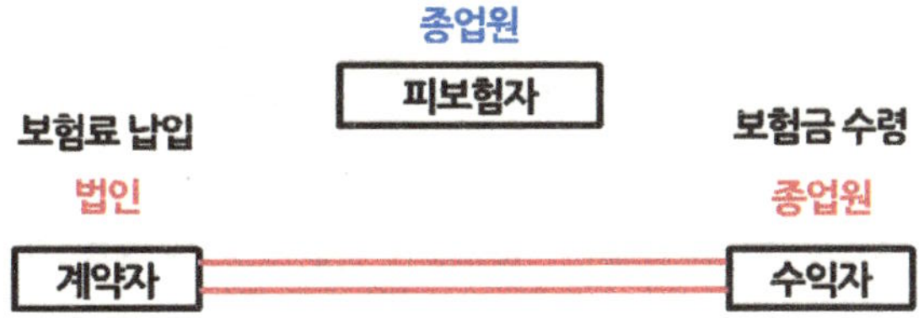

① (계약자 = 수익자) 소득세법 => 과세 X

② (계약자 ≠ 수익자) 수익자에게 불로소득 발생 => 과세

③ [계약자(법인) 수익자(종업원)] 종업원에게 근로소득 과세 (원칙)

* 종업원이 업무 中 상해 => 회사 지급위자료 과세 X
=> 법인이 연 70만원 이내의 보험료를 납부하는 경우

567

근로소득 (6) - 비과세(연장근로수당)

1st) 직전과세기간 총급여, 당기 월정액 급여 → 매월 정기적으로 지급받는 급여 (금액변동은 관계 X)

(분기별, 격월, 반기별 지급 => 부정기적 급여)

2nd) 요건을 갖춘 월정액급여를 수령하는 달의 연장 수당이 비과세 대상

1/1			
월정액급여	300	150	190
연장수당	60	30	45

30, 45 : 비과세대상

568

근로소득 (7) - 원천징수

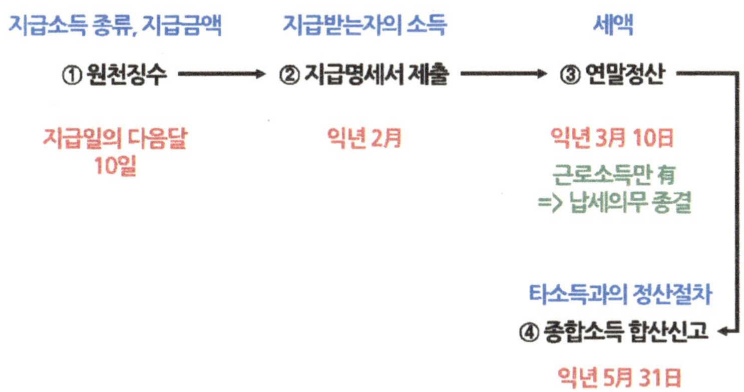

연금소득(1) - 소득구분

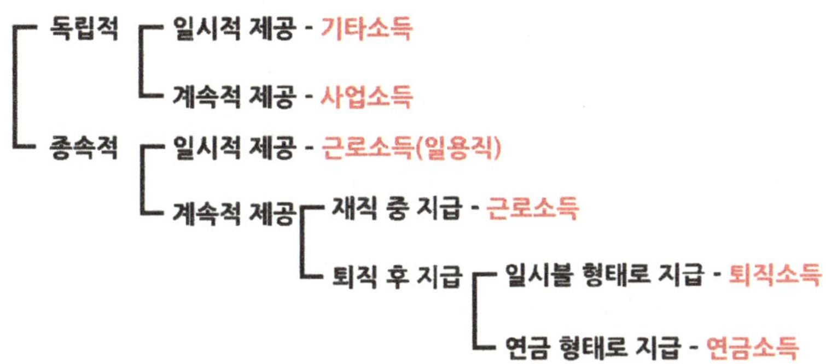

연금소득(2) - 연금소득의 범위

2001.12.31

- 2001.12.31 이전:
  - 연금불입 => 소득공제 X => 과세
  - 연금수령 => 과세 X
- 2001.12.31 이후:
  - 연금불입 => 소득공제 O => 과세 X
  - 연금수령 => 연금소득 과세

571

기타소득(1) - 개요

- 독립적
  - 일시적 제공 - 기타소득 VS 타소득 => 타소득 우선적용
  - 계속적 제공 - 사업소득
- 종속적
  - 일시적 제공 - 근로소득(일용직)
  - 계속적 제공
    - 재직 중 지급 - 근로소득
    - 퇴직 후 지급
      - 일시불 형태로 지급 - 퇴직소득
      - 연금 형태로 지급 - 연금소득

572

기타소득(2-1) - 무채재산권의 양도

- 원칙) 기타소득
- 예외) 부동산과 함께 양도 => 양도소득으로 과세

573

기타소득(2-2) - 손해배상금

- 법인세법 => 과세(∵포괄주의)
- 소득세법 =>
  - 계약(재산권 관련)의 위반 · 해약 => 과세
  - 이외 => 열거 X => 과세 X

574

기타소득(2-3) - 주택입주지체상금

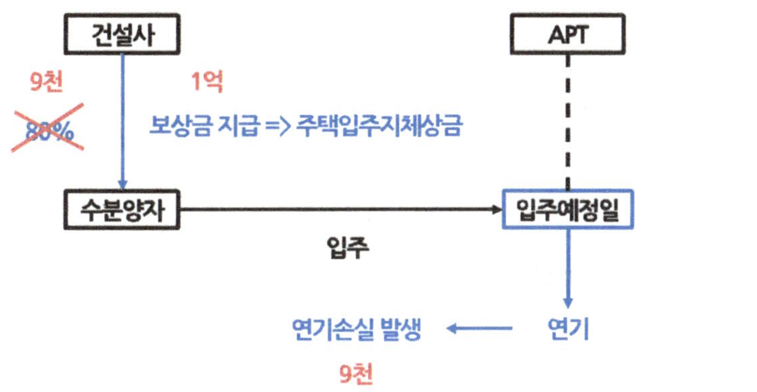

575

소득금액계산특례(1) - 부당행위계산 부인

종합과세 => 소득세법상 부계부 대상소득 => 필요경비 발생소득

- ① 이자 · 배당소득 :
  - 금융소득금액 = 총수입금액 - ~~필요경비~~ + gross- up
  - 출자공동사업자의 배당소득 = 총수입금액 - 필요경비
- ② 사업소득 : 사업소득금액 = 총수입금액 -
  - 원칙) 필요경비
  - 예외) 총수입금액 × 경비율
- ③ 근로소득 : 근로소득금액 = 총수입금액 - 근로소득공제
- ④ 연금소득 : 연금소득금액 = 총수입금액 - 연금소득공제
- ⑤ 기타소득 : 기타소득금액 = 사업소득금액 계산방식 준용

576

소득금액계산특례(2-1) - 공동사업장(소득합산)

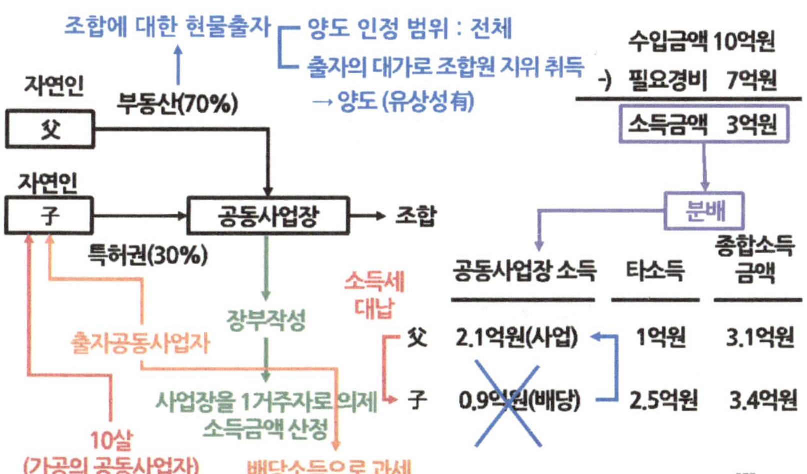

577

소득금액계산특례(2-2) - 공동사업자(누진세율)

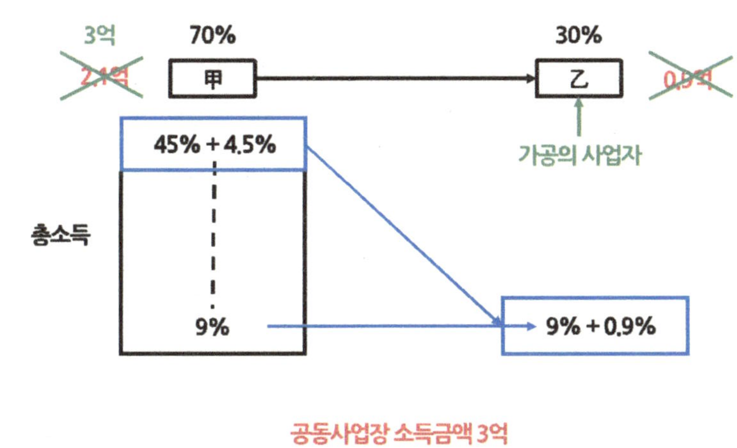

578

소득금액계산특례(3-1) - 결손금과 이월결손금(개요)

- 결손금
  - 법인세법 => 익금 < 손금
  - 소득세법 => 총수입금액 < 필요경비
- 이월결손금 => 당해과세기간 이전에 발생한 결손금

579

소득금액계산특례(3-2) - 결손금 통산

종합과세

2nd ↓
① 이자소득
② 배당소득
③ 사업소득 => 결손금 => 사업소득 이외의 종합소득과 상계
1st ↓
④ 근로소득
⑤ 연금소득
⑥ 기타소득

=> But, 부동산 임대업은 부동산임대업과 상계 의무
=> 상가임대업

사업
- 사업소득 => 기준
- 부동산 임대소득 => 세부담↑
- 산림소득 => 세부담↓

580

소득금액계산특례(3-3) - 이월결손금(시효제도)

시효 제도
- 제척기간: 국세를 부과할 수 있는 권리의 존속기간
  → 제척기간 경과 시 추상적인 조세채권채무 소멸
- 소멸시효: 확정된 국세의 납세의무 이행을 청구할 수 있는 권리
  소멸시효 완성 시 구체적인 조세채권채무 소멸

581

소득금액계산특례(3-4) - 공동사업장 결손금 통산

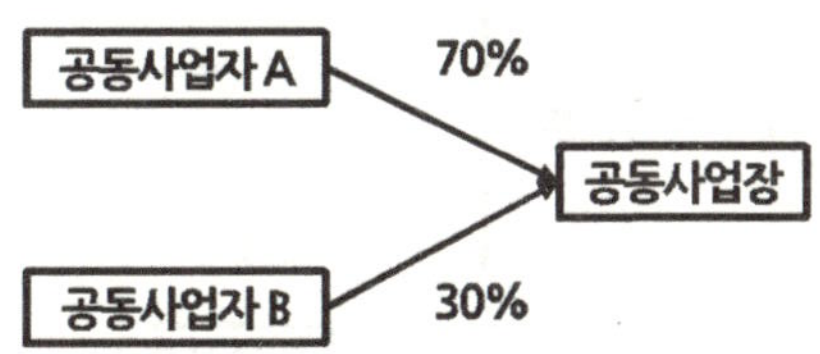

4기
수입금액 3억
필요경비 5억
결손금 2억

5기

	결손금 분배	소득	통산후 신고대상 소득
A	1.4억	2억	0.6억
B	0.6억	1억	0.4억

582

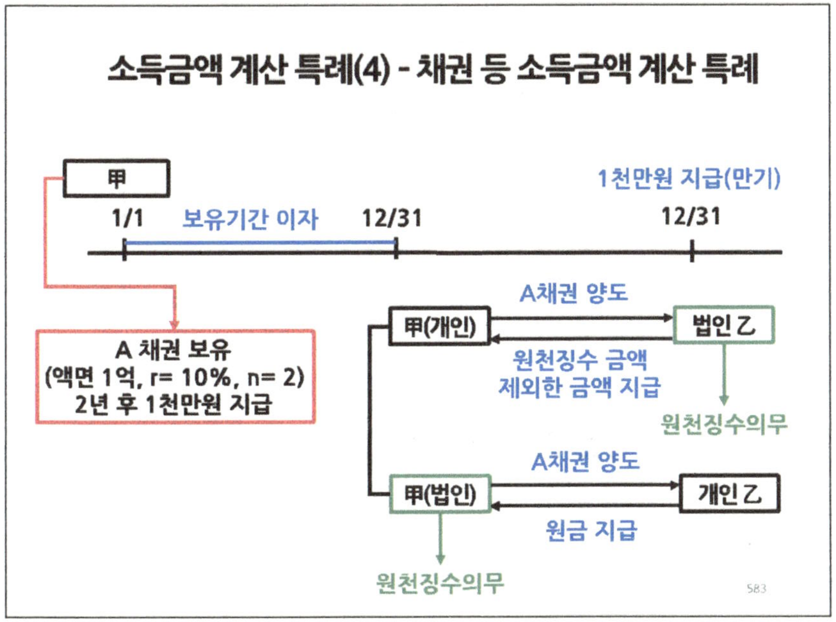
소득금액 계산 특례(4) - 채권 등 소득금액 계산 특례
甲
1/1
보유기간 이자
12/31
1천만원 지급(만기)
12/31
A 채권 보유
(액면 1억, r= 10%, n= 2)
2년 후 1천만원 지급
A채권 양도
甲(개인)
법인 乙
원천징수 금액
제외한 금액 지급
원천징수의무
A채권 양도
甲(법인)
개인 乙
원금 지급
원천징수의무
583

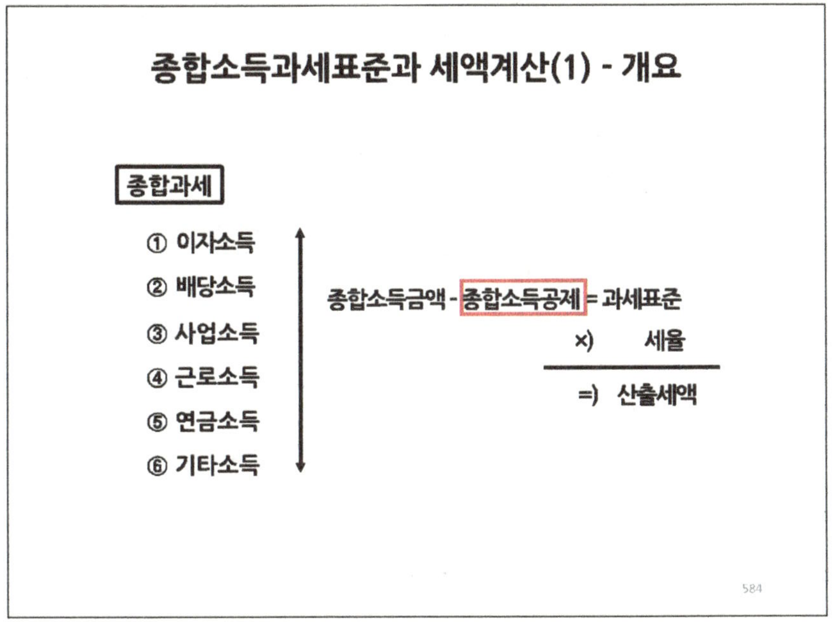
종합소득과세표준과 세액계산(1) - 개요
종합과세
① 이자소득
② 배당소득
③ 사업소득
④ 근로소득
⑤ 연금소득
⑥ 기타소득
종합소득금액 - 종합소득공제 = 과세표준
x) 세율
=) 산출세액
584

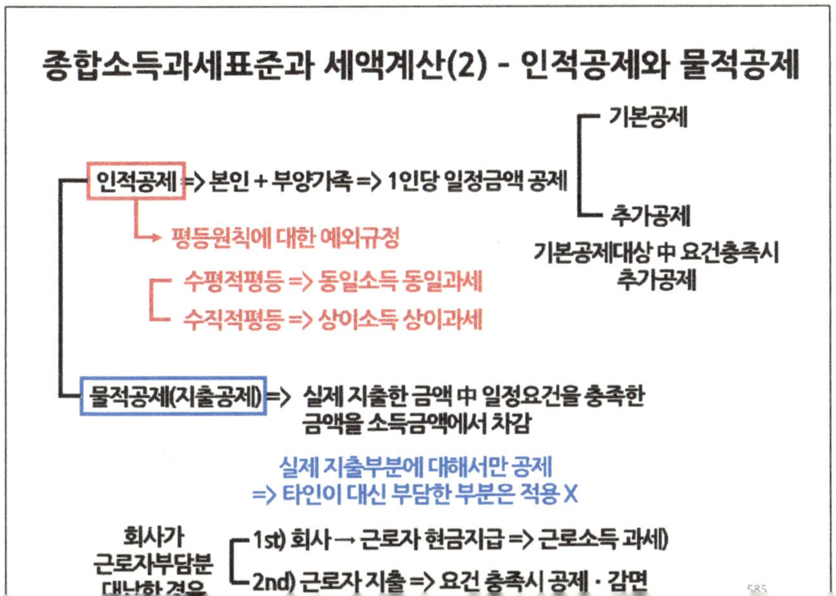
종합소득과세표준과 세액계산(2) - 인적공제와 물적공제
인적공제 => 본인 + 부양가족 => 1인당 일정금액 공제
기본공제
추가공제
기본공제대상 中 요건충족시
추가공제
평등원칙에 대한 예외규정
수평적평등 => 동일소득 동일과세
수직적평등 => 상이소득 상이과세
물적공제(지출공제) => 실제 지출한 금액 中 일정요건을 충족한
금액을 소득금액에서 차감
실제 지출부분에 대해서만 공제
=> 타인이 대신 부담한 부분은 적용 X
회사가
근로자부담분
1st) 회사 → 근로자 현금지급 => 근로소득 과세)
2nd) 근로자 지출 => 요건 충족시 공제 · 감면
585

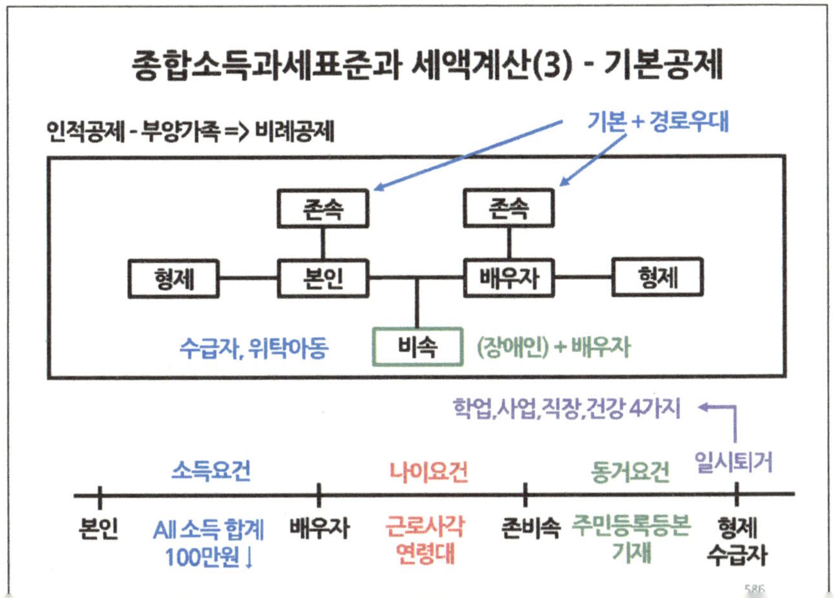
종합소득과세표준과 세액계산(3) - 기본공제
인적공제 - 부양가족 => 비례공제
기본 + 경로우대
존속
존속
형제
본인
배우자
형제
비속
수급자, 위탁아동
(장애인) + 배우자
학업,사업,직장,건강 4가지
소득요건
나이요건
동거요건
일시퇴거
본인
세 소득 합계
100만원 ↓
배우자
근로사각
연령대
존비속
주민등록등본
기재
형제
수급자
586

종합소득과세표준과 세액계산(4-1) - 보험료소득공제

<4대보험>	공제대상
국민연금	=> 소득세 납세의무자
건강보험, 고용보험, 노령연금	=> 근로소득 有 거주자

587

종합소득과세표준과 세액계산(4-2) - 주택공제

<주택공제>

=> 통합한도 적용, 공제대상 (원칙) 세대주 (예외) 세대주 공제 X 시 세대원 가능

- ① 주택청약저축 불입액 — 조세특례제한법 / 세대주만 공제가능
- ② 월세액 지급액 — 조세특례제한법 / 세액공제
- ③ 전세보증금대출 원리금 상환액 — 소득세법 / 소득공제
- ④ 주택담보대출 원리금 상환액 — 소득세법 / 소득공제

<주택요건>

① ~ ③ => 무주택자

④ => 1주택 이하

가격요건, 규모요건 => 취득당시 판단

<전세보증대출>

- 금융기관
- 거주자
  - 적정이자율 금전소비대차
  - 대부업 영위 X

청약저축 => 무주택자가 금융기관에 무주택 확인서 제출

588

종합소득과세표준과 세액계산(4-3) - 신용카드 사용금액

신용카드 => 상호대사기능

=> 최종소비자를 대상으로 하는 소매업자 등의 매출누락 방지

=> 매출누락 방지 → 법인세, 소득세 세원확보

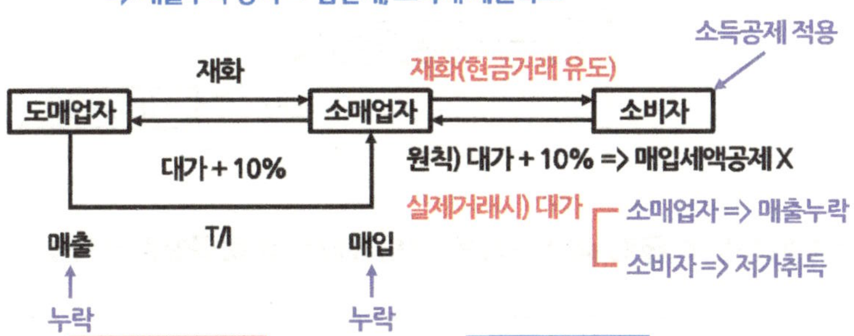

원칙) 대가 + 10% => 매입세액공제 X

실제거래시) 대가
- 소매업자 => 매출누락
- 소비자 => 저가취득

신용카드 사용금액에 대한 소득공제 => 총급여액 × 25% 초과 사용분

공제배제대상 존재

=> 문턱효과

589

종합소득과세표준과 세액계산(4-4) - 현금영수증

<정상거래>

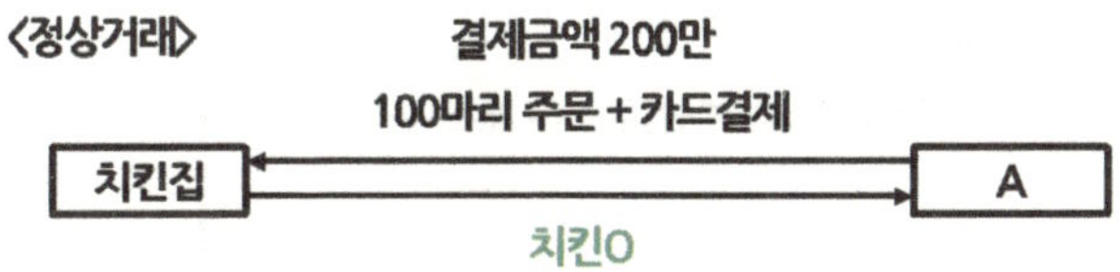

<비정상거래> => 카드깡

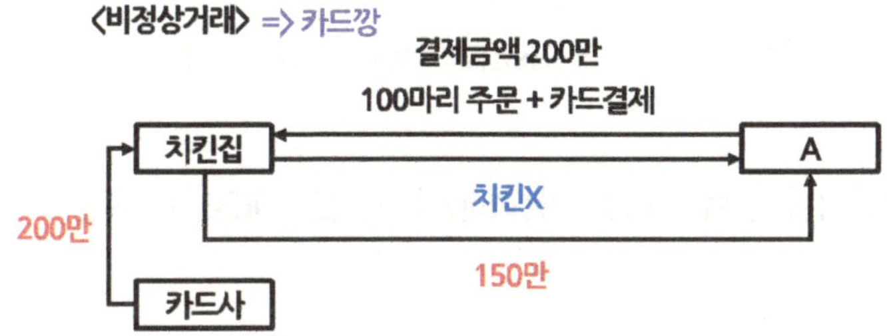

590

종합소득과세표준과 세액계산(5) - 공동사업에 대한 소득공제 특례

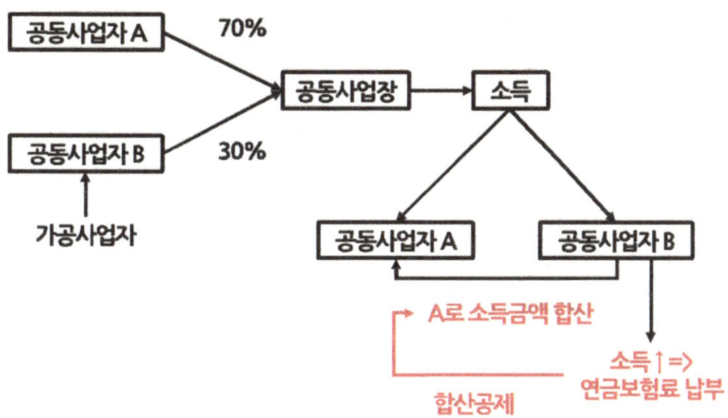

591

종합소득과세표준과 세액계산(6) - 부동산매매업자

부동산
- 판매 등 취득 => 재고자산 => 사업소득 과세
  - => 일반세율 적용, 필요경비 인정범위↑
  - ↑ 조세회피
- 임대, 제조, 판매 => 사업용 고정자산 => 양도소득 과세
  - 투기목적 => 중과세율
  - 이외 => 일반세율
  - => 필요경비 열거주의

592

종합과세표준과 세액계산 (7-1) - 배당세액공제

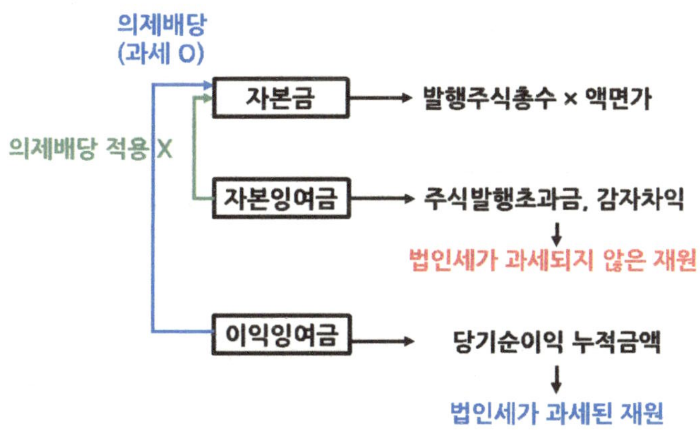

593

종합과세표준과 세액계산 (7-2) - 보험료세액공제

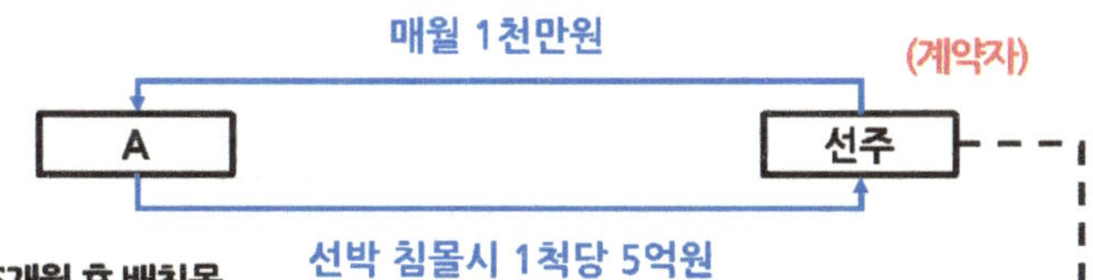

(피보험물건) 선박 5척 + 무역물품

↓

10억원, 항해기간 1년

6개월 후 배침몰
A → 선주 10억원 지급

선주

수령액 10억
-) 손실액 5억
-) 보험료 6천

=) 이익 4.4억
- 법인세법 => 과세 (∵포괄주의)
- 소득세법 => 과세 X (∵미열거)

=> 실손보험에 대한 납입보험료는 일정한도까지 세액공제

594

종합과세표준과 세액계산 (7-3) - 보험료세액공제

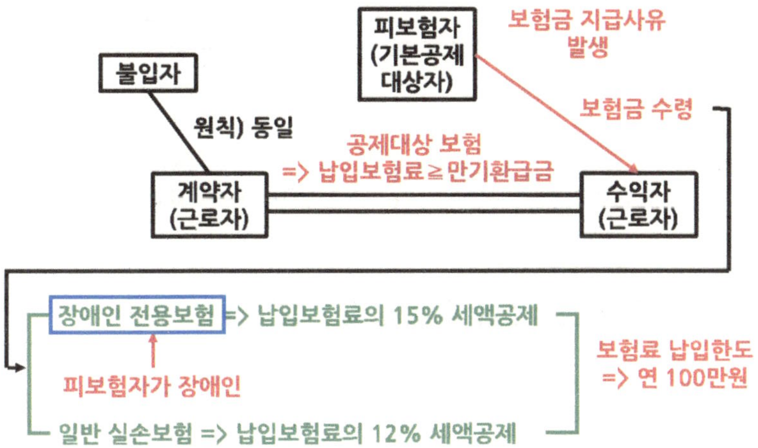

595

종합과세표준과 세액계산 (7-4) - 의료비세액공제

	원칙(공제대상액)	예외(일반의료비 총급여 3% 미달)
일반의료비	총급여 × 3% 초과분	'0'
특정의료비 난임시술비 미숙아, 선천성이상아	=> 발생금액	특정의료비 → 난임시술비 → 미숙아 등 의료비 순으로 순차상계 후 잔액에 대해서 세액공제 적용

596

종합과세표준과 세액계산 (7-5) - 의료비세액공제

(원칙) 근로자가 직접 지출 => 근로소득 과세 후 공제인정

(예외) ① 실손보험처리(근로자 선결제 → 보험사 청구 → 치료비 지급) => 공제 X

② 회사가 의료비 대납 ┬ 위자료 성격 => 근로소득 비과세, 공제 X
└ 이외 => 대납시 근로소득과세 => 요건충족시 세액공제

개인소득 => ① 소득세제 우선적용 => 열거된 소득에 해당 => 소득세 적용
② 증여세 보완과세 => 포괄주의에 따라 소득세에서 미열거된 소득 과세

비과세 열거 => 소득세 X, 증여세X

597

종합과세표준과 세액계산 (7-6) - 교육비세액공제

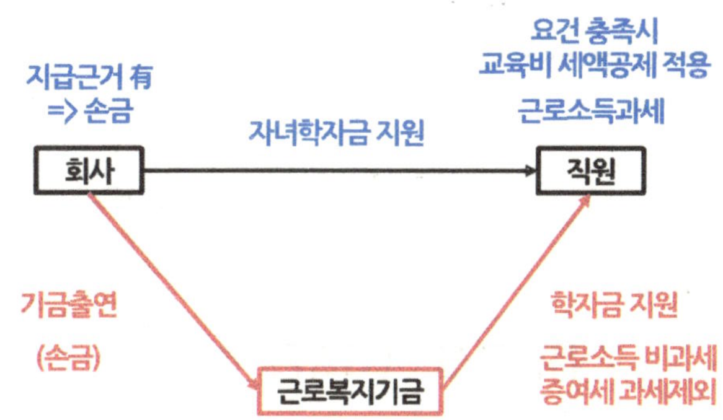

598

종합과세표준과 세액계산 (7-7) - 기부금세액공제

- 사업소득자 => (원칙) 한도액을 필요경비로 차감
  - But, 사업소득자 中 연말정산대상 사업소득자는 세액공제 적용
  - => 근로소득자와 동일하게 취급
- 근로소득자 => 한도액을 산출세액에서 세액공제로 차감

599

신고, 납부(1) - 중간예납

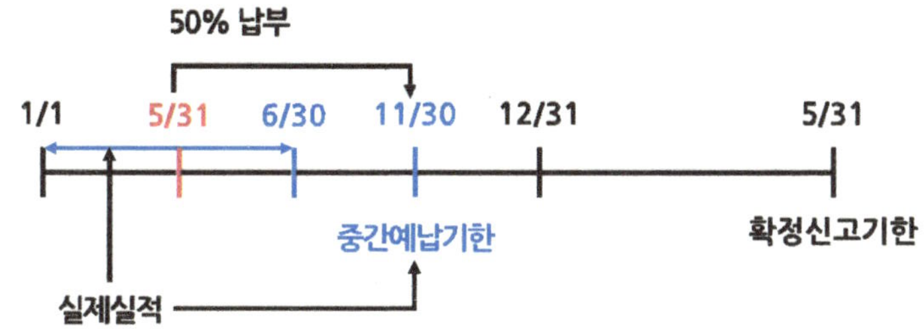

600

신고 · 납부(2) - 부동산매매업자의 예정신고

- 사업성 有 (재고자산) ⟶ 사업소득 ⟶ 익년 5月 종합소득 확정신고, 일반세율, 필요경비 인정범위↑
- 사업성 無 (주택) ⟶ 양도소득
  - 양도일의 말일 + 2月 이내 예정신고
  - 2회 이상 양도시 익년 5月 확정신고(합산)
  - 비과세, 중과세, 일반세율, 필요경비 → 열거주의

601

신고 · 납부(3-1) - 원천징수

- 완납적 원천징수 → 납세의무 종결
- 예납적 원천징수 → 정산 절차 有

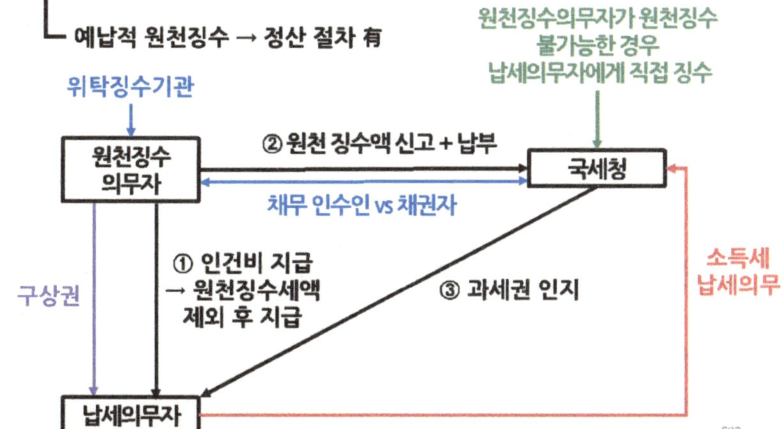

602

신고 · 납부(3-2) - 원천징수 시기

원천징수 → 지급 시 일정액 차감 지급 → 다음 달 10일까지 신고

→ 지급 X → 원천징수 X

지급의제 → 원천징수시기 지정

원천징수의제 → 확정주의

기업회계 → 미지급급여 → I / S 비용반영 → 당기순이익 미지급급여 포함

603

신고 · 납부(3-3) - 외국인파견근로자 원천징수

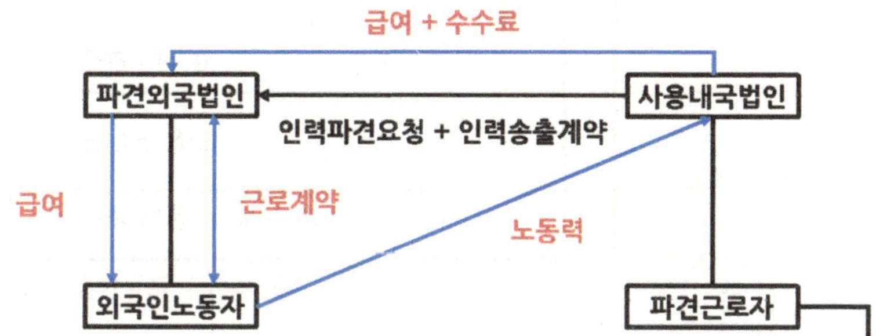

예납적원천징수 → 사후정산
- 환급 => OK
- 추징 => X => 원천징수시 단일세율적용

604

신고 · 납부(3-4) - 외국인파견근로자 원천징수

파견근로자

	1/1	1천	1천	1천	12/31	2月
① 6%		60만	60만	60만	=> 180만	15% 450만
② 19%		190만	190만	190만	=> 570만	19% 570만

605

신고 · 납부(4-1) - 신고유형

영세사업자 => 기장능력 X => 기장의무 면제, 단순경비율, 장부작성 => 기장세액공제

간편장부대상자 => 기장능력↓ => 간편장부 작성, 기준경비율, 복식부기 =>기장세액공제

복식부기의무자 => 기장능력↑ => 복식부기의무, 추계신고=> 무신고

외부조정대상자 => 복식부기의무자 + 외부조정명세서 (1.5억 ~ 5억)

성실신고확인의무자 => 외부조정명세서 + 성실신고 확인서

* 기준금액		간편장부	복식부기	외부조정	성실신고
	도소매업	0.6억	3억	6억	15억
	제조업	0.36억	1.5억	3억	7.5억
	서비스업	0.24억	0.75억	1.5억	5억

606

신고 · 납부(4-2) - 추계소득금액의 계산

단순경비율 = 총수입금액 × (1-단순경비율) = 추계소득금액

- ① 신규사업개시 + 간편장부 대상자
- ② 직전 과세기간 수입금액 → 기준금액 미달

기준경비율 = Min[①, ②]

- ① 수입금액 - 주요경비 - 수입금액 × 기준경비율
  (복식부기의무자는 기준 경비율 × 50%)
- ② 수입금액 × 단순경비율 × 배율

507

신고 · 납부(4-3) - 추계소득금액의 계산

해당 경비율에 모든 경비 포함(경비율↑) → 단순경비율

경비율
- 단순경비율
- 기준경비율

해당 경비율에 주요경비는 제외 일반경비만 포함(경비율↓) → 기준경비율

주요경비는 → 적격증빙을 통하여 입증

	여성의류 도매업
단순경비율	90%
기준경비율	30%

1/1 — 12/31 — 수입금액 — 12/31 — 소득금액 — 12/31 — 5/31

수입금액: 기준수입금액 초과여부 판단

소득금액: 장부 VS 추계

신고 · 납부 (5/31)

508

신고 · 납부(4-4) - 추계소득금액의 계산

1기 — 2기 — 5/31

1기: 2,399만원↓→ 90%, 2,401만원 → 30%

2기: 7천만원

수입금액 0.7억, 주요경비 無

- 단순경비율 → 90% → 소득금액 : 700만원
- 기준경비율 → 30% → **소득금액 : 4,900만원**

VS

700만× 3.2배 = 2,240만원

509

신고 · 납부(4-5) - 규모에 따른 납세의무

- 성실신고확인서 제출 대상자: 외부+성실신고확인서 → [50,000, 75,000, 150,000]
- 외부조정 대상자: 복식+조정반명세서 → [15,000, 30,000, 60,000]
- 복식부기 대상자: 무기장 [무신고 가산세, 무기장 가산세] → [7,500, 15,000, 30,000]
- 간편장부 대상자 (기준경비율): 복식 - 세액공제, 간편 - N/A, 무기장 - 가산세 → [2,400, 3,600, 6,000]
- 소규모사업자 (단순경비율): 복식 - 기장세액 공제, 무기장 - N/A

당해과세기간 수입금액

직전과세기간 수입금액

510

신고 · 납부(5) - 장부의 비치 · 기록

단식부기(간편장부)	VS		복식부기
		매출액	매출원장
	-)	매출원가	재고자산원장
	=)	매출총이익	
	+)	영업외수익	이자수익, 잡이익 원장
	-)	영업외비용	이자비용, 판관비, 잡손실 원장
	=)	당기순이익	

→ 계정별원장

611

신고 · 납부(6) - 징수와 환급

1/1 — 12/31 — 5/31

과세기간 / 확정신고기한

납세의무자 => 소득 신고 · 납부 => 납세의무 종결

If) 신고기한까지 신고 · 납부 X

=> 과세관청이 징수권 행사

직전연도 예납세액 추계액 > 확정세액

=> 과세관청 → 납세의무자 과다징수세액 환급

612

퇴직소득(1) - 개요

법인 → 임직원 (20년 근무)

대가지급 => 퇴직소득

지급원인 => 사실상 퇴직

(퇴직 X → 퇴직금지급 => 가지급금)

퇴직소득 => 분류과세대상

- 근로소득 => 매월지급 => 1년단위 과세(누진율 20번 적용)
- 퇴직소득 => 퇴사시 지급 => 20년 누적소득 일시과세(누진율 1번 적용)

=> 분류과세, 연분연승법, 퇴직소득공제

613

퇴직소득(2) - 관계회사 전출입

전출 법인 → (직원전출) → 전입 관계회사

① 퇴사처리 → 입사처리

=> 퇴직금지급 / => 전입법인 입사시점부터 근무기간 산정

② 퇴사처리 → (퇴직금) → 입사처리

=> 퇴직금 인수인계 / => 전출법인 입사시점부터 근무기간 산정

=> 퇴직금 미지급

614

퇴직소득(3) -임원퇴직소득 한도

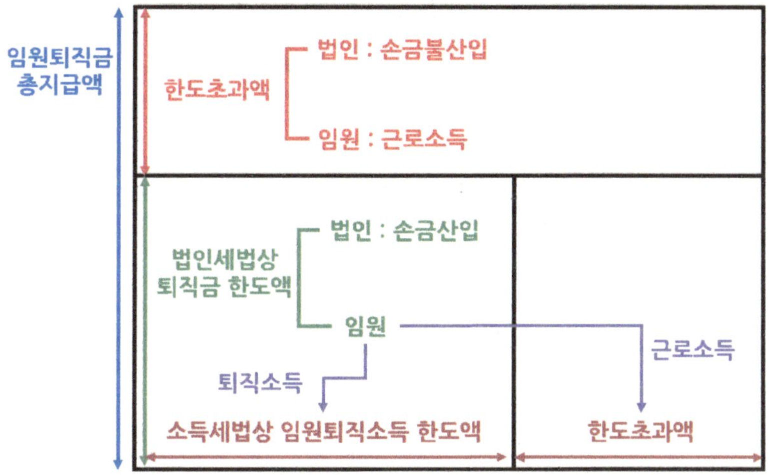

615

퇴직소득(4) - 퇴직소득 산출세액 계산

〈종전〉

퇴직소득 = 퇴직금 수입금액 × $\frac{1}{\text{근속연수}}$ × 세율 × 근속연수

〈현행〉

$\left[\text{퇴직소득} = (\text{퇴직소득금액} - \text{근속연수공제}) \times \frac{12}{\text{근속연수}} - \text{환산급여공제}\right]$

× 세율 × $\frac{\text{근속연수}}{12}$

616

퇴직소득(5) - 원천징수

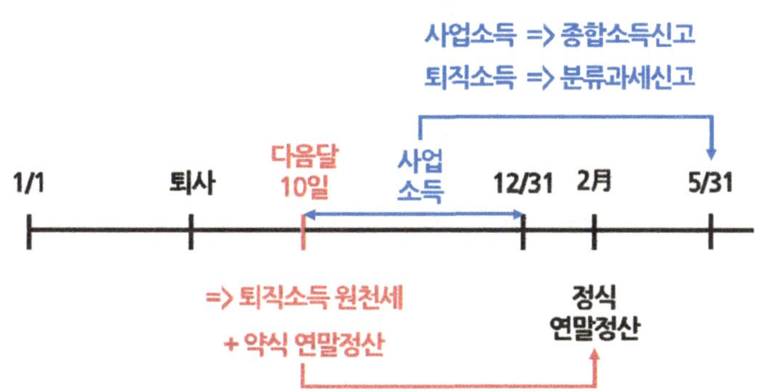

617

양도소득(1) - 계산구조

	양도가액	
-)	취득가액	철저한 열거주의 (실질과세 X)
-)	양도비용	
=)	소득금액	
-)	장기보유특별공제	
=)	과세표준	
x)	세 율	
=)	산출세액	

양도 · 취득시기 → 실질과세원칙 적용

618

양도소득(2-1) - 자산소득에 대한 과세

자산소득

- 자산의 유상이전 → 보유기간동안 가치↑ → 가치상승분에 대하여 과세 (양도소득세)
  - 적극재산, 소극재산
- 자산의 무상이전
  - 생전이전 → 증여세
  - 사후이전 → 상속세
  - 급부수령 X

619

양도소득(2-2) - 유상이전과 무상이전

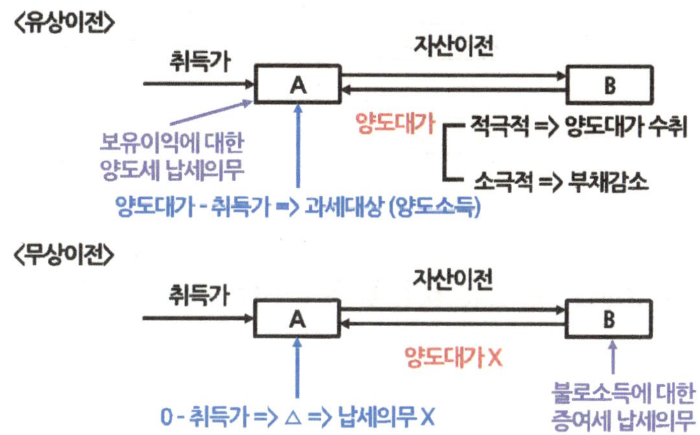

620

양도소득(2-3) - 명의이전

- 부동산
- 부동산권리

=> 등기를 통하여 명의이전

- 유가증권
- 부동산으로 보는 주식

=> 명의개서를 통하여 명의이전

(원칙) 대금청산과 동시에 명의이전

(예외) 조세회피목적으로 대금의 대부분을 지급 후 명의이전 X

=> 양도로 본다 => 사실상 양도성립

621

양도소득(2-4) - 사실상 이전

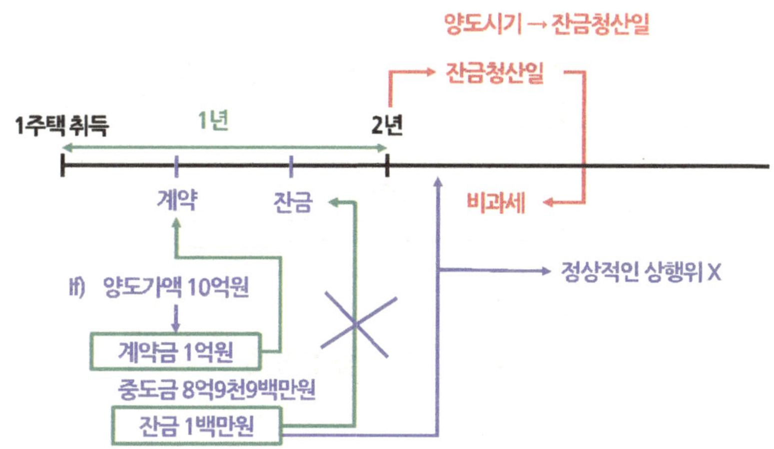

622

양도소득(3-1) - 부담부증여

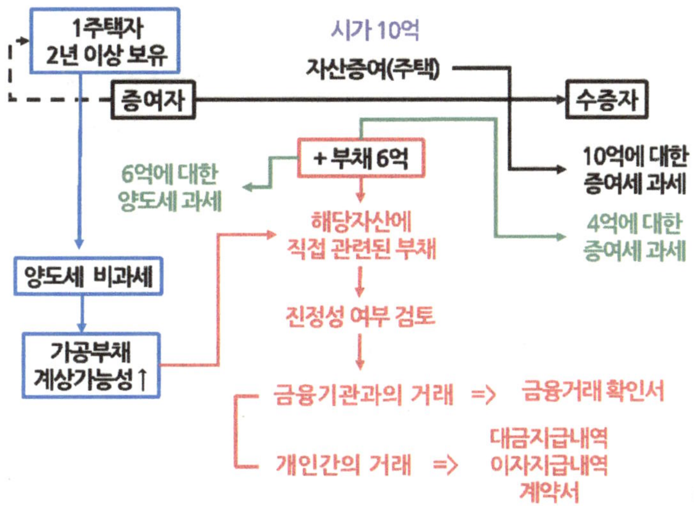

523

양도소득(3-2) -환지처분

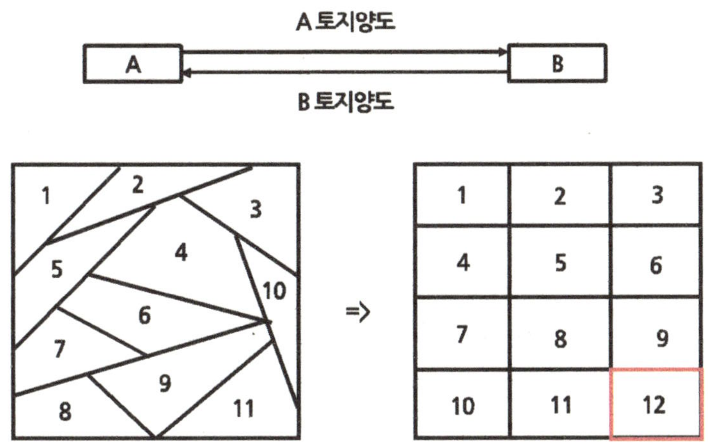

624

양도소득(3-3) - 조합원입주권과 분양권

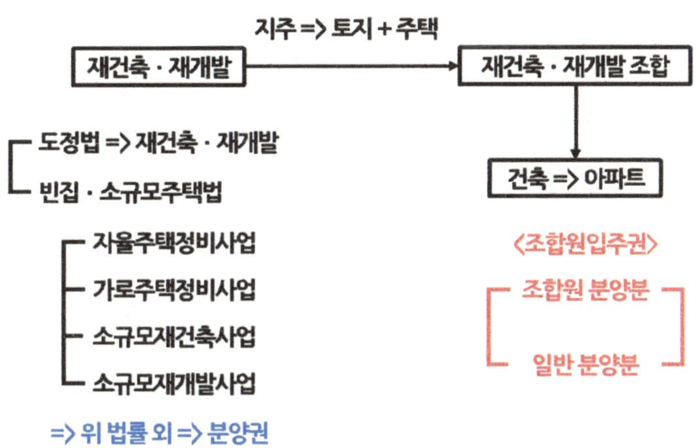

625

양도소득(3-4) - 현물출자의 양도세 과세여부

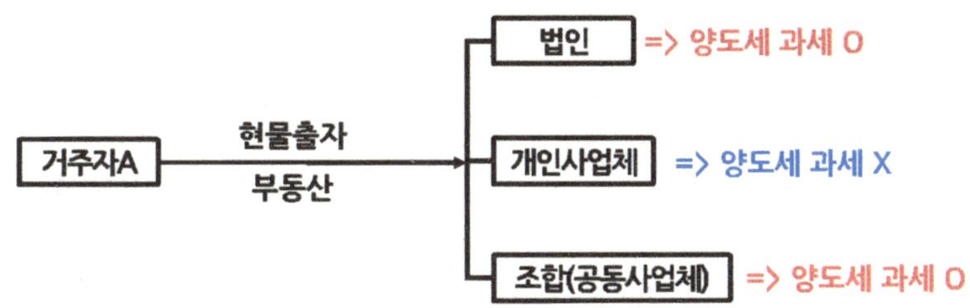

626

양도소득(3-5)- 양도담보

<양도담보 설정자> <양도담보권자>

자금 대여

채무자 ⇄ 채권자

원금 + 이자 + 담보제공

→ 양도담보 => 자산명의 이전

양도소득 과세유예 => 채무자가 만기까지 채무변제 X => 소유권 이전시 과세

과세관청 ← 등기이전사유 => 양도

양도담보 계약서 제출

1) 담보제공목적의 자산이전

2) 채무자가 자산을 사용 · 수익

3) 자금대여에 대한 금전소비대차 내용

627

양도소득(4-1) - 과세대상(부동산을 취득할 수 있는 권리)

계약금 — 중도금 — 잔금

A → B 부동산 양도

(부동산을 취득할 수 있는 권리)

628

양도소득(4-2) - 과세대상(주식)

- 상장주식
  - 대주주가 양도하는 주식 (장내, 장외 all 과세)
  - 장외거래주식(대주주 외의 자도 과세)
- 비상장주식 => 원칙) 대주주 여부에 관계없이 all 과세(장내, 장외거래 불문)

  예외) 공정거래가치가 생성되는 시장에서 거래되는 주식은 과세 제외

629

양도소득(4-3) - 과세대상(기타자산)

부동산매매

- 개인 => 다주택, 비사업용토지
  - (원칙) 중과세 50% ~ 70%
  - (법인설립) 법인명의 부동산 취득 => 법인을 양도

    주식양도소득세 과세 => 10%~30% (X)

    기타자산 ← 부동산양도로 의제과세 => 50%~70%
- 법인 => 다주택, 비사업용토지
  - (원칙) 토지 등 양도차익 법인세 과세 + 각 사업연도 소득 법인세 과세
  - (부동산매매업 법인) 각 사업연도 법인세 과세

630

양도소득(5-1) - 부동산과다보유법인주식

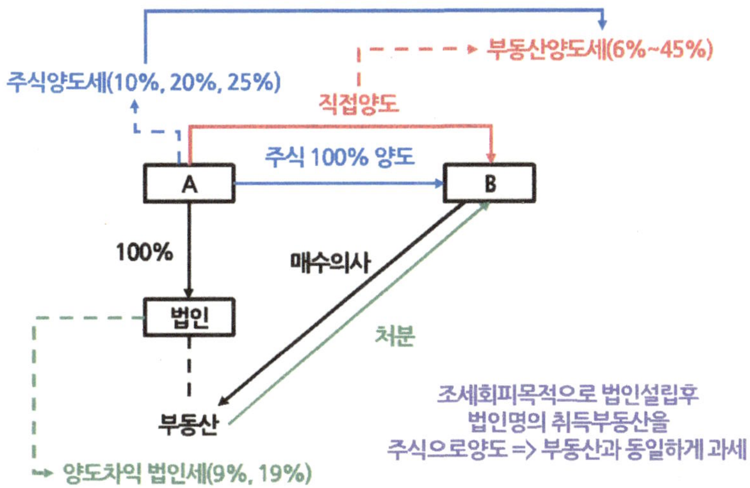

양도소득(5-2) - 부동산과다보유법인주식 조세회피 방지

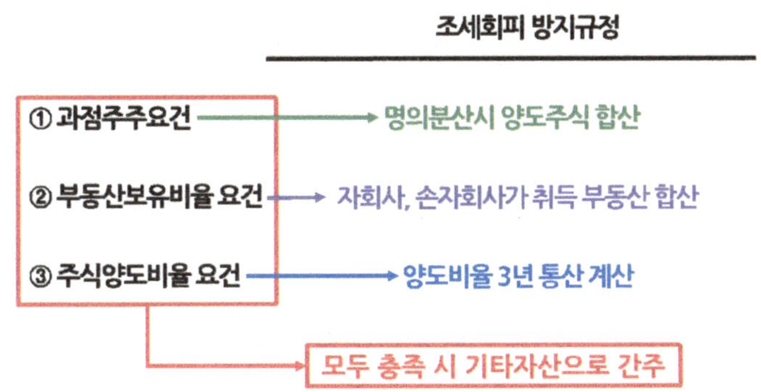

양도소득(5-3) - 명의분산시 양도주식 합산

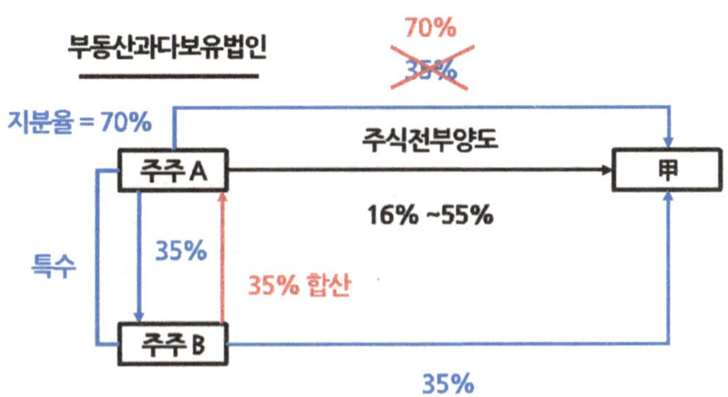

양도소득(5-4) - 자회사, 손회사 취득 부동산 합산

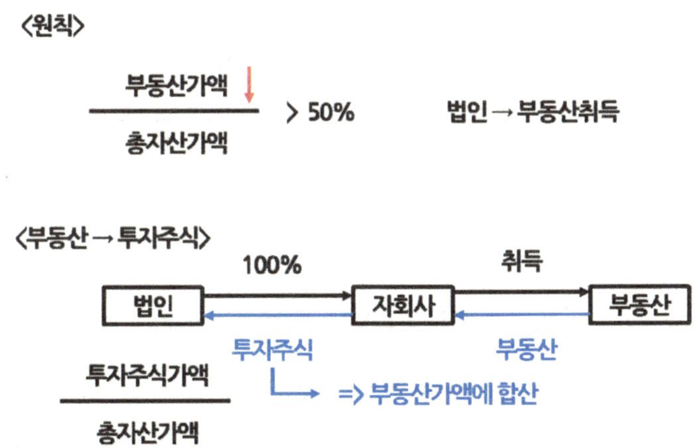

양도소득(5-5) - 3년 통산 계산

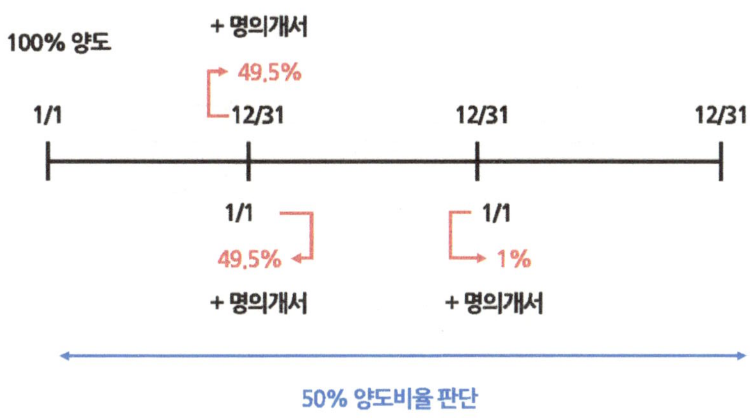

635

양도소득(5-6) - 부동산주식(정리)

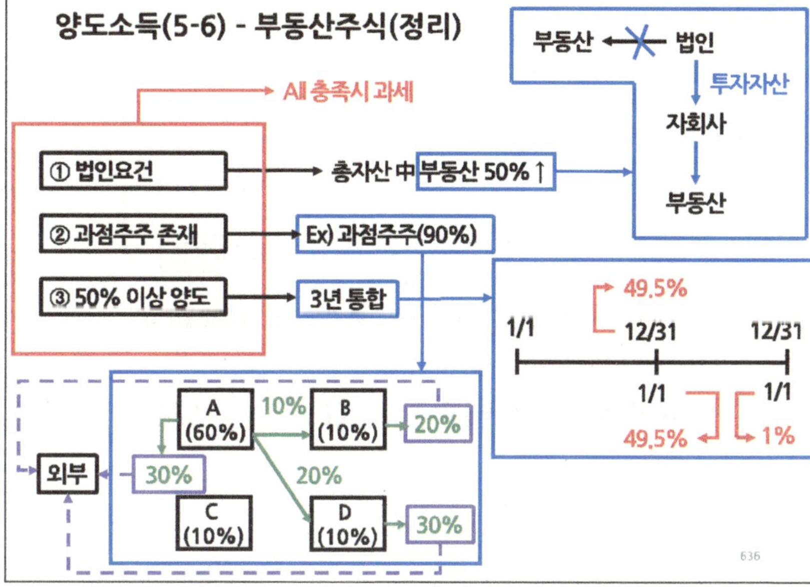

636

양도소득(6-1) - 과세대상(이축권)

<개발제한구역>

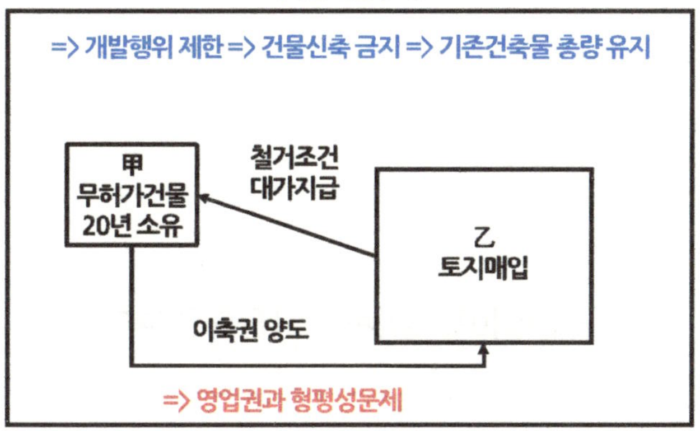

637

양도소득(6-2) - 과세대상(이축권)

<개발제한구역>

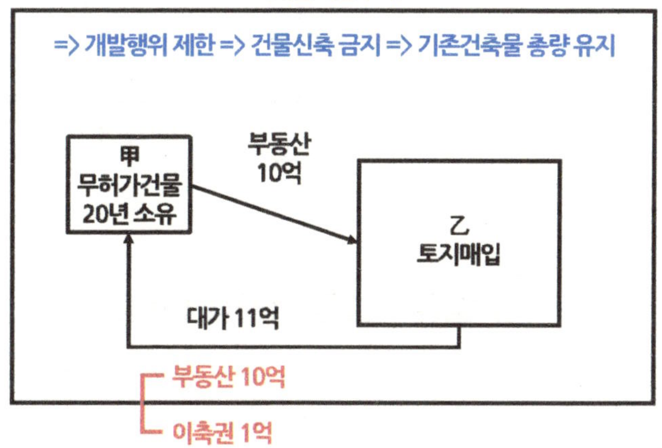

638

양도소득(6-3) - 과세대상(이축권)

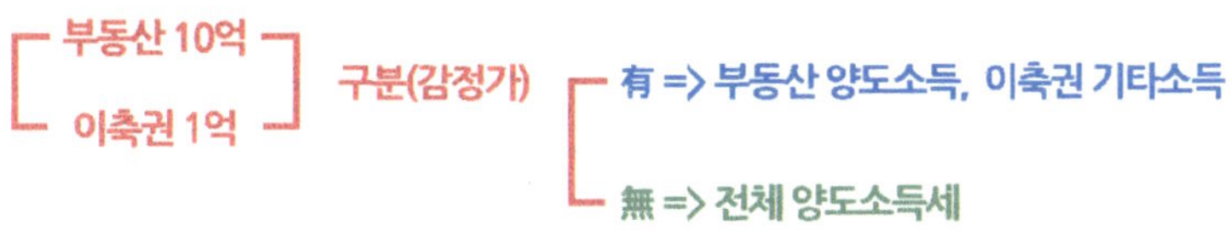

639

양도소득(7) - 양도 · 취득시기

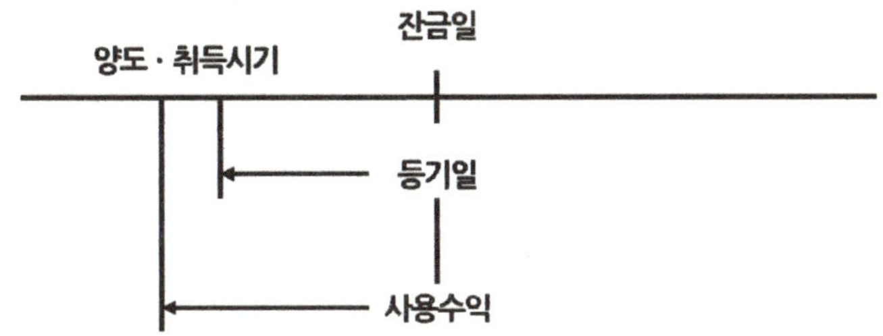

640

양도소득(8-1) - 비과세(파산·회생)

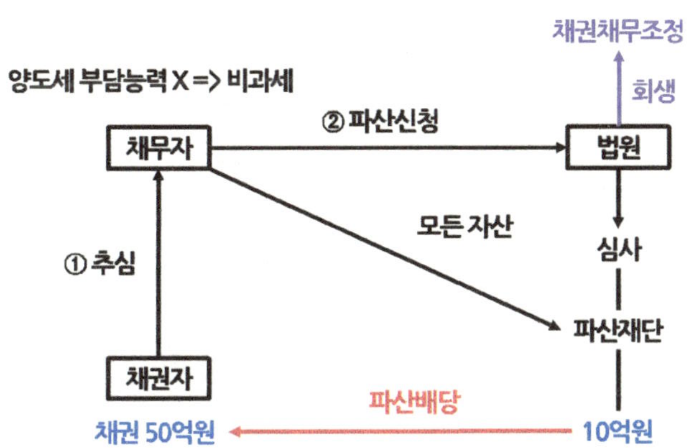

641

양도소득(8-2) - 1세대1주택 비과세(취지)

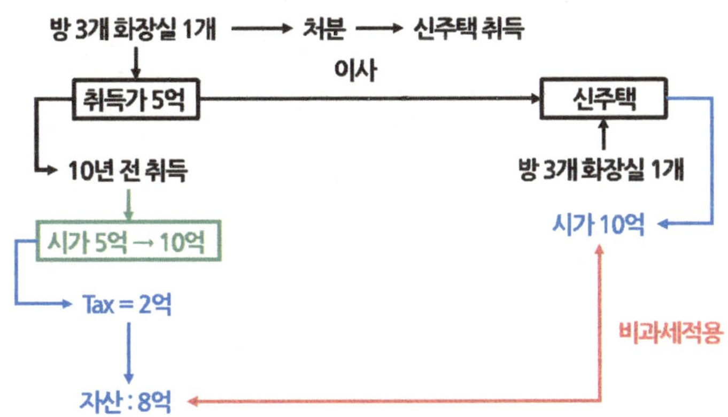

642

양도소득(8-3) - 1세대 1주택 비과세(요건)

- 1세대 = 거주자 + 배우자 + 생계를 같이하는 자
- 1주택 = (원칙) 사실상 주거용 , (불분명) 공부상 용도
- 2년이상 보유 (비거주자의 경우 3년)

643

양도소득(8-4) - 1세대1주택 비과세(생계요건)

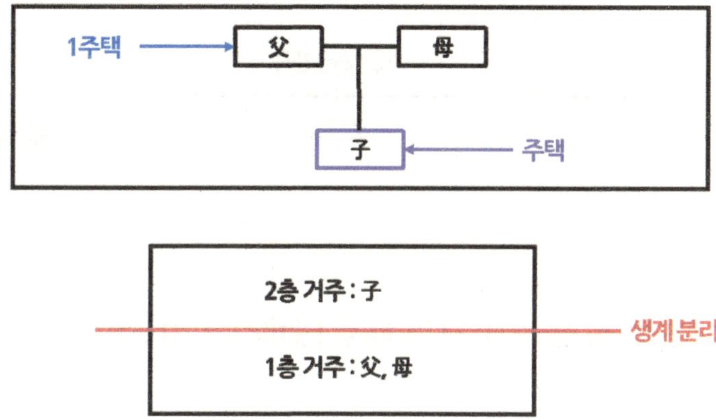

644

양도소득(8-5) - 1세대1주택 비과세(고가주택 기준금액판단)

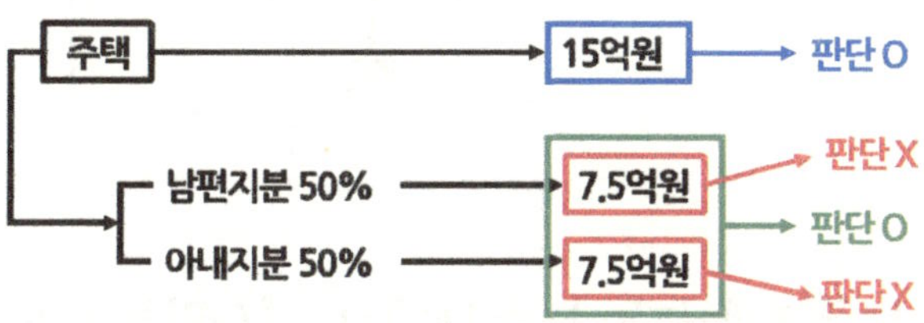

645

양도소득(8-6) - 1세대1주택 비과세(다가구주택)

구분등기 여부

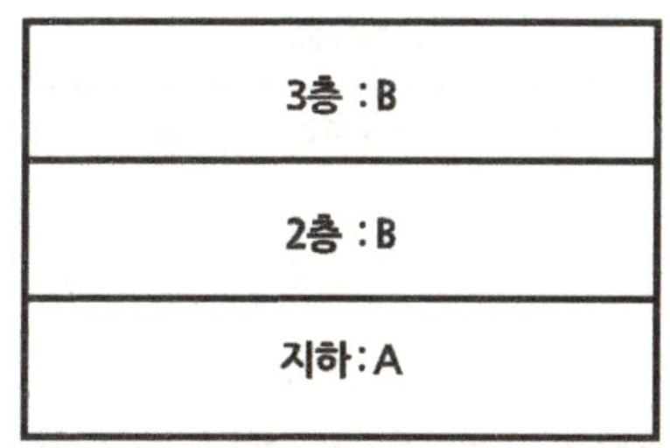

- 공동주택
  - 다세대 : ex) 연립주택, APT => 개별세대 각각의 주택
  - 다가구 : 각각의 주택 but, 단일등기 => 1주택
- 공동소유주택 => 명의자 각각 1주택 소유

646

양도소득(8-7) - 1세대1주택 비과세(보유기간)

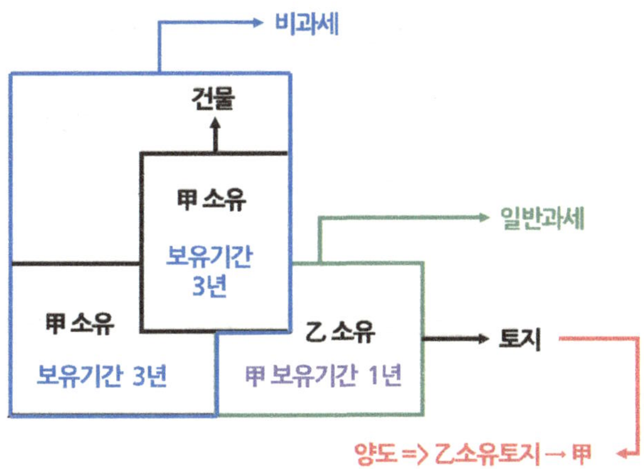

647

양도소득(8-8) - 1세대1주택 비과세(보유기간 통산)

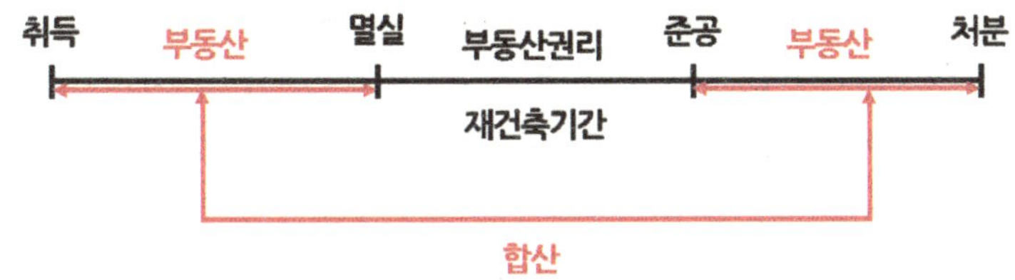

648

양도소득(8-9) - 1세대 1주택 비과세특례

비과세 요건

- 특정사유
  - 대체취득 = 3년 이내 종전주택 양도
  - 부모봉양 = 합가 후 10년 이내 1주택 양도
  - 혼인 = 혼인 후 5년 이내 1주택 양도
- 상속주택
  - (원칙) 일반 주택을 먼저 양도하는 경우 비과세 적용
  - (동일세대원 상속특례) 합가하기 이전에 보유한 주택만 상속주택
- 문화재주택
- 농어촌주택
- 부득이한 사유로 취득한 수도권 밖의 주택

→ 일반주택 양도 시 비과세 적용

649

양도소득(8-10) - 1세대1주택 비과세(취득 및 양도)

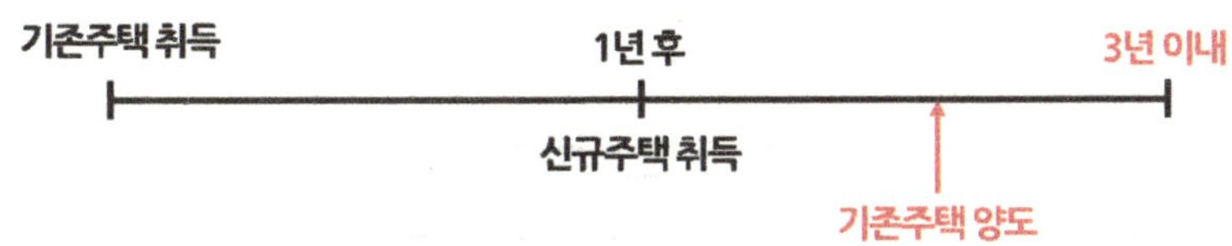

650

양도소득(8-11) - 1세대1주택 비과세(상속주택)

- 개정 전 => 상속주택은 없는 것으로 본다.
- 개정 후 => 일반주택 + 상속주택
  - 1st) 2nd)

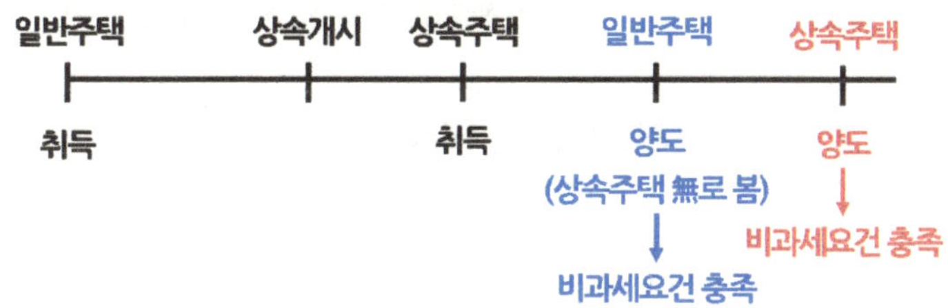

651

양도소득(8-12) - 1세대1주택 비과세(장기임대주택)

임대주택 => 주택임대 + 임차인이 거주자

- (원칙) 사실상 사용 용도 => 주택, 임대인이 별도주택 보유 => 2주택
- (예외) 국민주거생활 안정 => 구청 임대사업자 등록, 세무서 사업자등록
  => 일정요건 충족하는 임대주택 => 주택으로 보지 않는다.

652

양도소득(8-13) - 1세대1주택 비과세(장기임대주택)

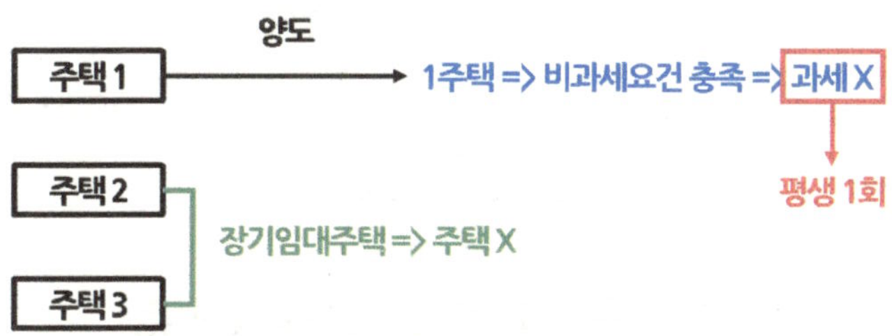

653

양도소득(8-14) - 1세대1주택 비과세(장기임대주택)

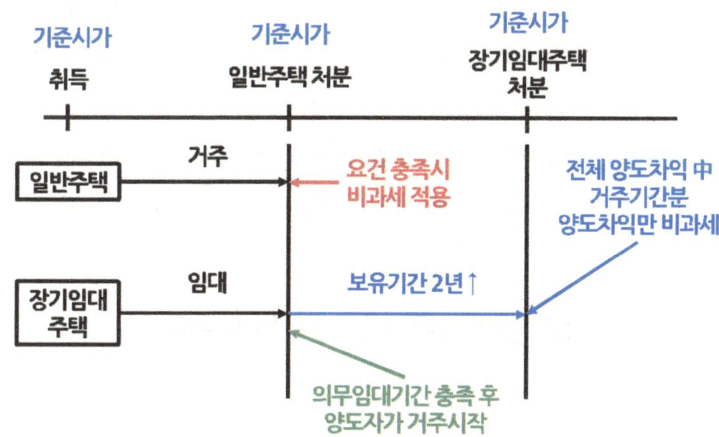

654

양도소득(9) - 부동산 미등기전매

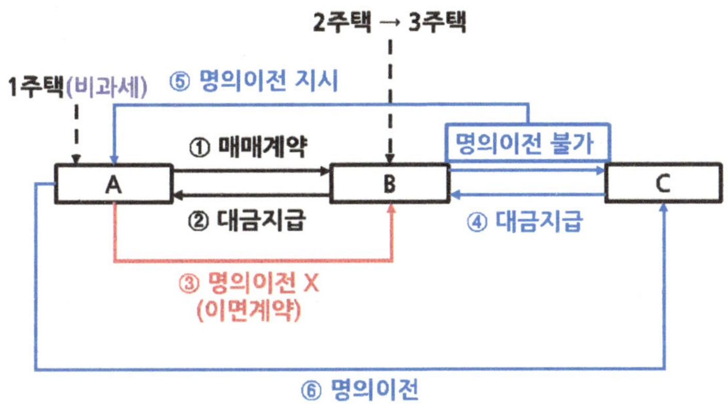

655

양도소득(10-1) - 양도소득금액

양도가액 => (원칙) 실지거래가액 (예외) 매매사례가 → 감정가 → 기준시가

-) 필요경비 => (원칙) 실지거래가액 (예외) 매매사례가 → 감정가 → 환산취득가

(취득가, 자본적지출액, 양도비용) => 열거주의

-) 장 특 공 => 부동산, 부동산권리 => (취지) 실물자산 물가상승분 과세대상 제외

=) 양도소득금액

656

양도소득(10-2) - 매매사례가액

- 동일성 ──→ 해당자산의 매매사례가
- 유사성 ──→ 유사자산의 매매사례가 ex) APT

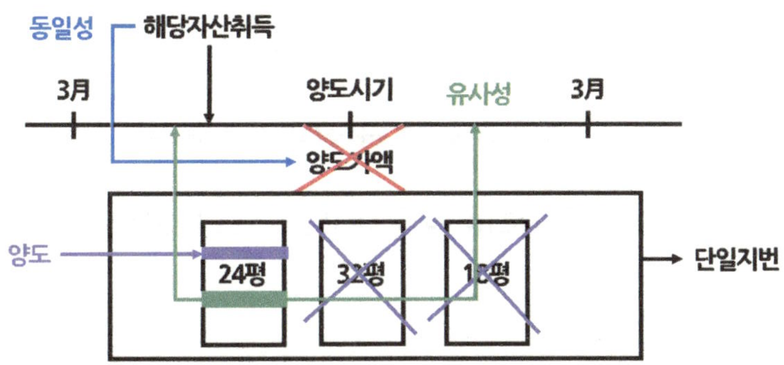

657

양도소득(10-3) - 법인에게 양도하는 경우

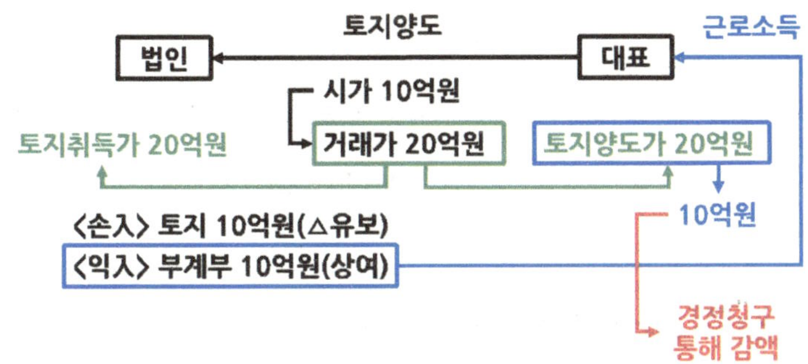

658

양도소득(11-1) - 토지, 건물 일괄공급

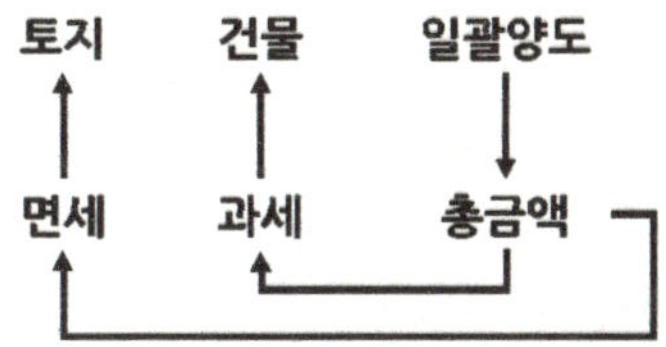

1st) 당사자간 협의기재 => 객관적 근거

2nd) 근거 객관적 X, 협의기재분
or
기준시가 등 안분가액 30% ↑

기준시가 등 객관적인 기준으로 안분한 가액

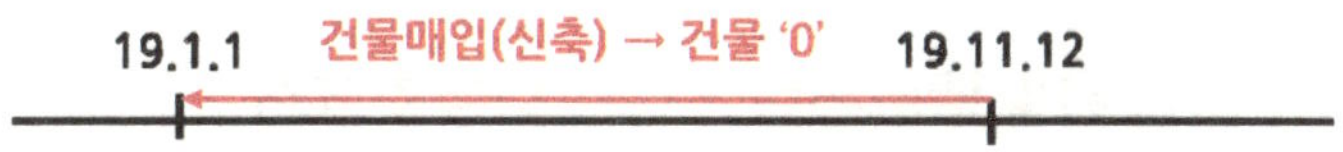

건물 철거목적으로 취득하는 경우 2nd) 적용
시행시기 19.1.1 소급적용

659

양도소득(11-2) - 토지, 건물 일괄공급

① 구분기장가액(당사자간 합리적방법 적용 → 합의)

② 감정가, 기준시가, 장부가액 비율로 안분

③ ①과 ②의 차이가 30% ↑

↓

① 부인하고 ② 적용

↓

다만, 사실상 건물을 멸실할 목적으로 취득하는 경우 적용 X

660

양도소득(12) - 교환

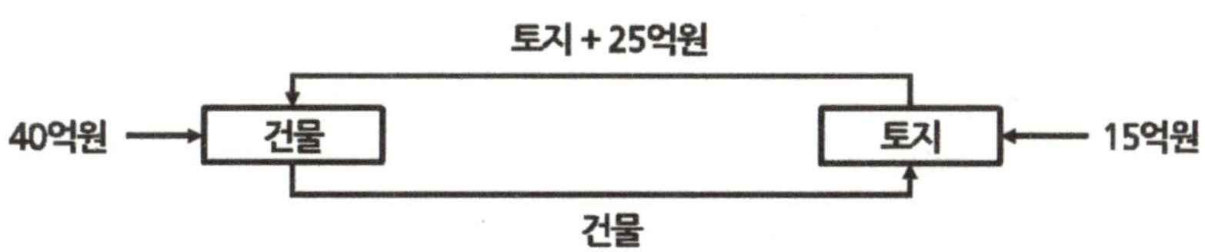

661

양도소득(13-1) - 취득가액산정(개요)

	①	②
양도가액	실지거래가액	실지거래가액
취득가액	실지거래가액	매매사례가, 감정가, 환산취득가
양도비용	실제지출금액	필요경비개산공제

662

양도소득(13-2) - 취득가액산정(환산취득가)

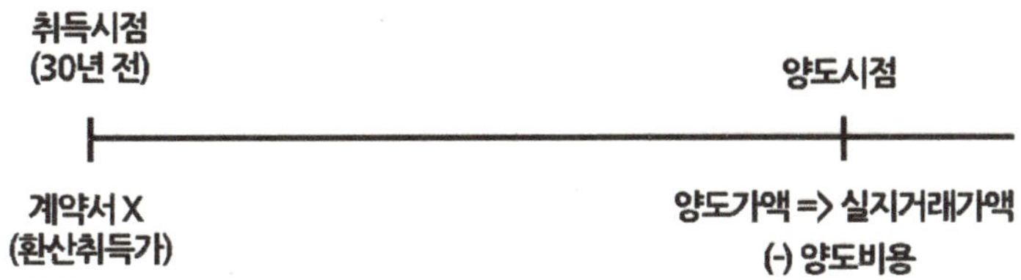

(원칙) 환산취득가 + 필요경비개산공제

VS

(비교) 자본적지출 + 양도비용

663

양도소득(14-1) - 부담부증여

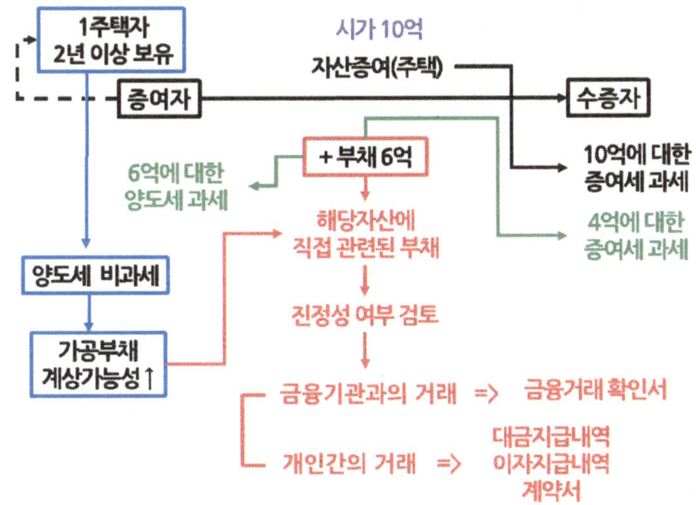

664

양도소득(14-2) - 부당행위계산 부인

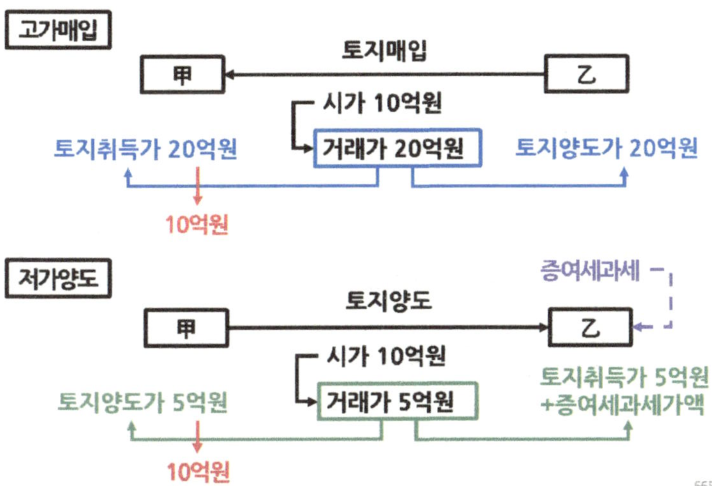

665

양도소득(14-3) - 이월과세와 증여 후 양도행위 부인

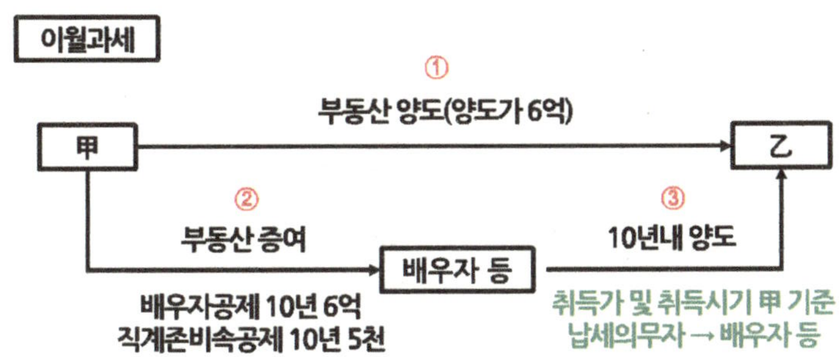

간주, 의제
(자동적용)

② + ③ < ① = 이월과세 적용 O

② + ③ > ① = 이월과세 적용 X

666

양도소득(14-4) - 이월과세와 증여 후 양도행위 부인

증여 후 양도행위 부인

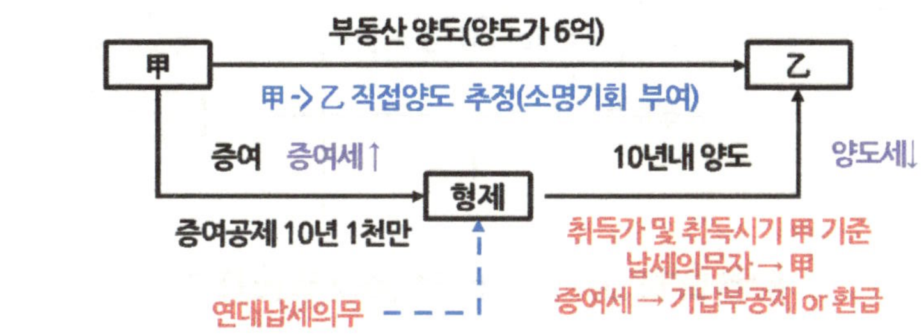

667

양도소득(14-5) - 이월과세와 증여 후 양도행위 부인(정리)

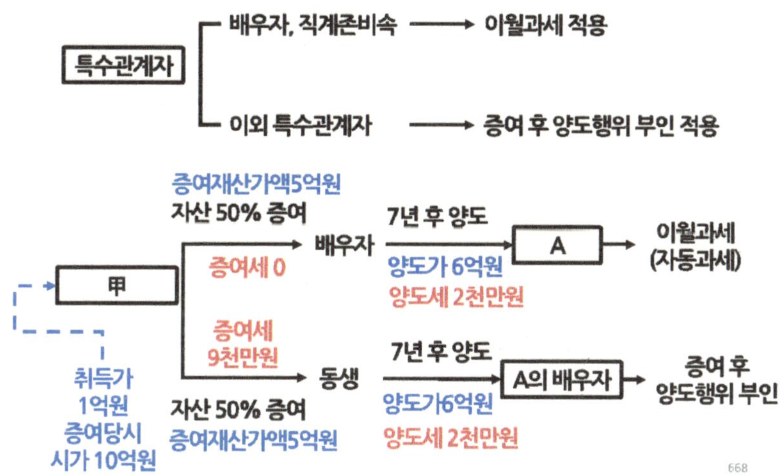

668

양도소득(15) - 이월과세(가업상속공제 자산)

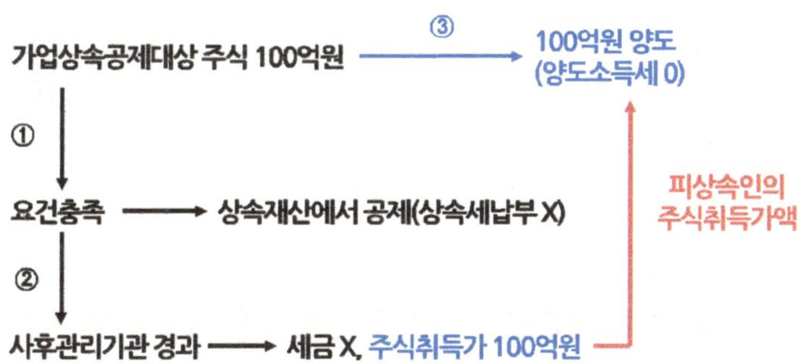

669

양도소득(16-1) - 예정신고, 납부

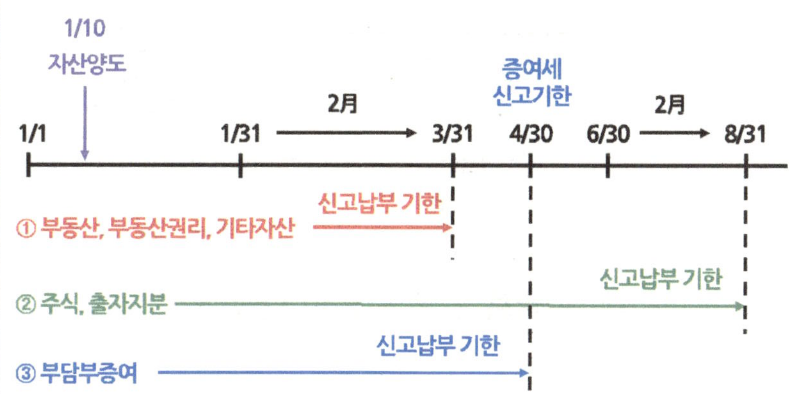

670

양도소득(16-2) - 확정신고, 납부(2회 이상 양도)

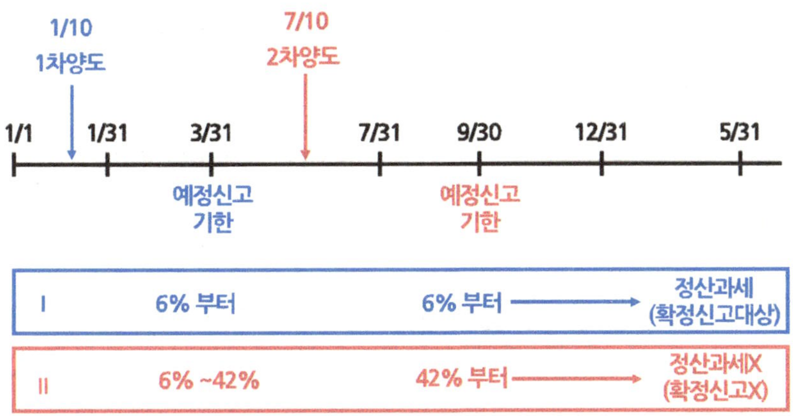

671

양도소득(16-3) - 신고, 납부(판결)

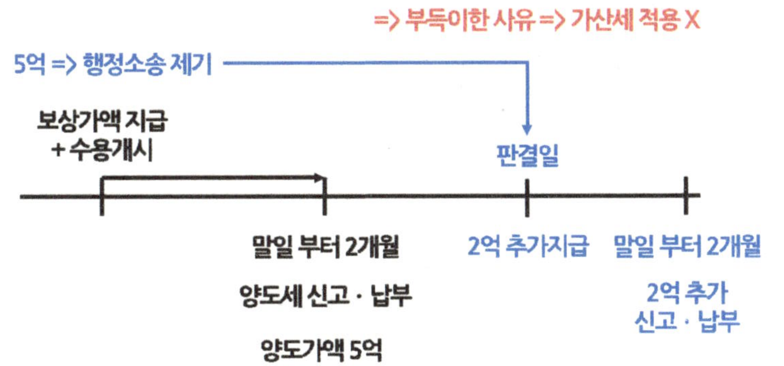

672

국외전출자에 대한 양도세 과세특례

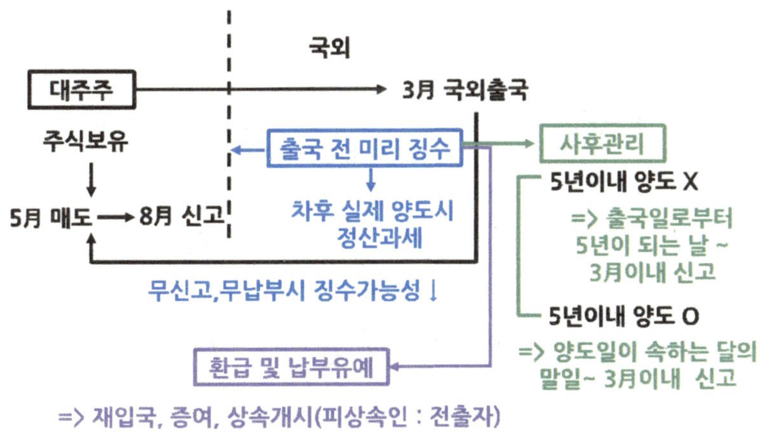

국세기본법

국세기본법

세무사 원용대

674

국세기본법 개관 - 국세와 지방세

- 국세
  - 절차법 → 국기법, 국징법, 조처법, 국조법
  - 실체법
    - 직접세 → 법인세, 소득세, 상증세
    - 간접세 → 부가가치세, 개소세
- 지방세

조세특례제한법 → 조세정책적목적 과세 X → 열거주의, 엄격해석

675

속인주의 VS 속지주의

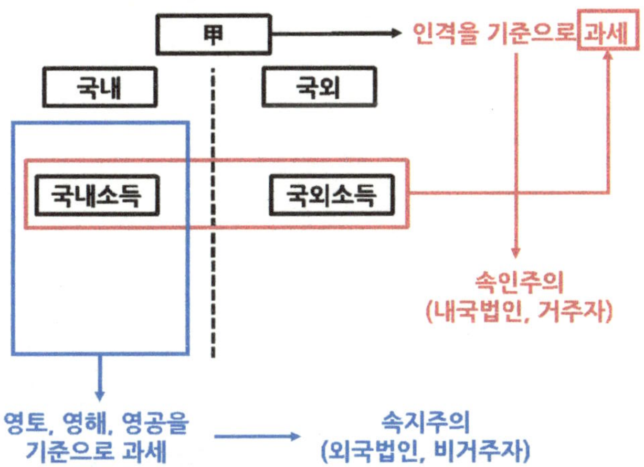

676

국세기본법 총칙(1-1) - 서류의 송달(우편신고)

우편신고
- 원칙 : 도달주의
- 과표신고(수정신고 포함), 경정청구 : 발신주의

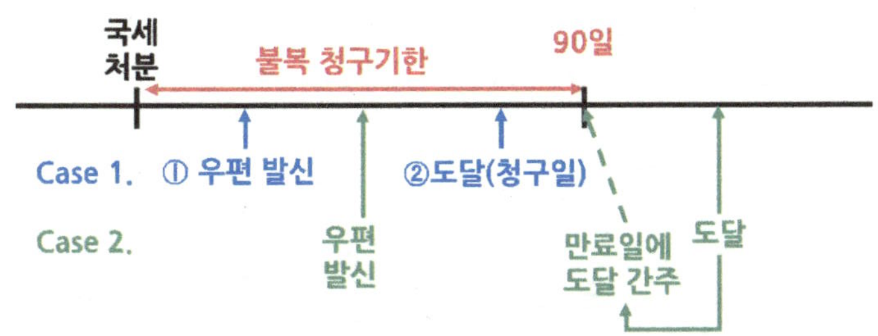

677

국세기본법 총칙(1-2) 의제(간주)와 추정

- 의제(간주) ⟶ 일정 법조문을 적용하거나 과세하기 위해서는 법적요건 충족
  - 과세태양 ① 납세의무자 ② 과세대상 ③ 과세표준 ④ 세율
  - 미충족한 경우 적용 X
  - But, 경제적행위의 결과가 과세요건을 충족한 경우와 동일하다면
  - ↓ 요건을 충족한 것으로 본다 ⟶ 자동적용
- 추정 ⟶ 상속 · 증여의 경우 개인간 은밀한, 비밀스러운 경우가 多 과세관청이 세원을 포착하기 어려움
  - ↓ 입증책임을 과세관청 → 납세의무자 전환
  - If) 납세자 입증O → 과세제외, 입증X → 과세

678

국세기본법 총칙(1-3) - 국세채권의 회수

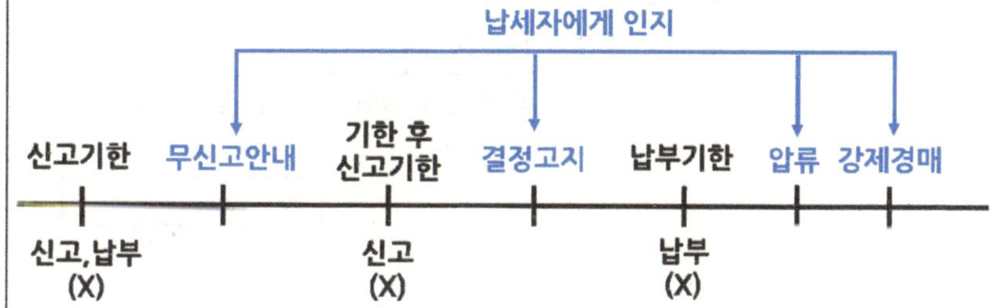

679

국세기본법 총칙(1-4) - 서류송달시기

서류송달 : 도달주의 ⟶ 요건 엄격

- 원칙 : 도달주의
- 예외 : 발신주의 (과세표준, 수정신고, 경정청구)

신고 : 행위 자체로 효력발생, 추가 절차 없음 (과세표준 신고)

신청 : 행정청의 승인, 허가, 인가, 등록 등을 요함

청구 : 확정된 내용에 대해 변경을 요구 (경정청구, 불복청구)

680

국세기본법 총칙(1-5) - 서류 송달의 효력발생

우편송달 (등기송달이 원칙)

- 장소요건 : 사업장, 주소지
- 명의자요건 : 납세의무자

→ 충족

사리분별 가능자 → 송달유효

교부송달 (세무공무원이 직접 송달)

- 장소요건 : 사업장, 주소지
- 명의자요건 : 납세의무자

→ 충족

납세의무자의 요청 → 별도장소 OK

→ 납세의무자가 서류수령의사 有

If) 수령의사 無 +수령거부의사 → 유치송달

납세의무자 소재불명 + 송달곤란 → 공시송달

681

국세기본법 총칙(2-1) - 인격의 취득

인격의 취득
- 자연인 → 출생신고(강제)
- 법인 → 설립등기(선택) → 사업자등록 → 신고납부(영리법인)
  - 상행위(의무등기)
  - 비영리 →설립등기 X, 사업자등록 X
  - 수익사업 영위하는 경우 의무등기

682

국세기본법 총칙(2-2) - 인격(인격의 구분 및 납세의무)

과세형평 과세행정 편의
- 등기
  - 영리법인
  - 비영리법인
  - → 법인격有
- 미등기
  - 의제
    - ① 인허가, 등록+사단, 재단 (등기행위로 간주)
    - ② 공익목적 출연재산 有 재단 (횡령방지)
    - → 이익분배 X → 법인격有
  - 신청, 승인 + 일정요건 충족
    - ① 규정 ② 대표자 or 관리인 ③ 독립적 재산, 수익 소유 ④ 분배 X

- 대표자(관리인 선임) + 수익분배비율X → 1거주자 → 소득세 납세의무
- 이외 → 공동사업 → 구성원별로 소득 합산

683

조세이론(1-1) - 조세법률주의

조세법률주의

- 입법상 원칙
  - 과세요건 법정주의
    - 위임입법 문제 - 예측가능성 기준
    - 예규통첩 문제 - 관습법으로서 구속력 X
  - 과세요건 명확주의
    - 불확정개념 문제 - 경험개념만 채택
    - 차용개념 문제 - 타 법에서와 동일한 의미로 해석
    - 소급과세 금지원칙
      - 진정소급 - 납세자에게 유리한 소급과세만 허용
      - 부진정소급 - 인정
- 집행상 원칙
  - 합법성의 원칙 - 임의 조정 문제
  - 적법절차 보장의 원칙
  - 과잉금지 원칙

684

조세이론(1-2) - 과세요건 법정주의

과세요건 법정주의

- 위임입법 문제 - 개별위임만 인정
  - ↳ 법률을 보았을 때 시행령의 내용을 대강 파악할 수 있는 정도
- 예규통첩 문제
  - 순기능 ⟶ 실무상 혼란 방지
  - 역기능 ⟶ ① 법의 지배원리 후퇴 ② 과세요건 법정주의 저해

685

조세이론(1-3) - 과세요건 법정주의

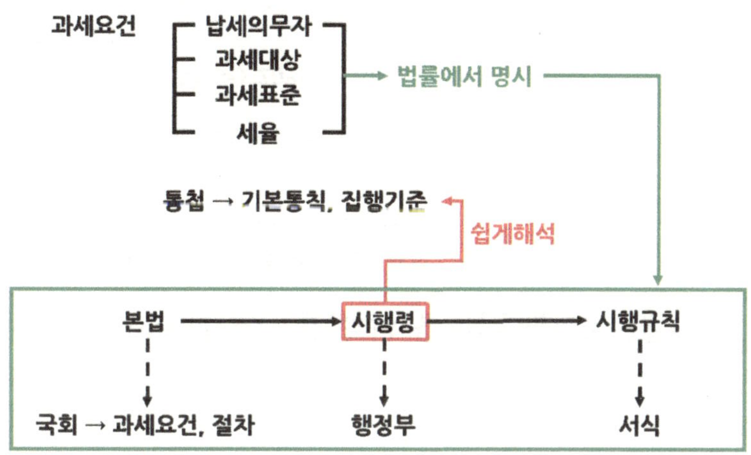

686

조세이론(1-4) - 기본통칙(예규)과 질의회신

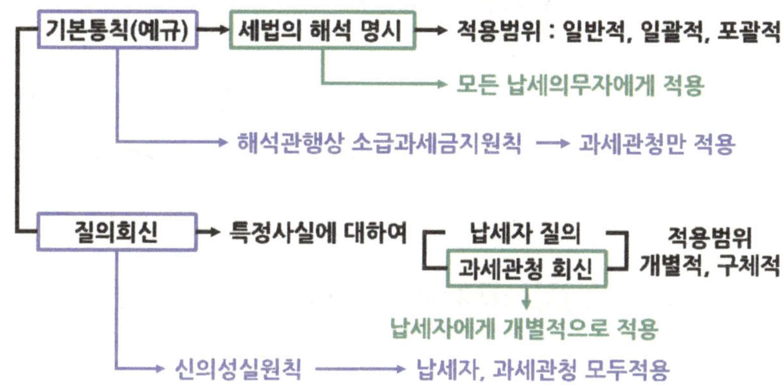

687

조세이론(1-5) -과세요건 명확주의

과세요건 명확주의

- 불확정 개념 문제 - 가치개념 VS 경험개념 =>경험개념만 수용
  - 법의 취지나 목적에 비추어 논리적으로 해석을 하면 내용을 명확히 알 수 있는 개념
- 차용개념 문제 - 별도 규정이 없는 한 다른 법에서와 동일한 의미로 사용

688

조세이론(1-6) - 소급과세 금지원칙과 합법성 원칙

소급과세 금지원칙

- 진정소급 - 납세자에게 유리한 소급과세만 인정
- 부진정소급 - 기간과세 세목, 소급과세 인정

합법성 원칙

- 엄격해석 원칙 - (원칙) 문리해석 , (보충적용) 논리적 해석
- 구속재량주의 - 법의 취지가 일의적으로 확정

→ 과세관청의 재량은 법의 취지 범위내에서 해석, 판단, 적용

689

조세이론(1-7) - 소급과세금지원칙(진정소급)

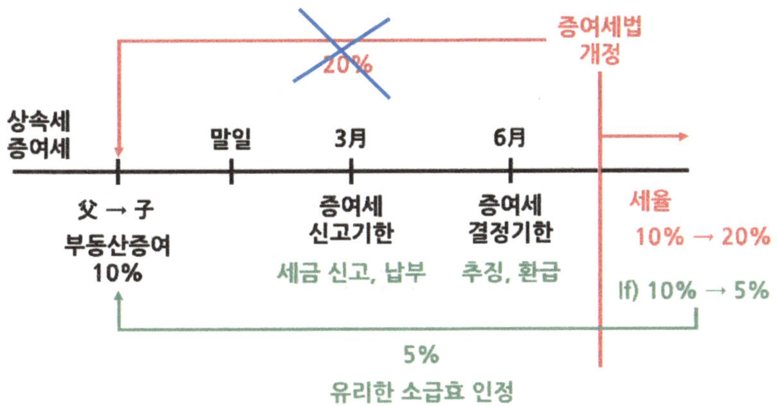

조세이론(1-8) - 소급과세금지원칙(부진정소급)

기간과세 세목(법, 소, 부)

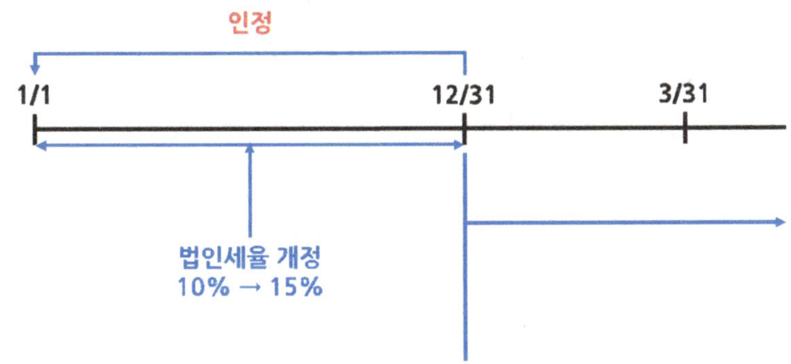

조세이론(1-9) - 실질과세원칙(경제적실질론)

<경제적실질론> ⟶ 법형식 vs 경제적 실질

Ex) 모자바꿔쓰기, 차명사업자등록

<신고 유형에 따른 부가가치세 과세표준 차이>

매출 20억원
- 일반 => 20억원 × 10% = 2억원
- 간이 => 20억원 × 10% × 10% = 2천만원

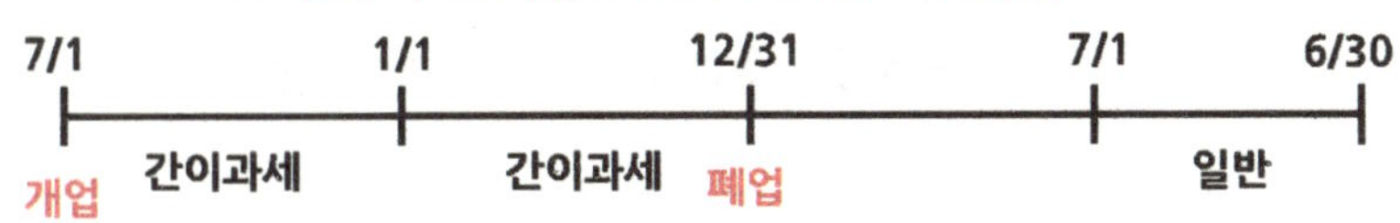

조세이론(1-10) - 실질과세원칙(법적실질론)

<법적실질론> ⟶ 법형식 vs 법실질

Ex) 증여 vs 양도

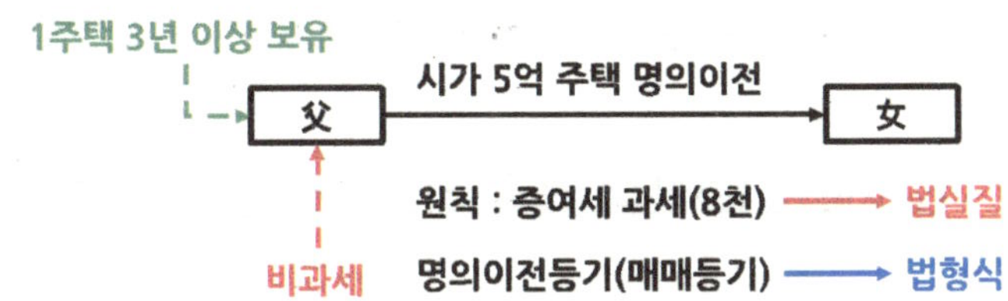

조세이론(2-1) - 과세 경감조치

행위 등의 존재와 부존재 차이

- 탈세 : 형사처벌 대상, 부정행위, 형사처벌 + 추징, 장기제척기간, 중가산세 적용
  - ⟶ Ex) 가공매입, 매출누락, 허위계약
- 조세회피 : 법형식 이용 But, 조세부담 감소결과, 형사처벌대상X(∵ 부정행위 X)

현행 세법상 구분이 모호

- 조세회피
  - ⟶ Ex) 부계부, 우회거래
- 절세 : 세법에 부합, 세부담 감소

594

조세이론(2-2) - 가공거래와 위장거래

〈가공거래〉 ⟶ 거래실질無, but 적격증빙 발행

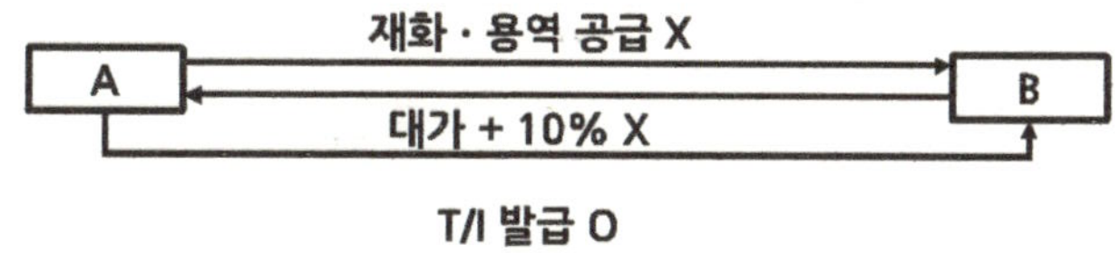

〈위장거래〉 ⟶ 거래실질有, but 적격증빙 수령주체 잘못

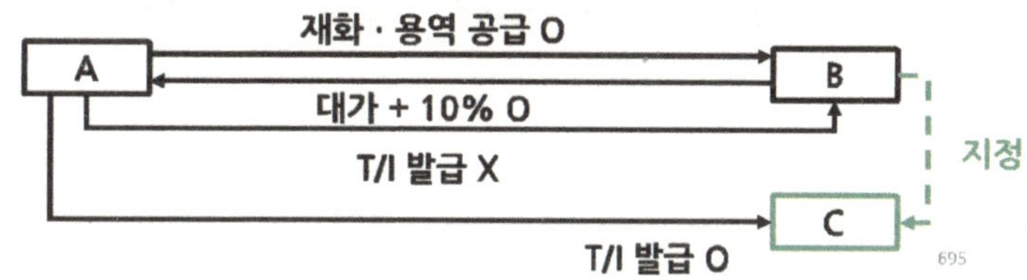

695

조세이론(3-1) - 국세기본법에 규정된 내용

- 국세 부과의 원칙
  - 실질과세 원칙
  - 신의성실 원칙 - 적용범위, 요건
  - 근거과세 원칙 - 실지조사 결정, 추계조사 결정
  - 조세감면 사후관리
- 세법 적용의 원칙
  - 세법 해석 기준
  - 소급과세 금지원칙 - 입법상, 해석관행상
  - 세무공무원 재량 한계
  - 기업회계 존중

696

국세 부과의 원칙(3-2) - 조세회피방지를위한 실질과세원칙

〈우회양도〉

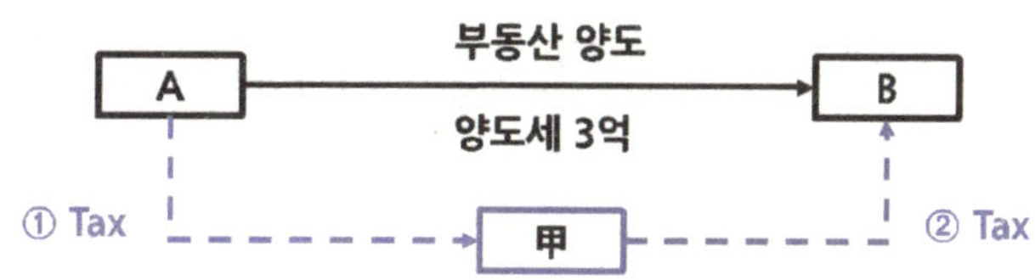

〈교차증여〉

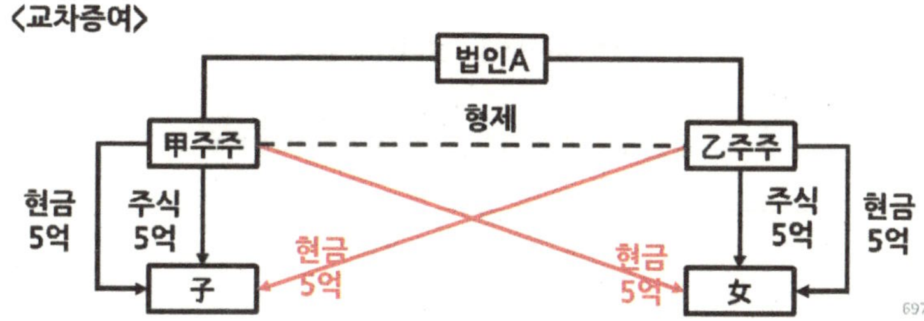

697

조세이론(3-3) - 신의성실의 원칙

- 적용 범위
  - 주관적 범위 : 납세자 + 과세관청 (채권채무 관계설)
  - 객관적 범위
    - 납세자 - 세법상 모든 의무
    - 과세관청 - 공적인 견해표명
- 적용 요건
  - 과세관청
    - 과세관청 : 공적인 견해표명
    - 납세자 : 귀책사유無 + 행위有
    - → 납세자 이익침해
  - 납세자 - 배신행위 → 모순행태 → 과세관청 신뢰보호 필요

698

조세이론(3-4) - 근거과세원칙

<법인, 소득, 부가가치세 과세방식>

- 원칙) 장부 · 객관적 증빙에 근거하여 신고 · 납부 · 과세
- 예외) 추계신고과세
  - 법인세, 소득세 → 경비율 → 수입금액 × (1- 경비율)
  - VAT → 간이과세자 → 추계계산방식 → 과세표준 × 업종별 부가율 × 10%

699

조세이론(3-5) - 근거과세원칙

납세자

장부 → 소득 10억원 → 실제 신고소득 5억원

조사결정 → 추징 5억 + 가산세

매출	30억원
-) 경비	20억원
소득	10억원

경비 20억원 → 中 5억원 가공경비 → 매출과 매입을 과세관청의 객관적, 합리적 방법으로 추정 · 결정

700

조세이론(4-1) - 세법 적용의 원칙

- 1) 세법 해석기준
- 2) 소급과세 금지원칙
- 3) 세무 공무원 재량 한계
- 4) 기업회계 존중

701

조세이론(4-2) - 소급과세 금지원칙

- 입법상 소급과세 금지원칙
- 해석 · 관행상 소급과세 금지원칙
  - ① 과세관청 비과세의사 有
  - ② 불특정 납세자가 신뢰
  - ③ 해당 해석 · 관행에 의한 행위나 계산

702

조세이론(4-3)- 해석 · 관행상 소급과세 금지원칙

기본 통칙 : 세법의 해석을 명시 → 적용 범위 : 일반적, 획일적, 포괄적 → All 납세자에게 적용

→ 해석 관행상 소급과세 금지원칙

질의회신 : 특정 사실관계에 대하여 [납세자가 질의 / 과세관청이 회신] → 개별적 · 구체적 → 해당 납세자에게만 적용

→ 신의성실의 원칙

예규의 불안정성을 해소하고자 국기법에 국세예규심사위원회 설치 → 공개성 확보

➡ 심도 깊은 심리 후 회신

703

조세법률관계 변동(1) - 국가 vs 납세자

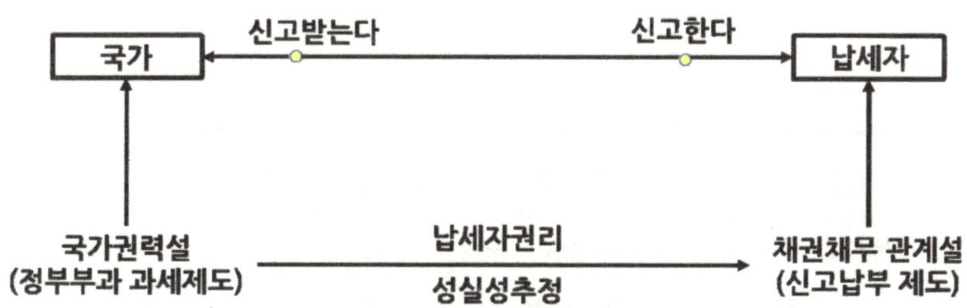

704

조세법률관계 변동(2) - 조세권력설, 조세채권채무설

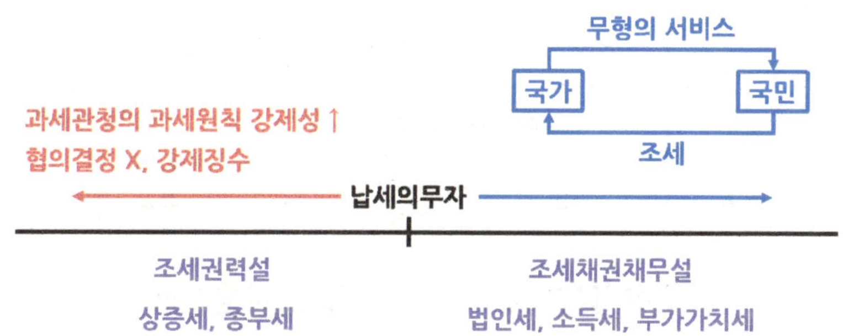

705

조세법률관계 변동(3) - 세금의 일생 ex)VAT

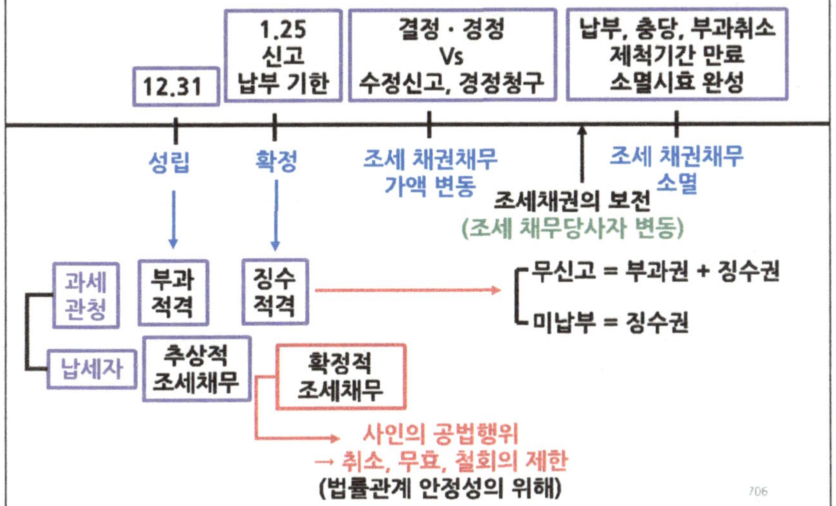

706

조세법률관계 변동(4) - 성립, 확정, 소멸

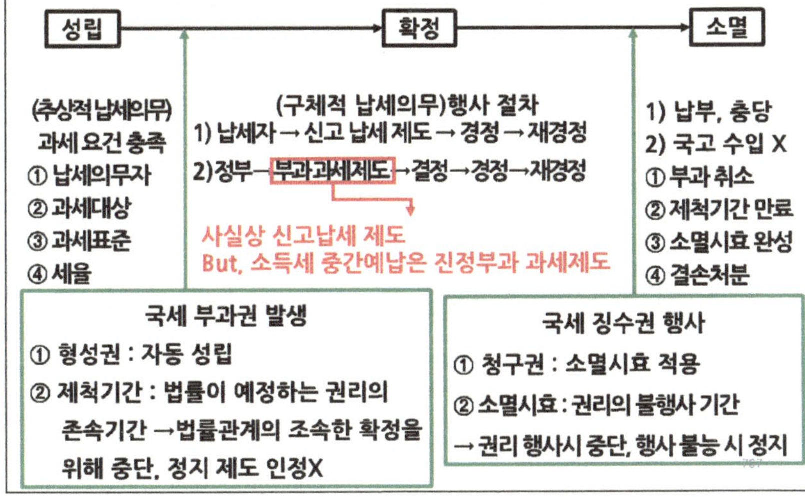

조세법률관계 변동(5) - 예외적 성립시기

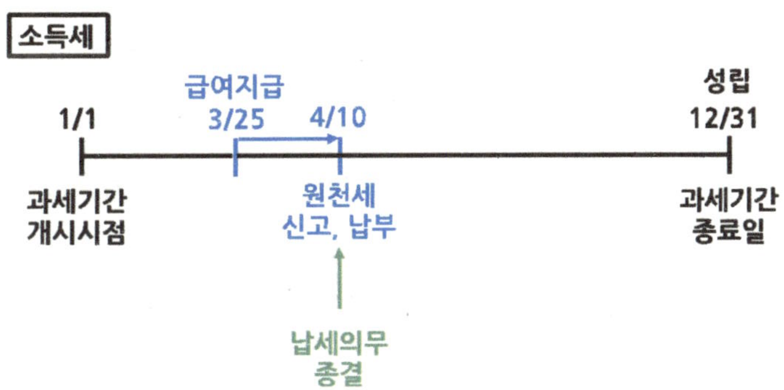

708

조세법률관계 변동(6-1) - 납세의무의 확정

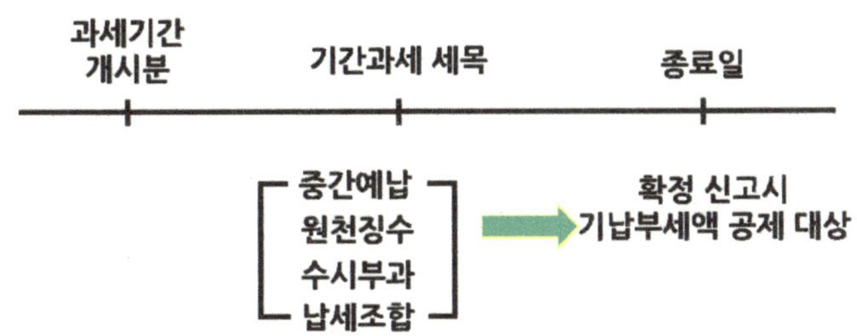

709

조세법률관계 변동(6-2) - 확정된 납세의무의 변경

사유	제도	기한	효과	자격자
① 과표 및 세액 과소신고	수정신고 제도	제척기간 만료 시 까지	정규 신고와 동일 가산세 감면 효과	·정규 신고한 자 ·기한 후 과표 신고한자
② 과표 및 세액 과다신고	경정청구 제도	당초 신고 기한으로부터 5년 내	인정O → 종료 인정X → 거부처분 (행정쟁송대상)	·정규 신고한 자 ·기한 후 과표 신고한 자 ·종부세 부과 · 고지받은 자 ·후발적 사유 ≒ 무신고자도 가능

(후발적 사유) → ① 사유발생 안 날로부터 3개월 이내 ② 제척기간 적용X

710

조세법률관계 변동(6-3) - 수정신고와 경정청구

구분	수정신고	경정청구
의의	① 자기보정의 기회 부여 ② 과세관청 행정력 절감	① 조세법률 당사자간 법적 지위의 균형 유지 ② 납세자 권리보호
요건		
1) 대상자	과표신고, 기한후 신고한 자	과표신고, 기한후신고한 자, 종부세 부과 · 고지 받은 자 + 후발적 사유
2) 사유	과소신고, 과다환급, 불완전 세무조정(압축 등)	과다신고, 과소환급
3) 신고기한	결정 · 경정 전 (제척기간 이내)	신고기한 + 5년 후발적사유 : 안날 + 3月 결정 · 경정 과표 : 90일 → 법정신고기한 5년 내
4) 효력	확정력, 협력의무 이행 효과 가산세 감면	

711

조세법률관계변동(6-4) - 경정청구기한

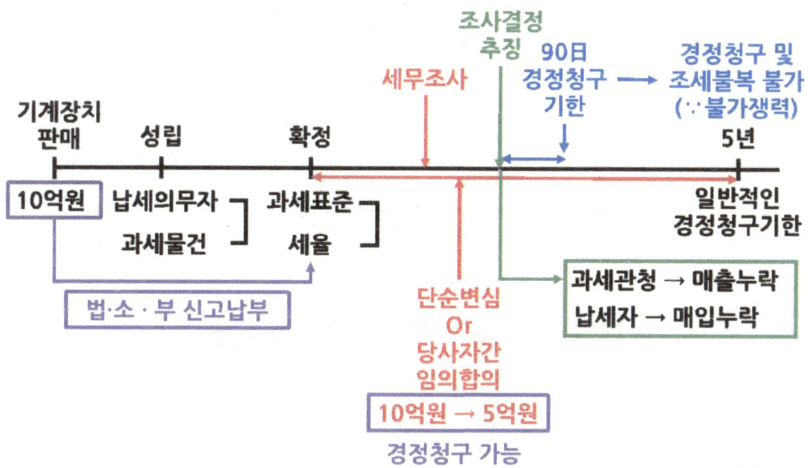

712

조세법률관계변동(6-5) - 후발적사유

계약해제
- 법정해제 → 사기, 강박, 무능력자
- 해제권행사 → 채무불이행, 정기행위
- 계약특약

713

조세법률관계 변동(6-6) - 후발적사유(특약)

양도자 —건물 매도→ 양수자

모텔

건물 10억
토지 30억
영업권 10억
합계 50억

If) 5년 → 후발적 사유만 존재

특약 : 3년 평균 월 매출액 → 정산

월 매출 7천만원 미만 시 반환
↓
법적지급의무 존재
↓
일반적 사유, 후발적 사유 모두 존재

714

조세법률관계 변동(6-7) - 후발적 경정청구 사유 (해제권 행사)

해제권 존재

A → B
① 비상장주식 매매가 : 10억
If) 5년내 상장X → 40% 반환 조건

② 4억원 반환

① 양도가액 10억 신고
② 4억 반환시 경정청구
(양도가액 6억으로 하는 후발적 사유 발생)

후발적 사유 경정청구 → 조건을 이행할 법적 의무의 존재 여부 → 쟁점

715

조세법률관계변동(8-1) - 가산세

무신고, 신고불성실 ← 신고의무, 납부의무 → 납부지연

- 국기법상 가산세 → 납세의무자들이 지켜야할 기본적인 의무불이행시
  - → 행정과태료, 연체이자
- 개별세법상 가산세 → 각 개별세법을 효율적으로 운용하기 위하여 납세자들에게 부여한 납세협력의무 해태 → 행정상 제재
  - 법인세 → 장부작성, 주주명부, 주식이동내역, 계산서
  - 소득세 → 공동사업자 관련, 계산서
  - VAT → T/I 작성, T/I 합계표 제출
  - \+ 사업자등록

716

조세법률관계변동(8-2) - 사기 · 부정행위

- 사기 · 부정행위 → 납세자가 세무공무원이 과세하지 못하도록 과세관련 자료를 은닉 · 소각 · 조작 · 파기하는 행위
- 불이익
  - ① 중가산세 => 행위 + 목적 (사기 · 부정행위 제재목적)
  - ② 장기제척기간 => 행위 + 인식(과세관청의 과세권보호)
  - ③ 조세범처벌법 => 적극적 소득은닉행위 + 인식
- 국세청 내부적으로 과태료 부과 후 종결 → 통고처분 VS 검찰고발처분 → 형사처벌

↑ 국세청 조사 4국 고발심의위원회

717

조세법률관계변동(8-3) - 가산세 적용배제

상속재산 30억원

상속인	Case1.	Case2.
母	30억원	5억원
子	0원	25억원
상속공제	30억원	10억원
과세표준	0원	20억원
Tax	0원	6억원

718

조세법률관계변동(8-4) - 가산세 부과제외

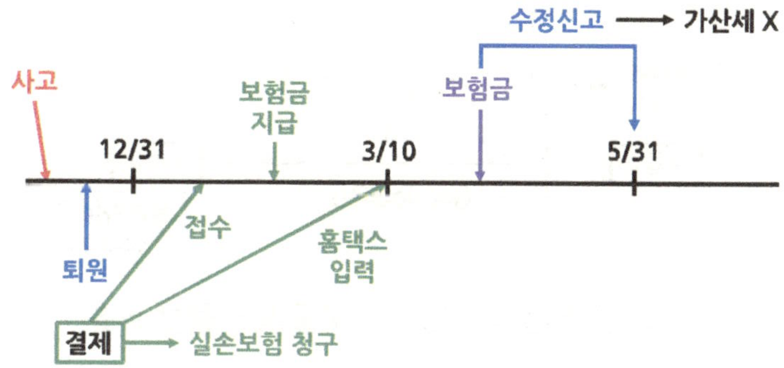

719

조세법률관계변동(9) - 원천징수세액간 충당과 환급

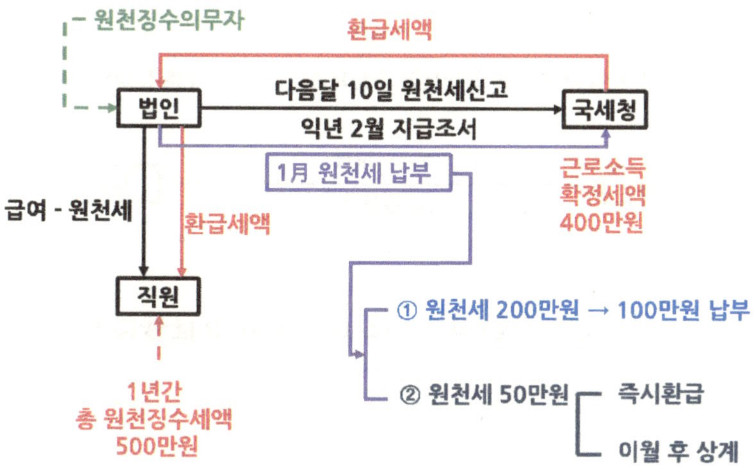

720

조세법률관계 변동(10-1) - 납세의무 소멸

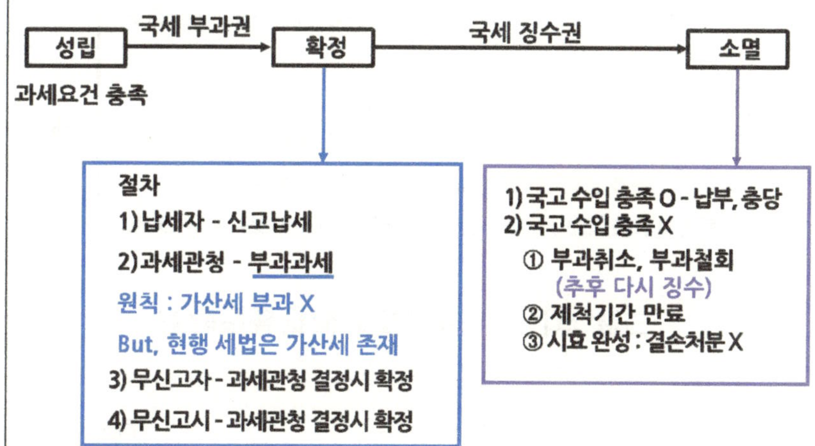

721

조세법률관계 변동(10-2) -시효제도 취지

성립 —— 법률관계 / 권리, 의무 ——→ 확정

- 권리자 입장 - 권리 위에 잠자는 권리자는 보호할 가치가 없음
- 납세의무자 입장 - 장기간 경과 후 의무 부존재 입증책임 면제
  - ↓ 연장 주장 → 모든 입증 자료의 전산화

722

조세법률관계 변동(10-3) -시효 제도

시효 제도

- 제척기간: 국세를 부과할 수 있는 권리의 존속기간 (중단, 정지 적용 불가)
  - → 제척기간 경과 시 추상적인 조세채권채무 소멸
  - 형성권 적용 → 국세 부과권에 적용 (기산일 - 국세를 부과할 수 있는 때) → 원천징수 : 납부기한 다음날 부터
- 소멸시효: 확정된 국세의 납세의무 이행을 청구할 수 있는 권리
  - → 소멸시효 완성 시 구체적인 조세채권채무 소멸
  - 청구권 적용 → 국세 징수권에 적용(기산일 - 국세를 징수할 수 있는 때)

권리의 행사 기간 중

- 권리 미행사 - 완성
- 권리 행사 - 중단 → 처음부터 다시
- 권리 행사불능 - 정지 → 얼음 ~ 땡!

723

조세법률관계변동(10-4) 부정행위에 따른 소득처분 사외유출 소득세

<사기부정행위 환급>

VAT 과세 --→ 법인 → 매출누락 100억

- ① 법인세 + VAT본세 + 가산세 → 35억
  - 20억 10억 5억
- ② 소득금액변동통지 → 상여, 배당 소득세 → 46억 ← 제척기간 → 10년

724

조세법률관계변동(10-5) - 부담부증여

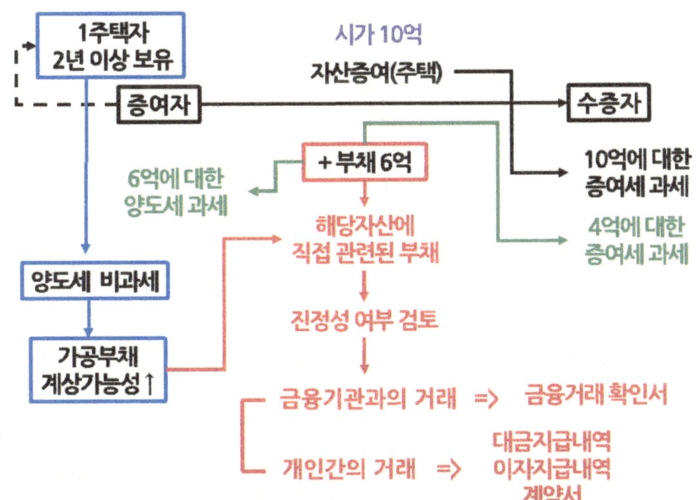

725

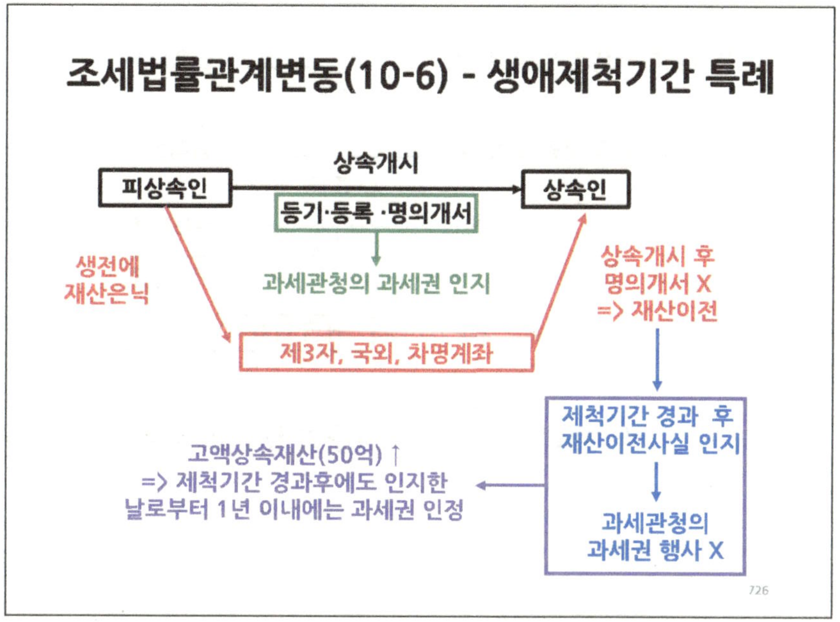
조세법률관계변동(10-6) - 생애제척기간 특례
피상속인
상속개시
등기·등록 ·명의개서
상속인
생전에
재산은닉
과세관청의 과세권 인지
상속개시 후
명의개서 X
=> 재산이전
제3자, 국외, 차명계좌
제척기간 경과 후
재산이전사실 인지
고액상속재산(50억) ↑
=> 제척기간 경과후에도 인지한
날로부터 1년 이내에는 과세권 인정
과세관청의
과세권 행사 X
726

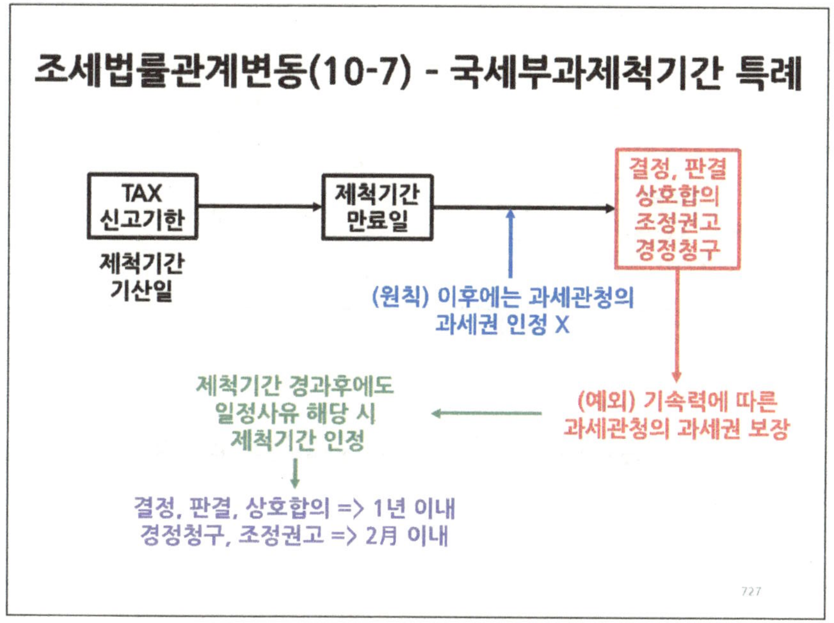
조세법률관계변동(10-7) - 국세부과제척기간 특례
TAX
신고기한
제척기간
기산일
제척기간
만료일
결정, 판결
상호합의
조정권고
경정청구
(원칙) 이후에는 과세관청의
과세권 인정 X
제척기간 경과후에도
일정사유 해당 시
제척기간 인정
(예외) 기속력에 따른
과세관청의 과세권 보장
결정, 판결, 상호합의 => 1년 이내
경정청구, 조정권고 => 2月 이내
727

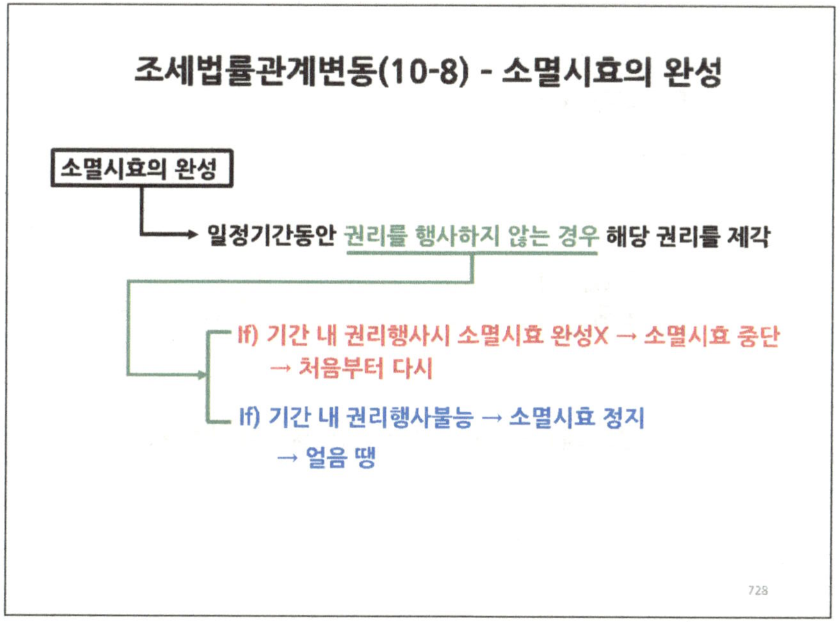
조세법률관계변동(10-8) - 소멸시효의 완성
소멸시효의 완성
일정기간동안 권리를 행사하지 않는 경우 해당 권리를 제각
If) 기간 내 권리행사시 소멸시효 완성X → 소멸시효 중단
→ 처음부터 다시
If) 기간 내 권리행사불능 → 소멸시효 정지
→ 얼음 땡
728

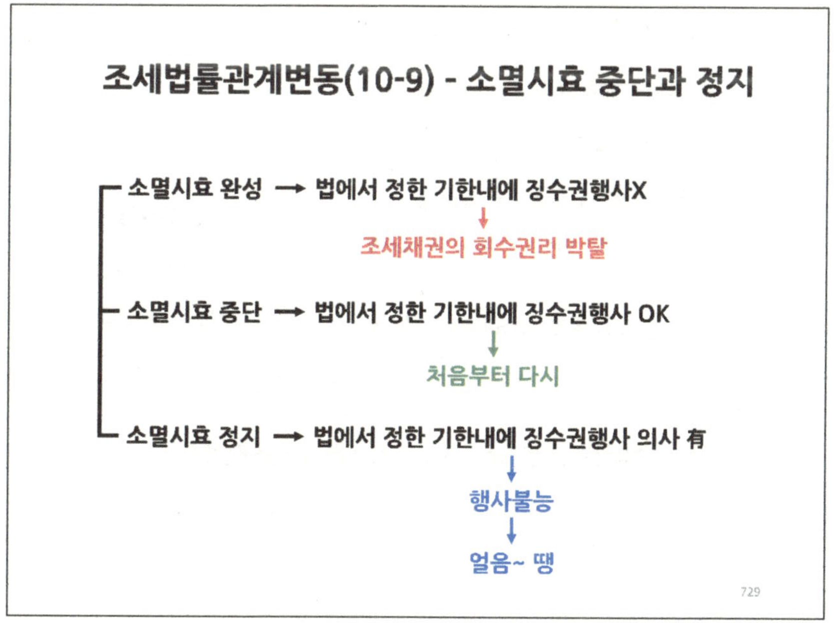
조세법률관계변동(10-9) - 소멸시효 중단과 정지
소멸시효 완성 → 법에서 정한 기한내에 징수권행사X
조세채권의 회수권리 박탈
소멸시효 중단 → 법에서 정한 기한내에 징수권행사 OK
처음부터 다시
소멸시효 정지 → 법에서 정한 기한내에 징수권행사 의사 有
행사불능
얼음~ 땡
729

조세채권의 보전(1-1) - 연대납세의무

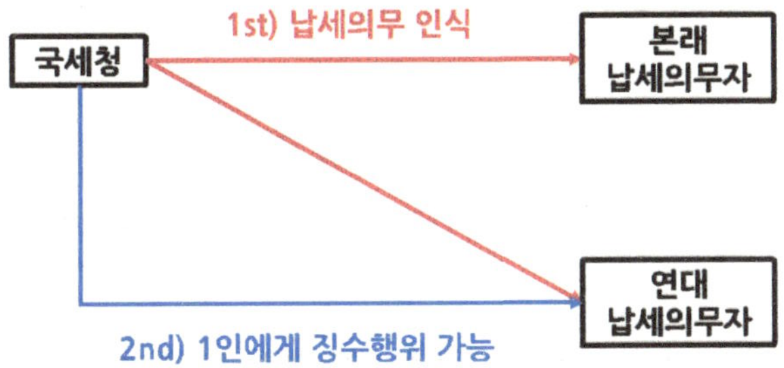

730

조세채권의 보전(1-2) - 연대납세의무

국기법상 규정

- 공유물, 공동사업
- 법인의 분할 · 합병
- 신회사 설립

개별세법상 규정

- 예외) 소득세법상 공동사업 합산과세
- 확장) 법인세, 소득세, 상증세
  - 법인세
    - 해산 시 원천징수세액
    - 연결소득 법인세
  - 소득세 : 증여 후 양도행위 부인
  - 상증세
    - 공동상속 연대납세의무
    - 조건부 연대납세의무

731

조세채권의 보전(1-3) - 연대납세의무

존속 분할 Or 소멸 분할

분할 법인		
A사업부	분할 →	신설법인
B사업부	분할 →	신설법인 (분할 신설법인)
C사업부	합병 →	타법인 (분할 합병의 상대방 법인)

조세채권의 보전(1-4) - 연대납세의무

<공동사업>

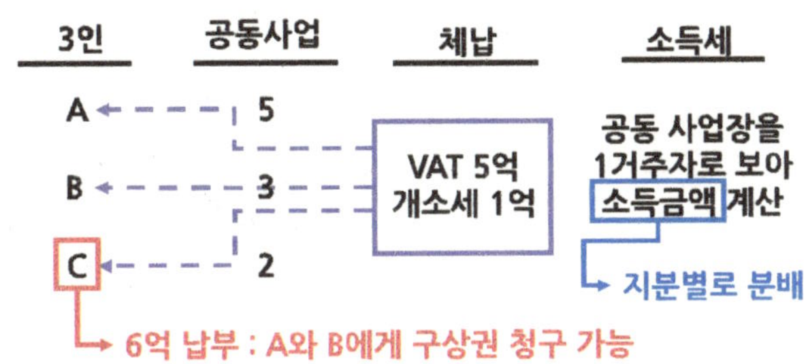

733

조세채권의 보전(1-5) - 법인의 활동

투기거래(부동산)
→ 제재목적 중과세
토지 등 양도소득 법인세

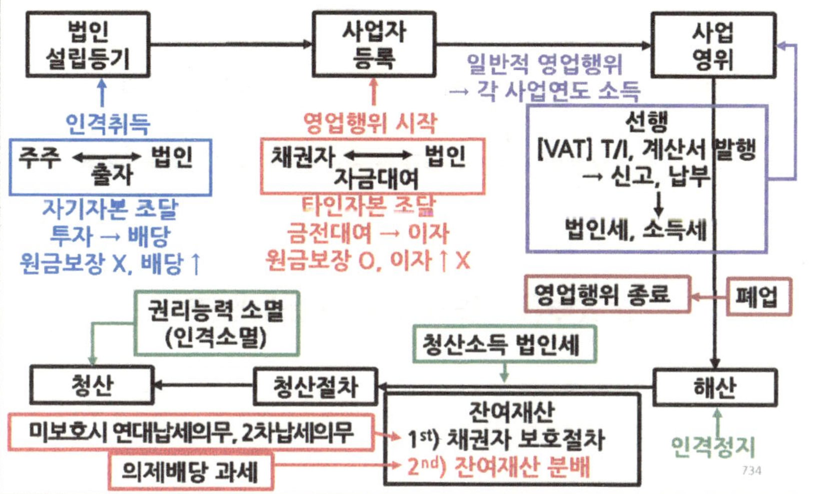

734

조세채권의 보전(1-6) - 연대납세의무 효력

효력
- 확정효력 (상대적효력)
  - ➡ 1인에 대한 행위는 해당 연대납세의무자에게만 미침
- 이행청구효력 (절대적효력)
  - ➡ 1인에 대한 행위가 연대납세의무자 전원에게 미침

신고납세 대상 세목
- 신고O, 납부X → 이행청구
- 신고X, 납부X → 확정 → 이행청구

(∵ 확정의 효력과 이행청구 효력이 동시에 발생)

735

조세채권의 보전(2-1) - 납세의무 승계

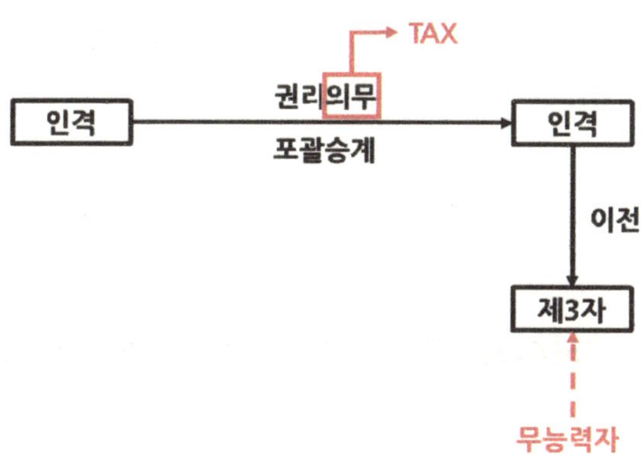

736

조세채권의 보전(2-2) - 납세의무 승계

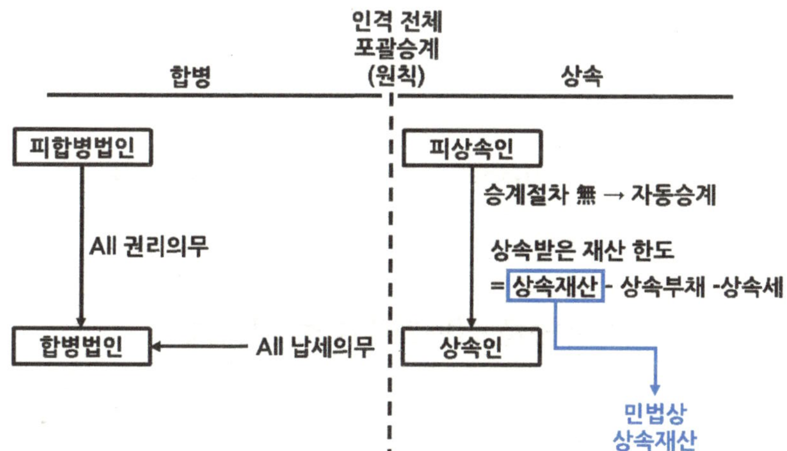

737

조세채권의 보전(2-3) - 상속재산가액

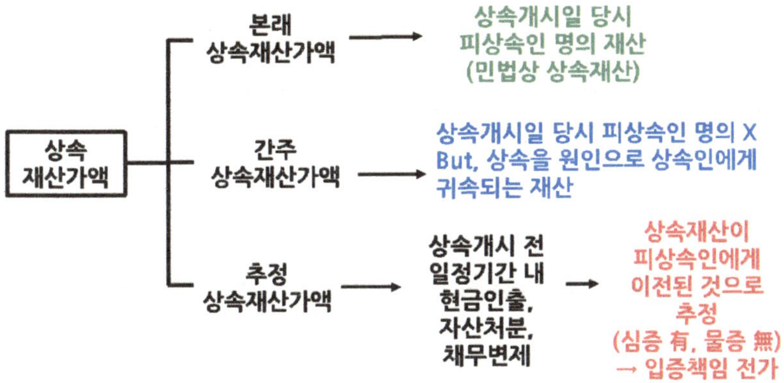

738

조세채권의 보전(2-4) - 상속포기

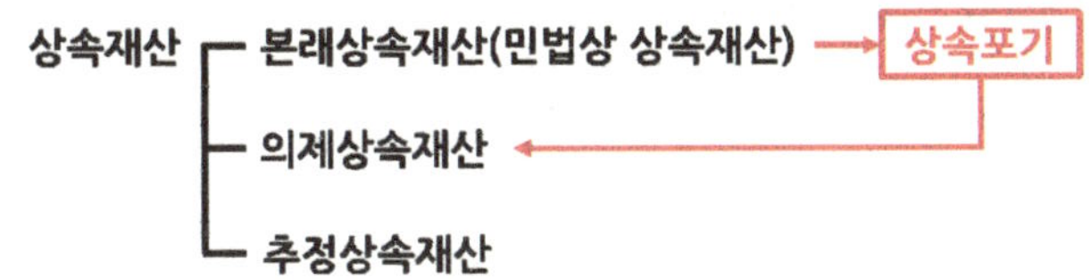

739

조세채권의 보전(2-5) - 상속포기

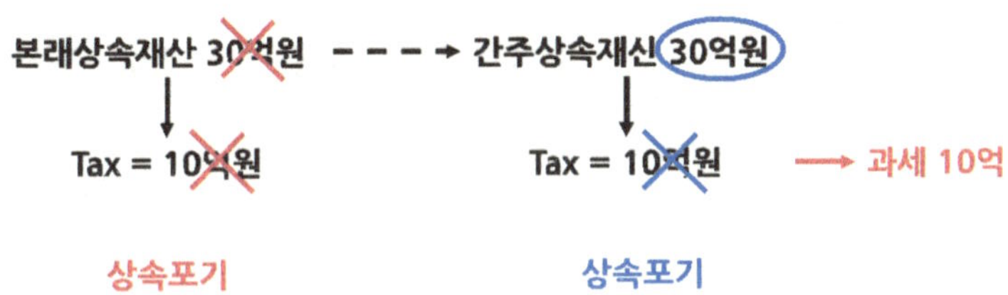

740

조세채권의 보전(2-6) - 종신보험

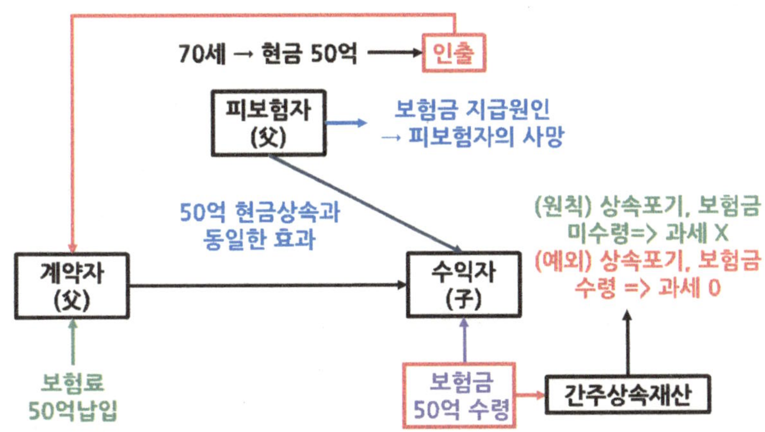

741

조세채권의 보전(3-1) - 제2차 납세의무

- 부종성 → 본래납세의무자의 납세의무에 제2차 납세의무자의 납세의무 연동
- 보충성 → 주된 납세의무자의 미납세액에 대하여 2차납세의무자의 납세의무 존재

조세채권의 보전(3-2) 제2차 납세의무 비교 (출자자 vs 법인)

구분	출자자 등	법인
요건	본래 : 비상장 법인 제2차 : 납세의무 성립일 현재 무한책임사원 + 과점주주	본래 : 납부기한 만료일 현재 무한책임사원 + 과점주주 제2차 : 모든 법인 환급성 결여
한도	① 무한책임 사원 : 한도 X ① 과점주주 : 출자비율	순자산가액 × 출자비율

조세채권의 보전(3-3) - 사업양수인의 제2차납세의무

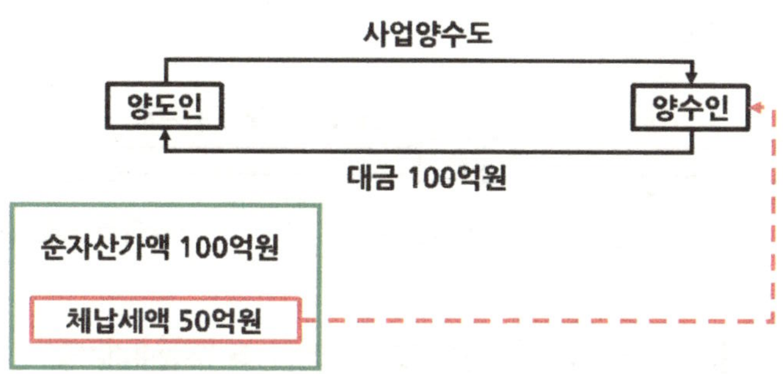

조세채권의 보전(3-4) - 제2차 납세의무

(본래 납세자) 주된 납세자	(제2차 납세의무자) 특징:부종성,보충성	특별한관계	부담 한도
1) 해산 법인	All 납세의무자 →	청산인등	청산인 → 분배한 만큼 잔여재산 받은 자 → 받은 만큼
2) 비상장 법인	납세의무 성립일 현재 →	출자자 등	무한책임사원→ 연대 무한책임 과점주주→ (지분만큼)
3) 법인 출자자 (무한, 과점)	납부기간 종료일 현재 →	All 법인	
4) 사업 양도인	사업 관련 국세 →	① 조세 회피 목적 사업양수자 ② 양도인과 특관자	양수가액 지급액

조세채권의 보전(4) - 양도담보권자 물적납세의무

<양도담보 설정자> 자금 대여 <양도담보권자> 양도

채무자 ← 채권자 → 甲

원금 + 이자 + 담보제공 / 대금

담보제공 → 양도담보 + 명의 이전

계약조건
1) 양도담보 의사표시
2) 원금 이자 상환기간 명시

법정기일까지 미상환시
→ 재산 소유권 이전

과세관청 → 채무자

국세체납
- 고지 → X
- 독촉 → X
- 압류 → 불가능 → 현재 재산 보유자에게 납세의무 이전 → 물적납세의무

746

조세채권의 보전 (5) - 조세채권의 보전 방법

Ⅰ. 납세의무의 확장 (조세채무자 변동)

- 연대납세의무
  - 공유물, 공동사업
  - 법인의 분할, 합병
  - 신회사 설립
- 납세의무 승계
  - 법인의 합병
  - 상속
- 제2차 납세의무 → 청산인, 출자자, 법인, 사업양수인
- 양도담보권자의 물적납세의무

Ⅱ. 납세의무의 확장 외 (조세채무자 변동 X)

- 국세우선의 원칙
- 납세담보(국징법)

747

조세채권의 보전(6-1) -물권과 채권

채권 => 채권자가 채무자에게 일정한 행위를 요구할 수 있는 권리
→ 상대성 : 특정인에게만 주장 가능

물권 => 특정의 물건을 직접적으로 지배할 수 있는 배타적 권리
→ 채무자의 행위 필요 X
→ 절대성 : 모든 사람에게 주장 가능

동일물 위에 두 개의 소유권은 존재할 수 없다.

권리 주장 방법
- 부동산 : 등기
- 동산 : 점유

← 공시의 방법

748

조세채권의 보전(6-2) -물권과 채권 사례

<부동산 매매>

① 계약시 : 계약금 수수 / 채권 채무관계 성립 → ② 잔금 청산시 : 등기이전 / 물권 성립 → 하나의 물권만 존재 가능

- 양도인
  - 채권 => 중도금, 잔금 수령 권리
  - 채무 => 잔금청산 후 명의이전 의무
- 양수인
  - 채권 => 잔금청산 후 명의이전 받을 권리
  - 채무 => 중도금, 잔금 지급 의무

→ 다수의 채권 채무관계 존재 가능

749

조세채권의 보전(6-3) - 물권 vs 물권(권리 상호간 효력)

〈물권 상호간 효력〉

동일 물권 사이에는 먼저 성립한 물권이 뒤에 성립한 물권에 우선

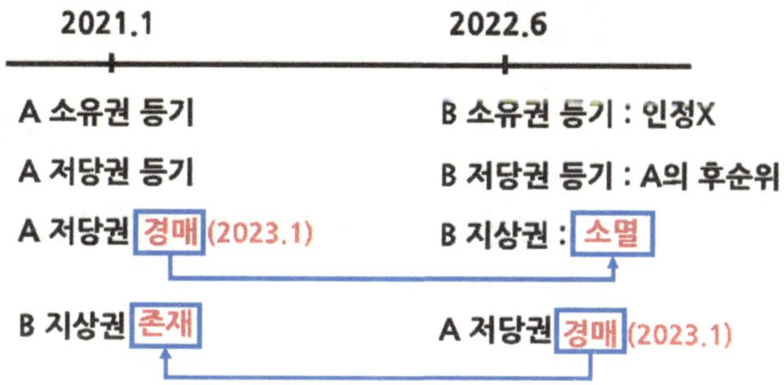

750

조세채권의 보전(6-4) - 법정기일

법정기일
- 신고, 납부 → 신고일
- 결정 · 경정 · 부과고지 → 납부고지서 발송일

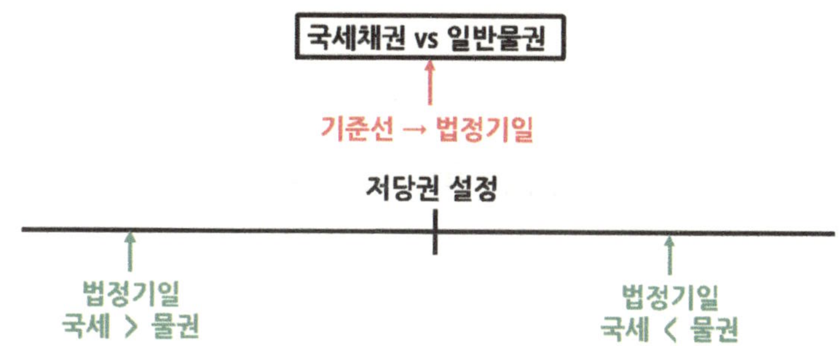

751

조세채권의 보전(6-5) -물권 vs 채권(권리 상호간 효력)

〈물권과 채권간 효력〉

시간 전후에 관계없이 언제나 물권이 우선

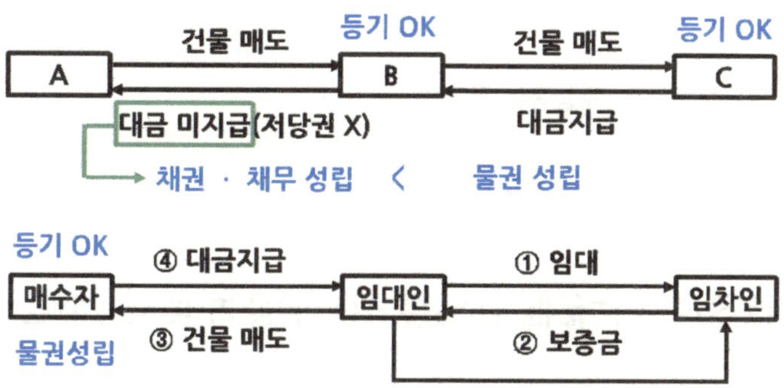

- 원칙 : 채권 < 물권
- 예외 : 확정일자 주택 임대차 보호법

752

조세채권의 보전(6-6) - 채권 vs 채권(권리 상호간 효력)

〈채권 상호간 효력〉

채권자 평등원칙 : 채권은 공시성 · 배타성 X → 채권 성립 시기에 따라 우열을 인정한다면 선의의 채권자에게 불측의 손해 발생 우려

753

조세채권의 보전(6-7) - 물권과 채권의 우선순위

- 물권 → 절대성(공시성) →
  - 채권의 담보목적 → 전세권, 저당권 등
  - 소유권 이동목적 → 명의이전등기
- 채권 → 상대성

효력
- 물권 vs 물권 => 먼저 발생한 물권이 우선
- 물권 vs 채권 => 언제나 물권이 우선(물권과 동일한 효력 → 확정일자)
- 채권 vs 채권 => 채권자평등주의

754

조세채권의 보전(6-8) - 국세우선의 원칙

채권자	채권액	경우: 모두 채권	경우: B가 물권	경우: B가 국세
A	2억	1억	2억 × $\frac{2}{7}$	
B	3억	1.5억	3억	?
C	1억	0.5억	2억× $\frac{1}{7}$	
D	4억	2억	2억 × $\frac{4}{7}$	

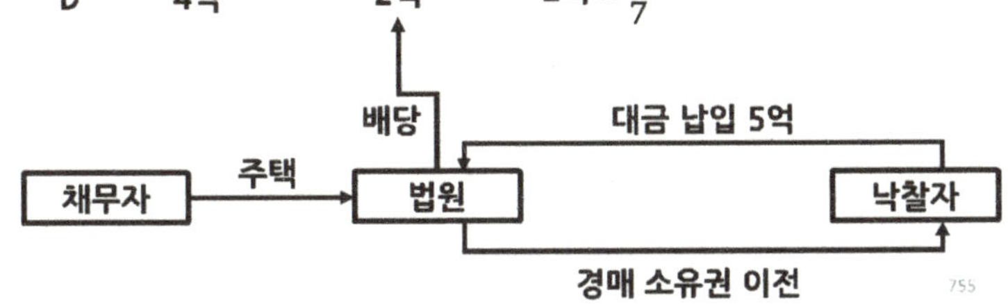

755

조세채권의 보전(6-9) - 국세우선의 원칙

<조세의 특징>

1) 공익성
2) 공시성] 국세징수의 우선권(국기법)
3) 무대가성 ——→ 강제성 (국징법)

] 당위성 인정 But 국세우선권 지나치게 강조 시

국가 경제 교란
- 사법 질서 교란
- 오히려 공익 저해 (근로자, 영세 서민)

강제 징수비 이후 최우선 → ① 주택,상가 임차보증금 ② 최우선 임금채권

756

조세채권의 보전(6-10) - 피담보 채권

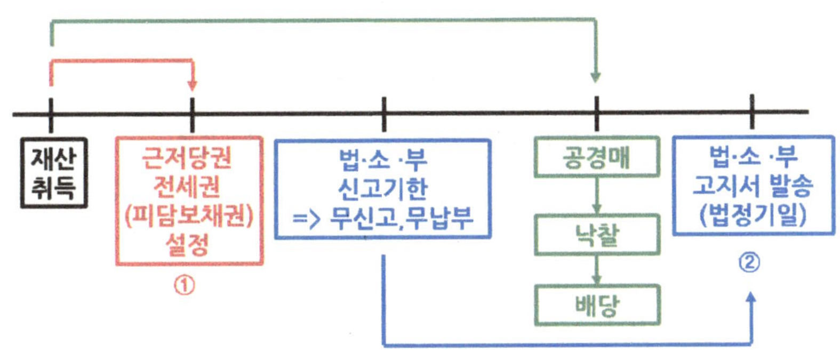

① (피담보채권) > ② (법·소·부)

757

조세채권의 보전(6-11) - 전세권등이 설정된 재산의 매각

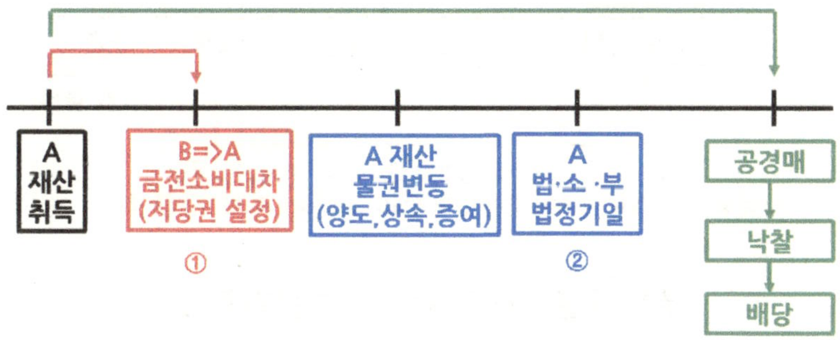

① (피담보채권) > ② (법·소·부)

758

조세채권의 보전(6-12) - 일반 임금채권

〈 원칙 〉

국세 〈 일반 임금채권

〈 예외 〉

759

조세채권의 보전(6-13) - 당해세

〈 당해세〉

국세의 공시성을 완전히 인정

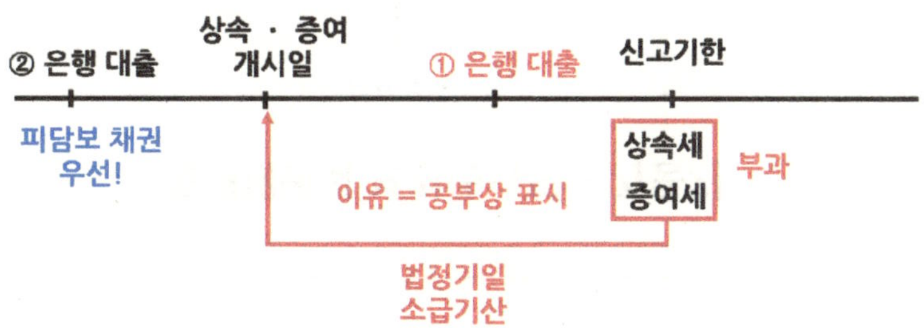

760

조세채권의 보전(6-14) - 당해세 원칙

〈 원칙 〉

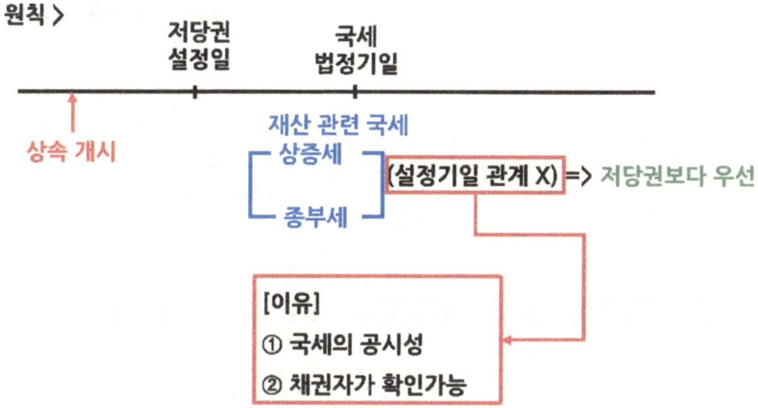

761

조세채권의 보전(6-15) - 가등기

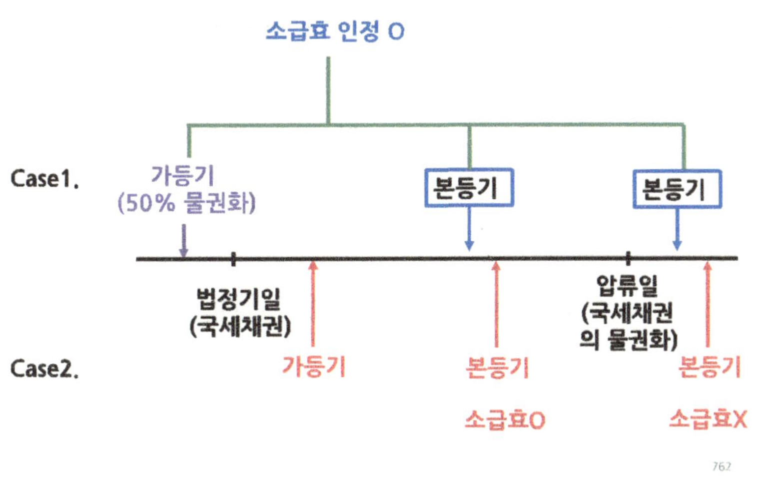

조세채권의 보전(6-16) - 양도담보에 의한 피담보채권

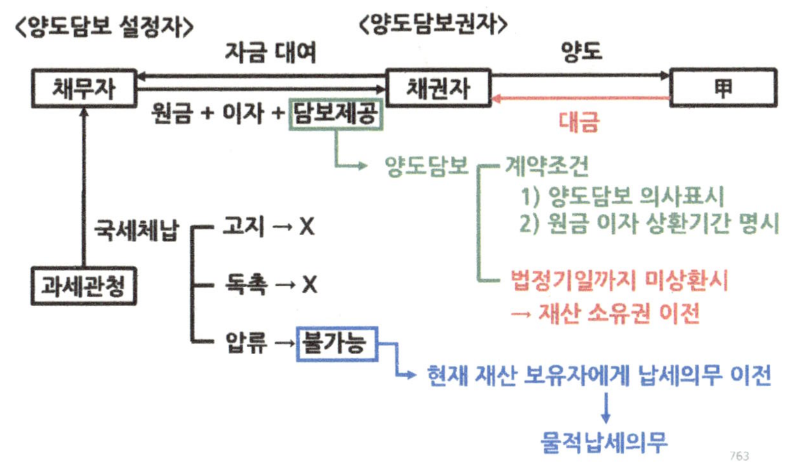

조세채권의 보전(6-17) - 통정허위

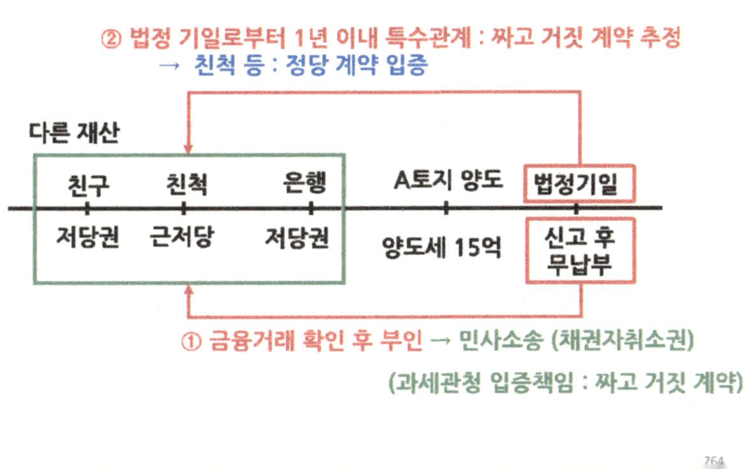

조세채권의 보전(6-18) - 전세보증금(갭투자) (1)

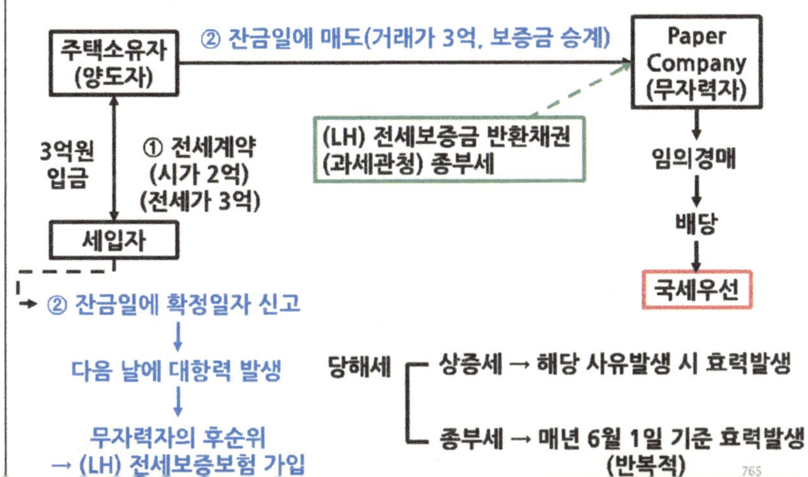

조세채권의 보전(6-19) - 전세보증금(갭투자) (2)

Paper Company (무자력자) → 임의경매 → 배당 → 국세우선

- 일반국세채권 → 임대차보증금반환채권에 우선 X
  but, 양도자의 체납액 존재 시 법소정 금액 우선 징수
- 당해세
  - 원칙) 종부세가 임대차보증금반환채권에 우선
  - 예외) 대항력을 갖춘 주택임대차보증금 반환채권의 경우 → 확정일자와 법정기일을 비교하여 우선순위 결정

766

조세채권의 보전(6-20) - 전세권등이 설정된 재산의 국세우선

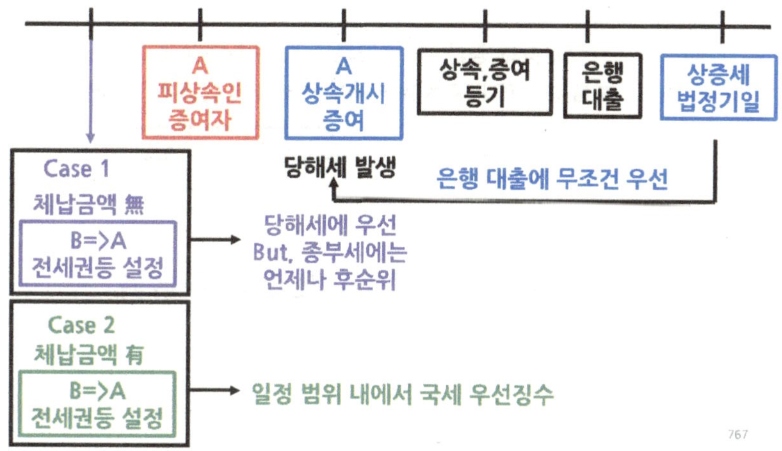

767

조세채권의 보전(6-21) - 전세보증금

법소정금액

해당 재산에 설정된 저당권, 임차보증금 등 채권 中 설정일이 가장 빠른 것보다 법정기일이 빠른 직전소유자의 체납액

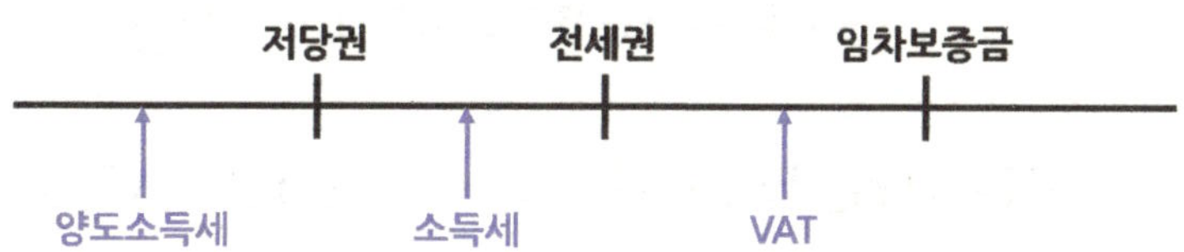

768

조세채권의 보전(6-22) - 임대인변경시 국세우선순위

원칙) → 국세우선원칙은 직전소유자 권리설정에는 적용 X

예외)
① 직전소유자에게도 각 권리보다 앞선 국세체납이 존재하는 경우 직전 소유자의 국세체납액을 한도로 국세우선원칙 적용하여 법정기일이 권리설정일보다 빠른 체납국세만 우선징수
② 소유자 변경 이후 발생한 종부세

취지 → 제3자에게 저당부동산 양도 시 종전소유자에게 저당권에 우선하는 조세체납이 없다면 제3자(양수인)의 조세체납이 저당권에 우선하지 않는다.

769

조세채권의 보전(6-23) - 임대인변경시 국세우선순위 정리

- 일반적 국세
  - 원칙) 임대차보증금 반환채권에 우선 X
  - 예외) 양도자에게 국세체납액이 존재 → 법정금액 우선징수
- 당해세
  - 원칙) 임대차보증금 반환채권에 우선 O
  - 예외) 전세권등이 설정된 재산이 이전된 경우
    - 종부세) 임대차보증금 반환채권에 무조건 우선
    - 주택임대차보증금이 대항력을 갖춘 경우
      → 법정기일과 확정일자를 비교하여 우선권 결정

770

납세자권리 (1) - 세무조사 관할

- 국세청 → 감찰, 감사, 인사권행사, 예산배정
- 지방국세청 → 조사 1국 ~ 4국
  - 1국 법인
  - 2국 개인
  - 3국 재산
  - 4국 특수
- 세무서
  - 민원실, 납세자보호실
  - 법인, 소득, 부가 → 신고서 수령, 시부인, 추징
  - 조사과 (← 조사의뢰)

771

납세자 권리(2) - 납세자 성실성추정과 수시선정 조사사유

I. 납세자 성실성 추정

- (원칙) 납세자가 성실하며 제출된 신고서 등이 진실된 것으로 추정함
- (예외) 수시선정조사사유 → 납세자 성실성 추정 배제
  - ① 납세 협력의무 미이행
  - ② 무자료 거래, 위장 · 가공 거래
  - ③ 탈세제보
  - ④ 신고 내용에 탈루 · 오류 혐의

772

납세자 권리(3) - 세무조사권 남용 금지

II. 세무조사권 남용 금지

- (원칙) ① 필요한 최소한의 범위 + 세무조사 고유의 목적
  - ② 중복조사 금지 → 같은 세목, 같은 과세기간
- (예외) 중복조사 가능사유 => 조세탈루혐의 명백한 자료가 있는 경우 등 10가지

773

납세자 권리(4) - 통합조사의 원칙

Ⅲ. 통합조사의 원칙

- (원칙) 납세자 사업과 관련하여 신고 · 납부 의무有 세목 통합 조사
- (예외) 1) 특정세목만 조사 => 조세채권 확보를 위한 긴급조사 등 3가지
  - 2) 부분조사
    - 동일기간 동일세목 2회 초과실시 OK
      → ① 경정청구, 국세환급금 충당 및 환급 확인
      ② 재조사결정에 따라 사실관계 확인 필요
    - 동일기간 동일세목 2회 초과실시 X
      → 거래상대방 등에 대한 조사 등 4가지

774

납세자 권리(5-1) - 과세전적부심사

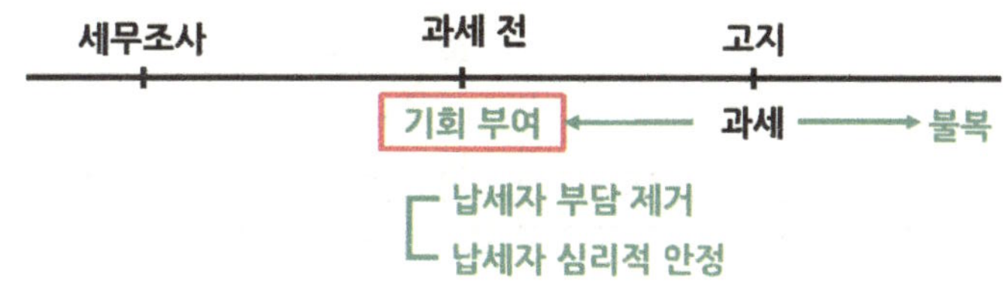

775

납세자 권리(5-2) - 과세전적부심사

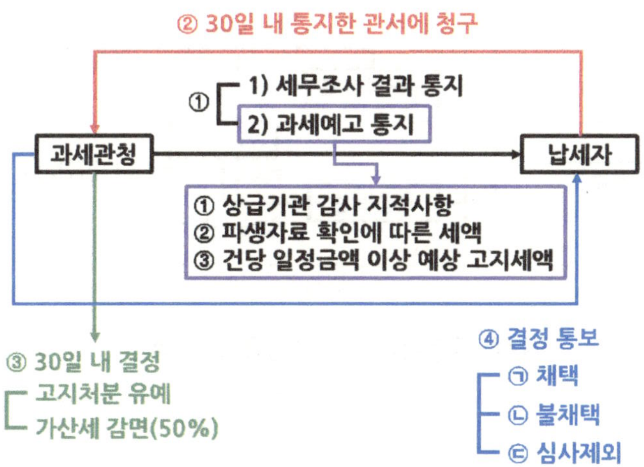

776

납세자권리 (6) - 권리구제절차

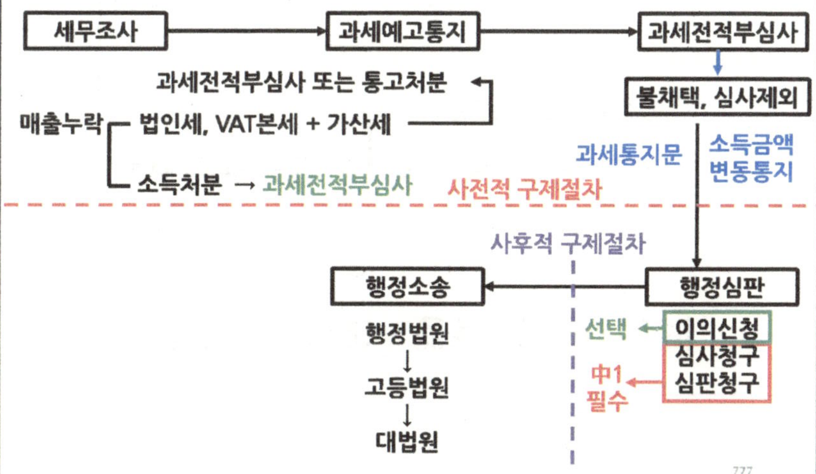

777

심사와 심판(1) - 조세쟁송 절차

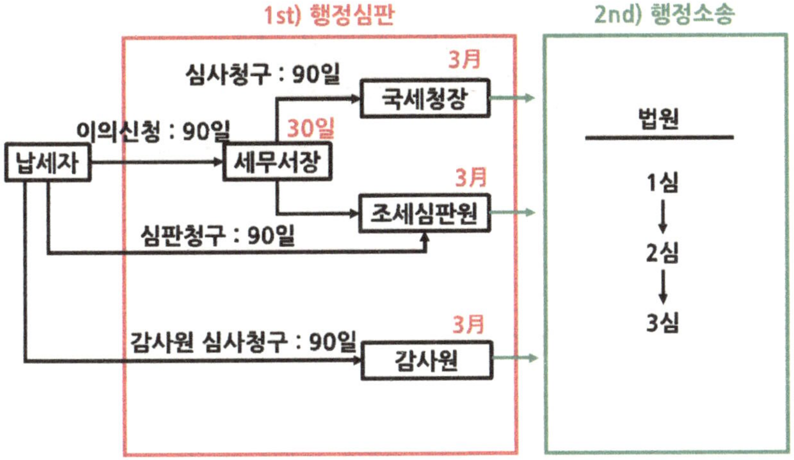

778

심사와 심판(2) - 행정심판 전치주의

< 행정심판 전치주의>

- 국세 기본법에 두는 이유
  - 국세 처분의 전문성 · 기술성
  - 국세 처분의 대량 · 반복성
- 취지 : 법원 부담 경감
  - 사건의 최소화
  - 사법 심리전 쟁점부각
  - 납세자에게 유리(∵불가변력)

779

심사와 심판(3) - 불복청구에 대한 심리

요건심리 —충족시→ 본안심리

- 청구대상 처분 존재
- 청구자 적격성
- 청구기간 준수

↓ 미충족시

각하

본안심리
- 기각
- 인용 → 재조사 결정 (인용의 변형된 결정)

780

심사와 심판(4-1) - 재조사 결정

과세관청 —세무조사 (x1~x3)→ 약국 A —불복→ 심판원

매출누락 30억
- VAT 3억
- 종소세 10억

심판원 → 과세관청: 재조사 결정

*재조사 내역

감액경정: → 매출누락 20억(10억취소)

	VAT	종소세
01	5천	+ 2억
02	3천	+ 1.5억
03	2천	+ 1억
	1억	4.5억

증액경정: → 이자소득 과세 10억

	종소세
01	2.1억
02	1.7억
03	1억
	4.8억

4.5억 → 4.8억

781

심사와 심판(4-2) - 재조사 결정

고등법원 판결

① 재조사 결정은 처분청의 결정에서 지적된 사항에 관해서는 처분의 재조사 결과를 기다려 그에 따른 후속처분의 내용을 심판청구등에 대한 결정의 일부분으로 삼겠다는 의사가 내포된 변형결정에 해당한다.

→ 심판청구 처분과 후속처분을 비교하여 불이익 여부를 판단

② 종소세 부과처분은 연도별 과세

→ 불이익변경금지 여부도 연도별 판단

∴ 후속처분은 불이익 변경 금지원칙에 위배

782

심사와 심판(5) - 결정의 효력

- 1) 불가변력(내용적 확정력)
- 2) 불가쟁력(형식적 확정력)
- 3) 기속력

783

심사와 심판(6) - 결정의 효력

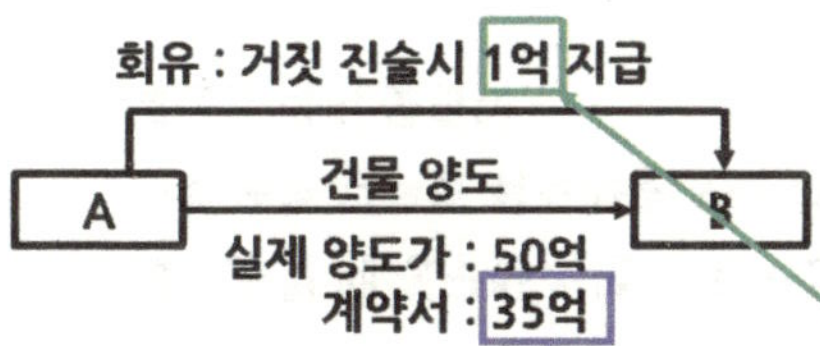

① 과세관청 → 50억으로 과세

② 심판청구에서 인용

① 세무조사시, 양도가 50억으로 진술

② 번복 : 불복청구시 50억 진술은 세무공무원의 회유 때문

③ 1억 미수령 → 매매가 50억 입증 주장

→ 50억으로 다시 과세
But, 불가변력으로 과세X

A, b → 공문서 위조, 업무방해 = 징역 4년

784

심사와 심판(7) - 내용 심리상 특징

〈 내용심리 원칙〉

- 총액주의 : 주장하지 않은 것도 필요한 경우 심리 가능
- 쟁점주의 : 주장한 것만 심리 (불고불리)

〈 국기법상 불복청구〉

- (원칙) 행정 심판법 적용 배제
- (예외) 행정 심판법 규정 준용 → 준사법심 제도

785

심사와 심판(8) - 불고불리 · 불이익변경 금지

불고불리

결정을 할 때 청구한 처분 외의 처분에 대해서는 그 처분의 전부 또는 일부를 취소 또는 변경하거나 새로운 처분의 결정을 하지 못한다.

불이익변경 금지

결정을 할 때 청구를 한 처분보다 청구인에게 불리한 결정을 하지 못한다.

786

심사와 심판(9) - 불이익변경 금지 vs 재조사 결정

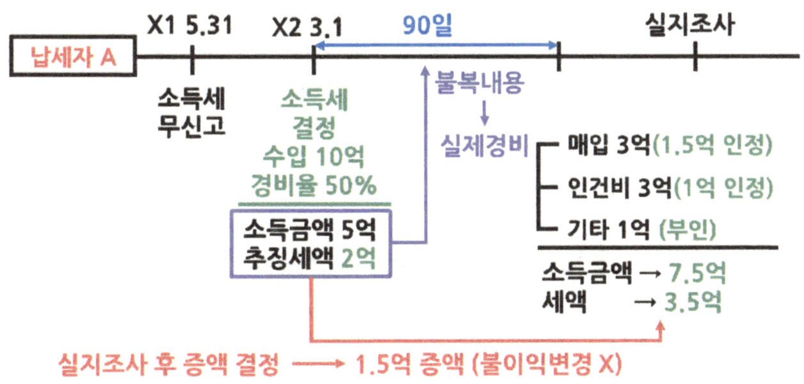

787

저자소개

원 용 대

▶ **학력 및 약력**

성균관대학교 경영학부 졸업

고려대학교 법무대학원 조세법학 전공(법학석사)

前) 교보생명 Specialist Financial Adviser

ING생명 상속설계 강의

Dr.Tax 세무회계컨설팅 대표세무사

세무법인 위더스 논현지점 대표세무사

성균관대학교 산학협력단 자문세무사

한국기술진흥원주최 : 세법강의

소상공인진흥원 자영업 컨설턴트

스마트경영아카데미 세법학강사

現) 세무사

에듀윌경영아카데미 세법강사

상공회의소 세법강사

이나우스아카데미 세법강사

한국세무사회 세무연수원 교수

세무법인 해안 대표세무사

▶ **주요저서**

세법개론(도서출판 미래가치)

포인트 세법(도서출판 미래가치)

객관식 세법(도서출판 미래가치)

원세법학(도서출판 미래가치)

원포인트 세법학(도서출판 미래가치)

응용논제 120선(도서출판 미래가치)

2024 부가가치세 실무(비앤엠북스)

최신 양도소득세 실무(주식회사 좋은책)

최신 업종별 세무실무(조세통람)

저자와의
협의하에
인지생략

세법 기본이론 강의노트

2024년 07월 11일 초판 인쇄
2024년 07월 19일 초판 1쇄 발행

편저자 : 원용대
발행인 : 정광식
발행처 : **비앤엠 북스**
서울시 금천구 가산디지털1로 70, B1-103(호서대벤처타워)
등 록 2004. 12. 29. / 제313-2004-00298호
전 화 02-2627-5710~13, 팩스 02-2627-5720
홈페이지 www.대학교재.net
이 메 일 bnmbook@daum.net

정가 20,000원 ISBN 978-89-6821-210-9